Elisabeth Camenzind · Ulfa von den Steinen (Hrsg.)

Frauen verlassen die Couch

Feministische Psychotherapie

Kreuz Verlag

Quellennachweis

Aus den nachfolgenden Werken wurden mit freundlicher Genehmigung der
betreffenden Verlage Zitate übernommen:
Catharina J.M. Halkes, Suchen, was verloren ging (GTB Siebenstern 487),
    Gütersloher Verlagshaus Gerd Mohn. Gütersloh 1985
C.G. Jung, Gesammelte Werke, Walter Verlag AG, Olten
Ulrike Schmauch, Anatomie und Schicksal (FTV Bd. 42289), Fischer
    Taschenbuch Verlag GmbH, Frankfurt am Main 1987
Jorge Luis Borges, Die zwei Könige und die zwei Labyrinthe, aus: Gesam-
    melte Werke – Erzählungen 2, S. 112/113. Nach den Übersetzungen von
    Karl August Horst und Curt Meyer-Clason bearbeitet von Gisbert Haefs.
    Carl Hanser Verlag, München Wien 1981

CIP-Titelaufnahme der Deutschen Bibliothek

Frauen verlassen die Couch : feministische Psychotherapie /
Elisabeth Camenzind ; Ulfa von den Steinen (Hrsg.). – 1. Aufl.
– Zürich : Kreuz-Verl., 1989
    ISBN 3-268-00085-1
NE: Camenzind, Elisabeth [Hrsg.]

1. Auflage
© Kreuz Verlag AG Zürich 1989
Umschlaggestaltung: Jürgen Reichert
Satz: Typobauer Filmsatz GmbH, Ostfildern
Druck und Bindung: Freiburger Graphische Betriebe
ISBN 3 268 00085 1

Inhalt

Vorwort

Ulfa von den Steinen

Bericht über ein feministisches Projekt

Dieses Buch ist aus der 1. Arbeitstagung für feministische Psychotherapie hervorgegangen, die am 6./7. Mai 1988 in der Kartause Ittingen (Schweiz) stattfand. Als Organisatorin zeichnete das Institut für ganzheitlich-feministische Pädagogik und Psychologie, kurz Iff-Forum, in St. Gallen. Im folgenden möchte ich skizzieren, wie es dazu kam. Denn wenn Angela Bausch in ihrem Beitrag feststellt, daß jede Frau ihre ernstzunehmende, unverwechselbare Geschichte hat und daß diese als Standortbestimmung transparent zu machen ist, so beanspruche ich das aus ähnlichen Gründen auch für jede feministische Arbeit. Die Selbstdarstellung soll anregen, Kritik zulassen, nächste Schritte ermöglichen.

Bei unserer Arbeit im Iff-Forum drängte sich die Idee, eine Fachtagung für feministische Therapeutinnen zu veranstalten, wie selbstverständlich auf, und wir beschlossen, den Versuch zu wagen. Wie viele interessierte Frauen es wohl gäbe? Zwanzig? Dreißig? Wir waren mutig und buchten ein Tagungszentrum mit Platz für vierzig. Wie selbstverständlich sagten auch die angefragten Referentinnen für die Vorträge im Plenum zu. Somit konnten wir das Vorprogramm drucken und die Adressatinnen bitten, sich für eigene Veranstaltungen zu melden.

Die Adressatinnen: Wir fanden ihre Namen auf Buchumschlägen und in Inhaltsverzeichnissen, unter Artikeln in Frauenzeitschriften und Fachorganen, in Veranstaltungsprogrammen, Mitgliedschaftslisten, Prospekten der Ausbildungsinstitute – und nicht zuletzt im Telefonbuch, das meist unter der Sparte »Psychologische Beratung« auch Psychologinnen und Psychotherapeutinnen aufführt. Wir tippten also ein paar hundert Anschriften, verpackten die Einladungen, rechneten mit einer längeren Wartefrist und wandten uns den anderen Belangen unseres Instituts zu.

Das Iff-Forum hatte Ende 1987 gerade das erste Jahr seines Wirkens hinter sich, war mit vielen Ideen, fünf engagierten Frauen, privaten Spenden und einem erfreulich wachsenden Verein als Stütze mit der Verwirklichung seiner nächstliegenden Ziele beschäftigt: der Durchführung von Vorträgen und Seminaren über pädagogische und psychologische Themen aus feministischer Sicht. Wir wandten uns damit an Frauen, die in der Erziehung und Therapie wirken. Als Referentinnen gewannen wir Fachfrauen aus der Schweiz und der Bundesrepublik Deutschland. Im Verlauf unseres ersten Jahres hatte sich herausgestellt, daß es eines war, ein Kursprogramm inhaltlich zu gestalten – ein anderes, Mitarbeiterinnen zu finden, die sich sowohl fachlich wie feministisch mit unseren Themen bereits auseinandergesetzt hatten. Somit hatten wir, als wir uns zur Durchführung dieser Arbeitstagung entschlossen, immer auch den Gedanken im Hintergrund, daß sie für das Iff-Forum fruchtbar würde.

Der Rücklauf der ausgesandten Anmeldeformulare setzte postwendend ein. Oft lagen weitere Adresslisten bei. Es zeichnete sich ab, daß wir Frauen einmal mehr das feministische Potential innerhalb der Psychotherapie unterschätzt hatten. Also suchten wir noch einmal und fanden in der Kartause Ittingen ein zentral gelegenes, sehr professionelles Tagungszentrum, das uns angesichts der imposanten und stets wachsenden Teilnehmerinnenliste (zum Schluß fast 120 Frauen) jetzt adäquat schien. Es meldeten sich – aus der Schweiz und der Bundesrepublik Deutschland – Psychologinnen, Psychotherapeutinnen aller denkbaren Richtungen, Sozialarbeiterinnen, Ärztinnen. Manche hatten ihre Heimat in der Frauenbewegung; andere im Feminismus. Wieder andere waren auf der Suche.

Frauen boten Vorträge und Gesprächsgruppen zu den vielfältigsten Themen an. Wir hatten als Tagungsthema formuliert: »Feministische Psychotherapie – Chance für Frauen und Männer«, waren gespannt auf diese Diskussion. Doch die Bedürfnisse waren anders. Viele Frauen hatten zum Teil seit Jahren an eigenen Fragestellungen gearbeitet: sich kritisch mit den klassischen Autoren und Lehren auseinandergesetzt, mit weiblicher Spiritualität, mit den Bedingungen des Patriarchats, mit weiblicher Sexualität, mit der Gewalt von Männern, mit Identität, Psychosomatik und grundsätzlich neuen Therapievorstellungen. Sie wollten dieses neue feministische Forum wahrnehmen, um ihre Thesen und Erfahrungen vorzutragen und zu diskutieren. Es zeigten sich auch auf diesem Gebiet schöpferische, emanzipatorische Leistungen der Frauen und gleichzeitig ihre Vereinzelung und Nichtwahrnehmung.

So entstand schließlich ein vielfältiges Tagungsprogramm mit vier Vorträgen im Plenum, und in parallel laufenden Gruppen insgesamt vierzehn Referaten, Gesprächsgruppen und einem Panelgespräch. Als Mitarbeiterinnen an der Tagung sind, neben den in diesem Buch vertretenen, die folgenden Frauen zu nennen: Heidemarie Krolak-Itten (»Feministische Psychotherapie – Konkret: was ist das?«); Silvia Cavadini (»Das Frauenbild in der Anthroposophie«); Carola Meier-Seethaler (»Psychosomatische Störungen im Kontext mit spezifisch weiblichen Lebenskonflikten«); Heidi Werder (»Sexueller Mißbrauch und Adoleszenz: Bericht aus der Therapie mit einer Jugendlichen«); Renata Wiesner-Kötscher (»Gedanken zur Mutterrolle und zur Vaterrolle in der therapeutischen Beziehung«).

Außer dieser Programmvorbereitung war uns ein besonderes Anliegen, auf die bereits reichlich vorhandene kritische Literatur aufmerksam zu machen, indem wir eine ausführliche Liste für jede Teilnehmerin zusammenstellten und während der Tagung einen Büchertisch einrichteten. In dieser Zeit haben die aufmunternden Gespräche und Anregungen vieler Frauen unser kleines Team (Elisabeth Camenzind, Marie Theres Vogt, Dorothea Boesch, Marlise Spirig und mich selber) motiviert, unsere Möglichkeiten fast zu überfordern und uns mit den veränderten Bedingungen eines ständig wachsenden Kongresses zu konfrontieren.

Er fand schließlich statt: Am 6. Mai 1988 um 15.30 Uhr versammelten sich die Teilnehmerinnen zu einem Umtrunk im Ittinger Klosterhof; und intensive und bereichernde 26 Stunden später war das Schlußwort gesprochen. Was dazwischen lag? Brisante Vorträge im Plenum und Diskussionen, die Ursula Baumgardt kundig moderierte; ganz unterschiedliche Gruppenarbeiten; Begegnungen und Wiedersehen; und eine wunderschöne lange Mainacht im Klosterhof mit langen Gesprächen und Kartäuserwein. Daß jede Frau das anders erlebte, geht aus Briefen und Zeitungsberichten hervor. Von der inhaltlichen Seite, wenn sich schon das Atmosphärische hier nicht vermitteln läßt, berichtet das vorliegende Buch. Es enthält einen großen Teil der Vorträge in überarbeiteter Form. Wir möchten Frau Dr. Dörte Binkert herzlichen Dank aussprechen, daß sie sich dieser Dokumentation so persönlich angenommen und ihre Publikation im Kreuz Verlag erwirkt hat. Ebenso herzlichen Dank möchten wir allen Referentinnen aussprechen, die ihre Referate für diese Dokumentation zur Verfügung stellen und die Herausgabe des Buches ermöglichen.

Zwei Ziele hatten wir uns für diese erste Arbeitstagung gesetzt. Zum einen wollten wir den fachlichen Austausch in Gang bringen zwischen den einzeln arbeitenden, feministisch orientierten Psychotherapeutinnen. Zum anderen wollten wir darauf hinweisen, daß Frauen qualifizierte Beiträge zur Theorie und Praxis leisten. Wenn die Publikation dieser Thesen jetzt eine weitere Öffentlichkeit findet, sind unsere Ziele erreicht.

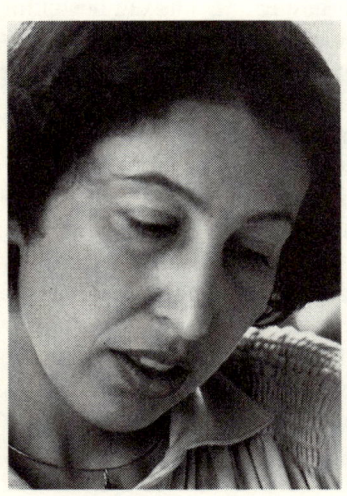

Ulfa von den Steinen

geboren 1939, Verlagsleiterin, 1986 Gründungs- und Vorstandsmitglied des Instituts für ganzheitlich-feministische Pädagogik und Psychologie (Iff-Forum) St. Gallen.

Zur Einleitung

Elisabeth Camenzind

Psychotherapeutin zwischen Männer-Theorien, Frauen-Bewegung und Erfahrung

Die Frage nach einer frauengerechten Psychotherapie steht bei zahlreichen Veröffentlichungen von Psychologinnen im Vordergrund. Eine explizit »feministische Psychotherapie« gibt es aber erst seit dem gleichnamigen Buch der amerikanischen Psychotherapeutinnen Luise Eichenbaum und Susie Orbach. Besteht eine zunehmend spannende und kreative feministische Theologie in den USA und in Europa schon seit mehreren Jahren, so ist feministische Psychotherapie erst im Entstehen begriffen, obgleich viele Therapeutinnen seit Jahren auf der Suche sind. Ich selbst zähle mich zu diesen. Betroffenheit über die Situation der Frau im allgemeinen, herausgewachsen aus der eigenen Biographie, führte immer intensiver zur Beschäftigung mit Frauen, der Frauenbewegung und dem Feminismus. Dann die erste Arbeitstagung für feministische Psychotherapie im Mai 1988 in Ittingen. Obgleich eine solche Tagung lediglich ein tastender Beginn für eine neue Disziplin sein kann, eröffnete sie ein großartiges Gefühl: Psychotherapeutinnen aus allen Schulen sind aus dem »stillen Kämmerlein« der eigenen Praxis herausgetreten, um öffentlich über Defizite der etablierten psychologischen Schulen und Lehren zu sprechen, sowie über Möglichkeiten einer neuen feministischen Psychotherapie. Die Öffentlichmachung der weiblichen Situation ist ein zentrales, sogar historisches Ereignis. Was nun geschieht, ist dies: Die bisherige Identifikation mit dem gesellschaftlich mächtigen Geschlecht wird von den Frauen aufgebrochen zugunsten der Identifikation mit dem eigenen, psychologisch und gesellschaftlich *entwerteten* Geschlecht.

1. Narzißtische Kränkung und Identität: Im Sinne der Entwicklungspsychologie Melanie Kleins handelt es sich bei der
Entwertung um einen komplizierten Vorgang: In der Frühkindheit identifiziert sich das Mädchen mit der als allmächtig
phantasierten »phantastischen Mutter«. Sobald das Kind die
Entdeckung macht, daß die Mutter in Wirklichkeit dem »entwerteten« Geschlecht angehört, indem sie kein gesellschaftli-
ches Ansehen genießt und über keine reale Macht verfügt,
wird sie zugunsten der Identifikation mit dem gesellschaftlich
mächtigen (männlichen) Geschlecht aufgegeben. Es kommt
zum Verrat an der Mutter, ja zum »Muttermord« (Olivier). Es ist
ohne weiteres verständlich, daß dieser »Muttermord« für das
kleine Mädchen eine tiefgreifende, narzißtische Kränkung bedeutet. Zugleich wird der verheerende weibliche Identitäts-
verlust eingeleitet. Nicht umsonst ist ein Heer von Frauen auf
der Suche nach der eigenen Identität. Um diese wiederzuge-
winnen, muß die Identifikation mit dem Mächtigen aufgegeben
und der Weg zurück zur »Mutter« angetreten werden. Zunächst
ein schmerzlicher Weg, denn über Jahrhunderte hinweg war
er gleichbedeutend mit Leiden, Trauer und Selbstentwertung.
Die Begegnung mit Frauen ist in diesem Kontext kein freud-
volles Ereignis, sondern lediglich die Bestätigung und Spiege-
lung der eigenen Entwertung. Darum konnten kaum wirkliche
Frauenfreundschaften entstehen. Eher waren Klammer- und
Leidkontakte – wenn überhaupt – zwischen Frauen die Regel.
»Lust« wurde den Frauen hingegen vom Mann versprochen,
wenn auch selten wirklich vermittelt. Das Jahrhundertleiden
der entwerteten Frau hat Sigmund Freud als natürlichen »Masochismus« des weiblichen Geschlechts mißverstanden und
abgetan. Heute erkennen Feministinnen andere Zusammenhänge. »Matriarchale« Frauen entdecken hinter der »entwerteten« Mutter eine andere, ursprüngliche, nämlich die sich in der
Frau manifestierende »Große Mutter« und »Göttin« mit den
höchsten Qualitäten von Geist, Kraft und Würde des weiblichen Geschlechts (Heide Göttner-Abendroth, Christa Mulack). Begegnungen mit Frauen bedeuten seither auch eine
Begegnung mit Wert und Macht sowie eine erste Möglichkeit,
sich zu entwickeln und aus dem Masochismus herauszukommen.

Was bedeutet diese Situation für uns Psychotherapeutinnen? Auf der einen Seite bestehen die matriarchalen Theorien, welche die kosmische Höherwertigkeit der Frau betonen (Mulack, Göttner-Abendroth). Auf der anderen Seite erkennen wir die bedrückenden patriarchalen, Jahrtausende alten frauenfeindlichen Fakten und Theorien, von Frauen zusammengetragen, zum Beispiel von Marie-Luise Janssen-Jurreit, Mary Daly, Betty Friedan, Annegret Stopczyk, Andrea Dworkin und vielen anderen. So lebt die Frau hin- und hergeworfen zwischen gesellschaftlicher Entwertung und matriarchaler Überbewertung. Ein strapaziöses Wechselbad! Nicht wenige Frauen werden krank vor Trauer oder gelähmt vor Haß und Wut über den patriarchalen Steinschlag, sofern Wut und Haß nicht in eine ansdachelnde Funktion umgesetzt und in Werken und Taten abgeführt werden können. Für Psychotherapeutinnen kommt noch die ganze Frustration mit den psychologischen Konzepten hinzu, die patriarchale Vorurteile über die Frau zementieren statt sie aufzubrechen und zu überwinden. Es geht jetzt darum, die in den einzelnen Konzepten verborgenen frauenfeindlichen Inhalte überhaupt einmal aufzudecken und sichtbar zu machen, wie Renate Schlesier, Ursula Baumgardt, Gerda Weiler, Christiane Olivier, Carol Gilligan, Catharina Halkes, Christa Mulack und viele andere begonnen haben.

2. *Psychotherapeutinnen »zwischen den Stühlen«:* Als Psychotherapeutinnen geraten wir »zwischen alle Stühle«, sofern wir uns mit der weiblichen Situation einlassen. Zwischen die Stühle geraten wir im Verhältnis zu den Männern und zu den Frauen und Frauengruppen. Im Verhältnis zu den Frauen geraten wir in Schwierigkeiten mit der Uneinheitlichkeit der Positionen und Biographien von Frauen und Frauengruppen. Denken wir an die Unterschiede der »weiblichen«, angepaßten, erkrankten, erschöpften, trauernden, verschreckten, wütenden, aggressiven oder/und tatendurstigen, aktiven, schöpferischen Frauen und Kämpferinnen, seien sie in Gruppen vereinigt oder vereinzelt. Sie tragen ihre je eigenen, nicht selten gegensätzlichen Erwartungen an Psychotherapeutinnen heran; sie erwarten Bestätigung und Unterstützung. Auf der anderen Seite stehen die Erwartungen der Männer, der Chefs

und »Väter«, welche überall in der Gesellschaft das Sagen
haben, auch in den (psychologischen) Schulen und öffentlichen
Anstalten. Sie erwarten von den Psychotherapeutinnen, die
ihre »Schülerinnen« sind, nach der Gewährung von Studium
und beruflicher Zulassung, viel mehr absolute Solidarität mit
dem »Vater« und seiner Lehrmeinung, als er von seinen männlichen Schülern erwarten kann. Sobald Schülerinnen die Ge-
folgschaft nur in Teilbereichen in Frage stellen und sich so als
»ungehorsame Töchter« erweisen, werden sie rasch als »Nest-
beschmutzerinnen« verurteilt und ausgestoßen. Nicht so die
»Söhne«.

Angesichts dieser Situation »zwischen den Stühlen« stellt
sich die Frage, ob und wie sich Psychotherapeutinnen der
Situation stellen können. Müssen sie sich für *eine* der Seiten
entscheiden? Gibt es andere Möglichkeiten? Im Verhältnis zu
den »Vätern« bedürfen Psychotherapeutinnen der Solidarität
und der aktiven Unterstützung durch Berufskolleginnen, um
standzuhalten und sich durchzusetzen. Im Verhältnis zu den
unterschiedlichen Frauen gilt es, sich zunächst mit ihnen
grundsätzlich zu solidarisieren, allerdings unter Beibehaltung
des wichtigen beruflichen Instruments: der *Reflexion*. Solidarität ist also geboten mit allen patriarchal verletzten Frauen
und ihrer weiblichen »Hiobsklage«. Solidarität auch mit jenen,
die sich als Klagende, Klagemauer und Heilende zugleich verstehen. Solidarität schließlich mit den zornigen und radikal
kritischen Frauen, obgleich vielen Psychotherapeutinnen diese
am schwersten fällt. Eine Schwierigkeit besteht darin, daß Ra-
dikalismus und Fanatismus einseitig sind, eine zweite, daß
viele unter uns an der sogenannten »Aggressionshemmung«
leiden, so daß sie sich schwertun mit dem Zorn anderer
Frauen. Zu leicht könnte die eigene, sorgsam gehütete, ge-
staute Wut und Aggression zum Ausbruch kommen. Aggression muß daher bei sich selbst und anderen Frauen ernst genommen werden. Männer weisen Aggression bei Frauen in der
Regel als »unweiblich« zurück oder belächeln sie, um sich mit
ihr nicht auseinandersetzen zu müssen.

Es harren eine Vielzahl von Themen und Fragestellungen
der Bearbeitung durch die feministische Psychologie. Zweifellos müssen sämtliche Theorien und Konzepte auf frauenfeind-

liche Inhalte abgeklopft und überprüft werden: Weiblichkeitsbegriff, Frauen- und Männerbild, Mutter/Vater-Rolle, Geschlechterbeziehung, weibliche Entwicklungspsychologie, Autonomiebegriff und Aggression, Therapieziele und vieles mehr. Zudem muß die weibliche »Hiobsklage«, die sich in vielen Selbstdarstellungen, in Kritik oder Krankheit ausdrückt, sorgfältig wahrgenommen werden. Weiter geht es um die Klärung von Begriffen, die in der Frauenbewegung eine große Rolle spielen. *Was ist feministisch? Was ist ganzheitlich?* Der Diskurs zwischen Frauen hat erst begonnen, und es zeigt sich, daß ihre Auffassungen beträchtlich divergieren.

3. Weibliche »Hiobsklage«: Die Liste der angestauten weiblichen »Hiobsklage« ist lang. Klage über die permanente Schuldzuweisung an die Mutter, die Forderung Winnicotts, die Mutter müsse sich vom Kind »ausrauben lassen«. Klage über das Diktat zum »Hausfrauendasein«. Klage betreffend Freuds Behauptungen über weibliche Minderwertigkeit in bezug auf Gewissensbildung, Denkfähigkeit und Schöpferkraft. Klage über C. G. Jungs Inkonsequenz – um nicht zu sagen Verrat – in bezug auf ursprünglich frauenfreundliche Konzepte wie »Individuation« mit ihren schöpferischen Perspektiven.

Die weibliche »Hiobsklage« betrifft Gegenwart und Vergangenheit. »Wenn Frauen zu sehr lieben«, heißt ein Buchtitel. »Keine Lust zu leiden« ein anderer. »Was hat man Dir Du armes Kind getan?« ein dritter. Andere Frauen ziehen bereits Konsequenzen angesichts der zahllosen Klagepunkte: Den »Exodus« empfiehlt Thürmer-Rohr. Auf die Reise einer aktiven Kritik und Aufarbeitung der »Mutterliebe« macht sich Elisabeth Badinter. Eine kritische Kulturtheorie entwickelt Carola Meier-Seethaler. Glänzende kritische Analysen zu Psychologie und Theologie sind bei Gerda Weiler und Christa Mulack zu entdecken. Frauen, die durch die Klage hindurchgegangen sind und ihre Identität gefunden haben. Für Liebhaberinnen exakter Analysen und kühner Ausblicke sind solche Bücher ein Hochgenuß selbst dann, wenn nicht alle Positionen übernommen werden können. Die kritische Klage begann schon früher, zum Beispiel mit der Psychoanalytikerin Karen Horney. Sie wies Freuds Theorie vom Penisneid in seiner Verallgemeinerung schon um 1920 als falsch zurück; sie wurde offiziell nicht zur Kenntnis genommen. Klage erhebt die Frau auch als Studentin. Vergeblich hält sie Ausschau nach feministischer Kritik und Literatur. Es bleibt ihr nichts anderes übrig, als alle (falschen) Theorien zunächst zu »schlucken«, wenn auch zähneknirschend, um die nötigen Zeugnisse und Zulassungsbescheinigungen zu erwerben. Hinterher ist sie genötigt, auf eigene Faust die mühsame Suche nach frauengerechten Therapieansätzen aufzunehmen. Gewiß eine wichtige Notwehrstrategie, die dennoch frauenfeindliche Theorien nicht aus der Welt schafft. Der Kollege wird weiterhin seiner Patientin »Animusbesessenheit« unterstellen, wenn sie Lust auf ein Studium oder Angst vor Schwangerschaft und Geburt signalisiert. Der Freudianer wird weiterhin Penisneid unterstellen, wenn die Frau Aktivität und Selbständigkeit entwickelt, oder auch Masochismus, wenn es ihr nicht gelingt, aus einer Leidenssituation herauszukommen. Weiterhin kann »Sexualtherapie« unangefochten und ausbeuterisch mit Frauen veranstaltet werden. Weiterhin können alle Mütter für die Probleme ihrer Kinder verantwortlich gemacht werden. Eine Änderung wird sich erst ergeben, wenn feministische Kritik in die offizielle Lehre Eingang findet. Nur einer breit abgestützten und konstruktiven Kritik wird es gelingen, tief eingesessene falsche Theorien über Wesen, Bedürfnisse und Therapie der Frau nachhaltig zu korrigieren. Diese Kritik kann nur von Frauen geleistet werden. Sie wird um harte Kontroversen mit Männern und Frauen nicht herumkommen und die zahlreichen, scharfsinnigen Theoretikerinnen auf eine harte Probe stellen.

4. Frauenbewegung und »Weiblichkeit«: In der Frauenbewegung mit ihren vielen Strömungen ist eine Begriffs-Verwirrung in bezug auf das sogenannte »Weibliche« unübersehbar. Pfarreien, Institute für Erwachsenenbildung und für Ökologie, Psychologinnen und Psychologen organisieren Kurse über die Frau und ihre »Weiblichkeit«. Bei näherem Hinsehen reden sie jedoch nicht vom gleichen, und so reden sie aneinander vorbei. Einigkeit herrscht heute vielerorts in der Auffassung, daß das Weibliche gut und rettend sei. Uneinigkeit herrscht dagegen in der Frage, ob es sich um angeborene oder erworbene »weibliche« Eigenschaften handle. Nach Margarethe Mitscherlich und andern ist »die Zukunft weiblich«. Nach Mitscherlich besteht das wertvolle Weibliche aus »Einfühlung, Interesse für Hilfsbedürftige (und) Mütterlichkeit«. Nach Carol Gilligan sind es Einfühlung, Verständnis, Wärme, Zärtlichkeit, Verantwortungsgefühl, Kooperation, Fürsorglichkeit, Ganzheitlichkeit. Kurz: Das gute »weibliche Herz« ist wieder entdeckt worden zur Freude der einen, zum Ärger der anderen Frauen und Männer. Für Professor Knussmann, Biologe, ist das gute Weibliche zugleich das von »Natur« aus Gegebene: »Das Wesen der Frau entspricht dem Altruismus.« Über »das Weib« bestimmt das »freundliche« Östrogen (Lehrbuch für Biologie, Hamburg 1982). Für Elisabeth Badinter, Signe Hammer, Ursula Scheu, Alice Schwarzer, Nancy Chodorow, Anja Meulenbelt, Christiane Olivier, Simone de Beauvoir und andere ist die gute »Weiblichkeit« aber keineswegs das von Natur aus Gegebene, sondern Produkt eines Sozialisierungsprozesses, dem Frauen von Kindheit an unterworfen werden. Nach Chodorow kann und soll das »Muttern« auch von Männern gelernt und ausgeübt werden.

Ingrid Olbricht bringt einen anderen, aber keineswegs unproblematischen Ansatz in die Weiblichkeitsdiskussion hinein. Zwar ist sie auch überzeugt von der guten weiblichen Natur. Diese besteht aber nicht aus dem Kooperativ- und Liebsein, sondern die »weibliche Natur« umfaßt »Gut und Böse«, »Konstruktives und Destruktives«. Frau, Weiblichkeit und Natur sind bei Olbricht ein und dasselbe. Das Weibliche ist bei der Frau und scheint bei ihr zu bleiben. Die Frau ist »Ursprung für Körper und Seele« und »Quelle des Neuschaffens«. Sie ist »der gebärende Mensch«, ist »Quelle ursprünglichen Nährens, ursprünglichen Zerstörens und ursprünglichen Wissens«. Sie ist gleichzeitig Ursprung der »verderblichen List«. Das Weibliche umfaßt bei Olbricht also etwas völlig anderes als bei Gilligan, Mulack, Mitscherlich oder bei C. G. Jung. Das Weibliche ist nicht das sanftmütige Herz, sondern eine harte Nuß, an der es einiges zu knacken geben wird. Faktisch gehen die Definitionen über das Weibliche häufig diametral auseinander. Die Unterschiede werden jedoch kaum theoretisiert, oft nicht einmal zur Kenntnis genommen. Das muß nachgeholt werden.

In der Frauenbewegung ist es – nur von wenigen bemerkt – infolge des Weiblichkeitsbegriffs zu einer Spaltung gekommen. Bekanntlich haben die Frauen des Frühfeminismus in erster Linie um ihren »Kopf« gekämpft. Sie kämpften um Zugang zu Studium und Berufsarbeit. Die Anhängerinnen des Frühfeminismus werfen der neueren Frauenbewegung vor, sie sei auf die alte Weiblichkeits- und Mütterlichkeitsideologie zurückgefallen, ganz im Sinne des alten Konzepts der Patriarchen. Schließlich waren es die Männer, die zu Beginn des Industriezeitalters alle Frauen auf Mütterlichkeit und Altruismus festnagelten, jedoch Autonomie, Individualität und demokratische Freiheit lediglich für Männer einforderten. J.J. Rousseau, der zu Unrecht noch heute gefeierte Philosoph, half wacker mit, die Frauen einzukerkern mit seiner Forderung: »Die Erziehung der Frau sollte sich immer auf den Mann beziehen. Zu gefallen, für uns nützlich zu sein, uns zu lieben und unser Leben leicht und angenehm zu machen: das sind die Pflichten der Frauen zu allen Zeiten, und das sollten sie in ihrer Kindheit gelehrt werden.« Marie Luise Janssen-Jurreit, eine der hervorragendsten Denkerinnen der Frauenbewegung, Autorin von »Sexismus«, scheint der neueren Frauenbewegung wegen ihrer mangelnden Reflexion über die Bedeutung der ideologischen Auferstehung der »guten Weiblichkeit« enttäuscht den Rücken gekehrt zu haben. Seit Jahren hat sie sich nicht mehr zu Wort gemeldet. Ein ungeheurer Verlust für alle denkenden Frauen!

Nach Janssen-Jurreit darf Feminismus nicht mit der »guten Weiblichkeit« verwechselt werden. Trotzdem werden die Begriffe oft wie Synonyme behandelt, obgleich sie sich in manchen Bereichen in ihrer Unvereinbarkeit zueinander wie Feuer und Wasser verhalten. Die Idee, feministische Frauen hätten speziell das »Weibliche« im Sinne von C.G. Jung zu verwirklichen, wird von Anhängerinnen des Frühfeminismus abgelehnt (Thürmer-Rohr u.a.). Kritische Fragen müssen bezüglich neuer Therapieformen für Frauen gestellt werden, auch wenn sie sich als »ganzheitlich« verstehen: Was bedeutet es, daß »körperorientierte« Frauen sich nunmehr »auf ihre Gefühle verlassen«, »in den Bauch hineinhorchen«, den »einseitigen Verstand hinter sich lassen« und keinesfalls »intellektuell«

sein sollen? Einer Frau zu sagen, sie sei »männlich«, ist nicht selten als Schimpfwort gemeint. Für Frühfeministinnen jedoch sind aktive, mutige, selbständige, intellektuelle, »selbstbestimmte« Frauen keineswegs »männliche« Frauen. Eine Frau ist und bleibt eine Frau, unabhängig davon, was sie denkt, tut und liebt. Anhängerinnen des Frühfeminismus anerkennen bei Frauen und Männern die Verschiedenheit der Körper, welche die geschlechtliche Anziehungskraft begründet. Psychische Eigenschaften wie Herzlichkeit, Wärme, Liebe, Haß sowie Denken und Handeln sind ihrer Auffassung nach allgemein menschliche Fähigkeiten wie Sehen und Hören, die keiner weiteren Zuordnung zu einem Geschlecht bedürfen.

Nach der Soziophilosophin Agnes Heller werden Gefühle weitgehend durch die Tätigkeit, die Arbeit bestimmt. Die Arbeit mit kleinen Kindern entwickelt andere Gefühle als die Arbeit im Büro, Spital und Pferdestall oder in der Redaktion, der Backstube, der Fabrikhalle, auf dem Schlachthof oder beim Kriegshandwerk. Hellers »Theorie der Gefühle« bringt eine Fülle von neuen Erkenntnissen, die von feministischen Theoretikerinnen aufgenommen werden sollten.

5. Hausfrauenarbeit und »Weiblichkeit«: Die Problematik des Hausfrauendaseins wird von vielen Frauen thematisiert. Christa Mulack wirft der patriarchalen Ehe vor, sie verweigere der Frau die Selbstfindung, weil von der Frau »Selbstlosigkeit« gefordert wird. Volker E. Pilgrim macht das »Hausfrauendasein« verantwortlich für die Entstehung von Ungeheuern wie Napoleon, Stalin, Hitler und Mussolini. C. G. Jungs Konzept von der Individuation hat die Chance verpaßt, theoretische Grundlage zur Überwindung der Ideologie zu werden, die dem Hausfrauendasein zugrunde liegt. Verlangt doch Jungs Konzept die Entwicklung der in allen Menschen angeborenen andersgeschlechtlichen »Anteile«, Anlagen und Begabungen, also »männliche« bei der Frau: Intellekt, Geistigkeit, schöpferische Tätigkeit; beim Mann Entfaltung seiner »weiblichen« Anteile: Eros, Einfühlung, Sorgeverhalten. In der Praxis hat es sich leider anders eingespielt. Männer halten dafür, sie hätten ihre »Weiblichkeit« (Anima, Eros) entwickelt, wenn sie den Beruf eines Psychotherapeuten ausüben. Bei Frauen jedoch wird

»Weiblichkeit« übersetzt als Liebe und Sorge auf der Ebene
von häuslicher Versorgung. Die Jungianerinnen Baumgardt
und Riedel dagegen sehen bei Frauen »Weiblichkeit« in allen
Beziehung stiftenden, qualifizierten Tätigkeiten und Berufen
verwirklicht, unter anderem bei der Ärztin, Lehrerin, Musike-
rin, Psychotherapeutin, Hochschuldozentin, Professorin oder
Institutsleiterin. Jungianer jedoch verlangen von Frauen die
häusliche und emotionale Versorgung des männlichen Geschlechts. Kaum ein Mann kommt auf den naheliegenden Gedanken, *der Mann* müßte seine »Weiblichkeit« umsetzen in
Tätigkeiten wie kochen, putzen und waschen für Frau und
Kind, um der Frau die Entfaltung ihrer »männlichen« Anteile
und eine qualifizierte berufliche Tätigkeit zu ermöglichen.

Zur Illustration des Gesagten das Bekenntnis eines Jungia-
ners (H. Barz in »Männersache«. Zürich 1984, S. 8), daß er
»recht gern von den Vorteilen, die die Männer aus der Rollenverteilung beziehen, Gebrauch« mache. »Zum Beispiel, indem
ich hier in Ruhe sitze und schreibe, während meine Frau im
Garten Äpfel pflückt.« Genauer: Man(n) sitzt ruhig und
schreibt, während seine Frau Geschirr spült, Socken wäscht,
Hemden bügelt, die Wohnung sauber hält und den Garten
pflegt. Denn *das* sind die täglichen Arbeiten und Pflichten
einer Hausfrau. Christiane Olivier bemerkt: »Der Ehemann
muß aufhören, das Kind zu spielen, damit seine Frau aufhören
kann, die ›Mutter‹ sein zu müssen.« Weiter: »Ihr Mann, ihr
Gefährte ... müßte auch Essen kochen, Nächte durchwachen,
Krankenpfleger seiner Kinder sein ... Der Mann muß auf seine
Seelenruhe verzichten, damit die Frau die ihre entdecken
kann.« Christa Mulack geht noch weiter: »Wichtiger als die
Treue zum Mann ist für die Frau die Treue zur Individuation,
das heißt zum eigenen Schicksal und der notwendigen eigenen
Entwicklung.« Mulack hat noch einen weiteren Vorwurf an
C. G. Jung. Er habe die weibliche Psyche unter dem Blickwin-
kel des »Nutzens für den Mann« gesehen, ohne gleichzeitig die
Umkehrung im Auge zu haben. Der Jungschen Theorie nach
soll die Frau als »Anima« und »Muse« für den Mann da sein.
Faktisch heißt das schöpferische Mitarbeit an *seinen* Werken
unter Verzicht auf Autorenschaft. Feministinnen haben Beispiele ausgegraben: Die Physikerin Mileva Maric wirkte an

den wichtigsten Forschungsergebnissen von Albert Einstein mit; ihr Name wurde nie erwähnt. Von Toni Wolff, der Mitarbeiterin und Freundin C.G. Jungs, sollen ganze Abschnitte des Buches »Psychologische Typen« stammen, die er selbstverständlich *seinem* Werk subsumierte. Aus feministischer Sicht handelt es sich dabei um geistigen Raub mit schwerwiegenden psychischen Folgen für die betroffenen Frauen.

6. Feministische Kulturtheorie und Patriarchat: Während die Männer die in der neueren Frauenbewegung wieder erstandene »Weiblichkeit« freudig begrüßen, sofern sie auf das weibliche Geschlecht beschränkt bleibt, sind sie besorgt um den Verbleib der »guten alten Männlichkeit«. Vor einigen Jahren wurden an der Universität Hamburg alte Männlichkeits- und Kriegerideale heraufbeschworen und dazu entsprechende theoretische Begründungen geliefert: »Das Testosteron beherrscht den Mann, ihm ist er hörig. Es überschwemmt den Mann mit Adrenalin, das heißt mit Aggression, zwingt ihn zum Zähnefletschen. Die Lust am Töten (ist) eine männliche Lust ... Immer wenn es darum geht, zu töten, zu foltern, Gewalt anzuwenden, ist es Männersache. Der Beruf des Schlächters ist ein typisch männlicher Beruf« (Lehrbuch für Biologie, Professor Knussmann, Hamburg). Damit ist die Aggression – sogar ihre widerwärtigste Form – einmal mehr à priori sanktioniert, entschuldigt, sogar vorgeschrieben für das männliche Geschlecht. Knussmanns Argumentation ist klar ein Versuch, alte Ideologien von aggressiver »Männlichkeit« in wissenschaftlicher Verkleidung erneut gesellschaftsfähig zu machen. Noch lange ist also die Spaltung: Leben – Gebären – Frau, Töten – Krieg – Mann nicht überwunden, die sich auch in einem verbreiteten Lehrbuch für Gynäkologie niederschlug: »Kriegstüchtig sei der Mann und gebärtüchtig sei das Weib« (Esther Fischer-Homberger, S. 100). Solchen Auffassungen gilt es energisch entgegenzutreten. Meines Wissens und glücklicherweise ist keine einzige der feministischen Gruppierungen bereit, die verheerende Zuordnung an die Geschlechter (gebären oder töten) künftig noch zu akzeptieren. Für mich ist es ein höchst befremdliches Gefühl, daß oben erwähnter Hochschulprofessor öffentlich und unwidersprochen alle Männer als lustvoll

Tötende bezeichnen und dafür auch noch einen Lehrstuhl in Anspruch nehmen kann. Anders mein eigener Sohn, meine zahlreichen Brüder und viele andere Männer, die sich entschieden wehren gegen Knussmanns infame Unterstellung. Trotz allem wird feministische Forschung die Frage zu untersuchen haben, was sich hinter der Aggressionsverherrlichung dieser Männer versteckt oder hinter dem anderen Männertypus, dem »Softie«, der glaubt, es genüge uns Frauen, wenn er »weinen« lernt. Kaum eine Frau wird den Softie als Alternative für den »Macho« befürworten, selbst wenn sie mit Irina Deters köstlichem Song einig geht: »Neue Männer braucht das Land.« Einen neuen, beziehungsfähigeren, warmherzigeren, trotzdem vitalstarken Typus Mann und Vater erhoffen sich einige Psychologinnen durch die Einführung der Triade statt Symbiose schon in der Frühkindheit (Eltern-Kind-Beziehung), zum Beispiel Olivier und Meulenbelt.

Vieles spricht dafür, daß es eine Schreckensvorstellung für Männer ist, »weiblich« sein zu müssen. Sigmund Freud: »Die fundamentale Sache, gegen die Männer ankämpfen, das ist die Identifikation mit dem Weiblichen« (zitiert nach Baker-Miller). Jane Baker-Miller warnt zu Recht davor, kooperative Eigenschaften »weiblich«» zu nennen. Denn dadurch würden sie für Männer »noch fürchterlicher« gemacht, indem sie mit »Unmännlichkeit« assoziiert werden. In diesem Sinne muß auch davor gewarnt werden, das »Prinzip des Lebens« für Frauen zu vereinnahmen, denn damit wird der Mann wieder aus einem sinnvollen Lebenszusammenhang gelöst und den Klauen destruktiver Männer und ihren Theorien ausgeliefert. Ich persönlich erwarte von einer feministischen Kulturtheorie eine umfassende Schau, die beiden Geschlechtern einen konstruktiven Platz zuweist. Sobald die Frau – kosmisch gesehen – dem »Prinzip des Lebens« zugeordnet wird, verbleibt dem Manne nur noch der Gegenpol: das tötende Prinzip, das dem Mann generell eine »Lust am Töten« unterstellt.

Beim Versuch einer kosmischen Zuordnung der Geschlechter ist das Faktum der biologischen Vaterschaft zu berücksichtigen. Biologisch gesehen steht der Mann keineswegs auf der Seite des Todes. Bekanntlich tragen beide Geschlechter je eine Hälfte zur Entstehung eines Kindes bei. Beide Geschlechter verfügen über aktive, zeugende Kraft in der Produktion von Ei und Sperma, und beide setzen sich in Bewegung. Durch das weibliche Ei und das männliche Sperma haben beide Teilhabe am Werden des »Keims«, des Embryos. Allerdings leistet die Frau in der Folge ein Zusätzliches, indem sie das gemeinsam gezeugte Kind in ihrem Leibe austrägt, die anstrengende Geburt übernimmt und dann die Ernährung des Neugeborenen sicherstellt. Beim Mann bleibt also ein Beitrags-Manko in dieser Phase bestehen, die beim geborenen Kind ausgeglichen werden könnte. Feministische Kulturtheorie wird sich mit den Fragen befassen müssen, wie das biologische Faktum des symmetrischen Zusammenwirkens der Geschlechter bei der Schaffung eines »neuen Menschen« für eine ganzheitliche, beide einschließende Kulturtheorie einbezogen und durch welche Maßnahmen das männliche Manko gesellschaftlich und privat ausgeglichen und geregelt werden könnte. Eine solche Kulturtheorie müßte auch den Anhängerinnen des Frühfeminismus gerecht werden, die – wie schon erwähnt – vehement darauf bestehen, kooperative, fürsorgliche Gefühle nicht als weiblich zu vereinnahmen, sondern als *allgemein menschliche* Fähigkeiten aufzufassen, zu denen Männer wie Frauen gerufen sind. Dem Manne muß die Fähigkeit zum konkreten Sorgeverhalten, die Teilhabe am Leben und an der Familienarbeit, theoretisch und gesellschaftlich zurückgegeben werden.

Zur Darstellung einer feministischen Kulturtheorie wäre auch eine neue Sprache notwendig, um sinnfällig zu machen, daß die Geschlechter über weitaus mehr Verbindendes als Trennendes verfügen. Das Verbindende wird bei der Überbetonung des Unterschieds allzu leicht übersehen. Die Fakten: Beide Geschlechter werden geboren und müssen sterben. Beide haben einen Blutkreislauf, eine Verdauung, harte Knochen und weiches Fleisch. Beide müssen essen, trinken, atmen und schlafen. Beide haben Augen, Ohren, Mund, Hände, Füße und einen Kopf zum Denken. Und schließlich die Abweichung, kaum mehr als ein Prozent: »Der kleine Unterschied«, welcher die Anziehungskraft der Geschlechter ausmacht. Er ist klein und muß klein bleiben. Wird der Unterschied künstlich vergrößert, ist die Folge Verständnislosigkeit, die zu Entfremdung, Angst, Panik, Haß und zum Geschlechterkrieg führen kann.

7. Diese Ausführungen können nur bruchstückhaft und
eher zufällig sein. Sie verstehen sich als Hinweis auf die pre-
käre gesellschaftliche und therapeutische Situation des weiblichen Geschlechts und darauf, wie es einer »Praxisfrau« der
Psychotherapie zumute ist, wenn sie dem Jahrhundertleiden
der Frau ins Auge blickt, die mühsame Suche nach weiblicher
Identität und Individuation auf sich nimmt im Bewußtsein, daß
es zur gesellschaftlichen Verankerung der vielen bedarf.
Frauen im Fach Psychologie/Psychotherapie haben ihren Beitrag zu leisten, wie schon erwähnt. Sämtliche psychologischen
Theorien und Methoden müssen auf frauenfeindliche Ele-
mente geprüft werden: Frauenbild, die Mutter-Kind-Symbiose,
der Autonomiebegriff, die Auswirkungen der Rollenzuweisung etc. Auch die Begriffe: Weiblichkeit, Feminismus, Ganzheitlichkeit und andere müssen intensiv theoretisiert werden.
Eine solche Kulturtheorie wird an die Stelle der »neurotischen«, patriarchalen Kulturauffassung (Gerda Weiler) hoffentlich eine lebensvollere setzen. Eine solche Theorie muß
beiden Geschlechtern – kosmisch und gesellschaftlich – einen
vitalen und konstruktiven Platz zuordnen. Psychotherapeutinnen werden die Erkenntnisse über feministische Psychotherapie in ihre Arbeit integrieren und zu einem späteren Zeitpunkt
explizit »feministische Psychotherapie« anbieten, die von patriarchalen Vorurteilen frei und frauenfreundlich ist. Schließlich ist zu prüfen, ob Therapeuten, die sich von der (Ehe-)Ge-
fährtin häuslich versorgen lassen, selbst wenn sie »ganzheitliche« Therapiemethoden anbieten, für Frauen geeignet sind.
Es ist klar geworden: Frauenforschung muß an Universitäten
und Instituten viel mehr gefördert und mit öffentlichen Mitteln
unterstützt werden. Wünschenswert ist auch die regelmäßige
Wiederholung der Fachtagung für feministische Psychotherapie und die Publikation ihrer Ergebnisse, damit sich der Diskurs auf hohem Niveau weiterentwickeln kann.

Literatur

Badinter, E., Die Mutterliebe, München 1981
Baker-Miller, J., Die Stärke weiblicher Schwäche, Frankfurt/M. 1979
Baumgardt, U., König Drosselbart und C. G. Jungs Frauenbild, Olten 1987

Chodorow, N., Das Erbe der Mütter, München 1985
Daly, M., Gyn/Ökologie. Eine Metha-Ethik des radikalen Feminismus, München 1978
Dinnerstein, D., Das Arrangement der Geschlechter, Stuttgart 1976
Eichenbaum, L., Orbach, S., Feministische Psychotherapie, München 1984
Friedan, B., Der Weiblichkeitswahn, Hamburg 1966
Gilligan, C., Die andere Stimme, München 1985
Göttner-Abendroth, H., Die Göttin und ihr Heros, München 1980
Greer, G., Das unterdrückte Talent, Frankfurt/M. 1980
Halkes, C., Suchen, was verlorenging, Gütersloh 1985
Hammer, S., Töchter und Mütter, Frankfurt/M. 1985
Heller, A., Theorie der Gefühle, Hamburg 1981
Horney, K., Die Psychologie der Frau, München 1977
Janssen-Jurreit, L., Sexismus, München 1976
Klein, M., Das Seelenleben des Kleinkindes, Stuttgart 1962
Meier-Seethaler, C., Ursprünge und Befreiungen, Zürich 1988
Meulenbelt, A., Wie Schalen einer Zwiebel, München 1985
Mitscherlich, M., Die Zukunft ist weiblich, Zürich 1987
Mulack, Ch., Die Weiblichkeit Gottes, Stuttgart 1983
Olbricht, I., Verborgene Quellen der Weiblichkeit, Stuttgart 1985
Olivier, Ch., Jokastes Kinder, Düsseldorf 1987
Pusch, L., Das Deutsche als Männersprache, Frankfurt/M. 1984
Trömel-Plötz, S., Frauensprache – Sprache der Veränderung, Frankf./M. 1982
Verfasserinnen-Kollektiv (Hrsg.), Beiträge zur feministischen Theorie und Praxis. Mamalogie, Köln 1988
Weiler, G., Der enteignete Mythos, München 1985

Elisabeth Camenzind

geboren 1932, diplomierte Psychologin IAP und Zusatzausbildung in Kinder-Psychotherapie am Szondi-Institut. 1986 Gründungs- und Vorstandsmitglied des Instituts für ganzheitlich-feministische Pädagogik und Psychologie (Iff-Forum) St. Gallen.

Angela Bausch-Hug

Feministische Psychotherapie – eine Anfrage

Ich verstehe meine Ausführungen als ein Grundsatzreferat. Es sind Anregungen, die ich geben möchte. Viele meiner Gedanken sind noch im Anfangsstadium und sollen dazu anregen, das gemeinsame Gespräch weiterzuspinnen, damit wir deutlicher erkennen, was wir unter »feministischer Psychotherapie« verstehen wollen. Ich bin froh über dieses grundsätzliche Thema, denn das Innehalten und Fragen nach dem Grundsätzlichen entspricht meiner gegenwärtigen Lebensphase: Ich habe vieles gelebt, getan, gelehrt und gelernt, geschrieben und gelesen. Das Bedürfnis ist gewachsen, nach den Wurzeln zu suchen, nach Grundanliegen, die jede feministisch-psychotherapeutische Arbeit prägen könnten.

Feministische Psychotherapie steht im Spannungsfeld zwischen Sigmund Freud und Stanislav Grof

Hinter dieser Aussage stehen die Fragen: Ist feministische Psychotherapie denn überhaupt nötig? Ist sie eine neue Methode? Eine neue Therapie überhaupt? Ich werde auf diese Fragen zum Schluß zurückkommen und eine Definition davon geben, was wir gegenwärtig unter dem Begriff »feministische Psychotherapie« verstehen könnten.

Vorerst folgendes: Selbstverständlich ist auch die feministische Psychotherapie eine Folge des gesamten feministischen Aufbruchs. Die verschiedenen psychotherapeutischen Schulen sind jedoch höchst unterschiedlich »aufgebrochen«. Ich stelle fest, daß die Auseinandersetzung mit dem Feminismus vor allem in der psychoanalytischen Schule stattfindet.

Das Gedankengut von Sigmund Freud ist zweifelsohne geeignet, feministisches Denken anzuregen.

Erinnern wir uns: 1937 veröffentlichte Edith Jacobson bereits ihr Buch »Wege der weiblichen Über-Ich-Bildung«, und der Internationale Psychoanalytische Kongreß 1975 in London war dem Thema »Freud und die weibliche Sexualität« gewidmet. Wenn wir die gegenwärtige Literatur durchsehen, finden wir vorwiegend Psychoanalytikerinnen, die aus feministischer Sicht Gedanken und Kritik anbringen. Sie nehmen Abstand von vielen freudianischen Ansätzen und versuchen, Neues, das heißt Feministisches in die Theorie einzubringen. Dasselbe geschieht auch mit der Jungschen Psychologie, wo Frauen neue Modelle entwerfen und all das in Frage stellen, was an männlicher Optik die Theorien prägt. Es ist offenbar so: Je dogmatischer eine Lehre ist, je patriarchaler gewisse Lehrinhalte sind, desto besser und leichter findet sich ein konstruktiver Ansatzpunkt, um feministische Sicht und Kritik zu formulieren. Wir verdanken den Psychoanalytikerinnen sehr viel. Sie machen deutlich, daß jedes noch so objektive Denksystem eben doch immer »objektiv« aus männlicher Sicht bedeutet. Aus der Reaktion auf die jüngste Kritik am Anima-Animus-Begriff durch Ursula Baumgardt wird zudem deutlich, daß ein einmal gefestigtes Denksystem einer dogmatischen Lehre sehr ähnlich werden kann und somit keine grundsätzlichen Einbrüche bzw. Veränderungen mehr duldet. Das erinnert mich leider nur allzu deutlich an die Gebräuche des Vatikans.

Viel schwieriger ist es jedoch, die feministische Sichtweise dort einzubringen, wo die Theorien ganzheitlicher sind, wo wir sie noch als erfrischend neu und integrativ erleben. Die Schulen von Pearls und Rogers, von Lowen und Berne usw. kennen kaum einen feministischen Diskurs in ihren Reihen. Von dort her kommt denn auch sehr viel mehr Unverständnis, wenn ich versuche darzulegen, daß mein weiblicher Blickwinkel eben doch ein anderer sein könnte als jener der männlichen »Vordenker«.

Je weiter weg wir uns von der Psychoanalyse bewegen, je kleiner auch die zeitliche Distanz zum Schon-Gedachten wird, je körperorientierter und ganzheitlicher eine Schule ist, desto schwieriger und anspruchsvoller wird es, darzulegen, wie sich Frauen in diesen Schulen fühlen, und wie sie zu den entsprechenden Theorien stehen.

Ich habe anfangs Stanislav Grof als Gegenpol genannt. Seine transpersonale Psychologie fordert unter anderem, daß Psychotherapie bereits im vorbiographischen Raum ansetzt. Ist hier der feministische Ansatz bereits überholt? Wirkt er in diesem Kontext bereits etwas lächerlich, als Anachronismus?

Wir wissen es noch nicht. Wir müssen noch darüber nachdenken. – Wenn ich die verschiedenen Schulen überblicke und sehe, wie weit der Dialog zwischen Männern und Frauen gediehen ist, dann ziehe ich zwei Konsequenzen:

– Einerseits müssen wir wirklich vieles *neu* denken, und es reicht nicht, das bereits Gedachte zu modifizieren oder in der Anti-Position steckenzubleiben.

– Andererseits können wir für unsere praktische Tätigkeit das Vorhandene erlernen (das tun wir ohnehin), um es dann auf unsere je eigene frauliche Art anzuwenden.

Feministische Psychotherapie steht im Spannungsfeld zwischen Sigmund Freud und Stanislav Grof. In diesen Spannungsbogen hinein will ich Thesen formulieren, die die Sichtweise und Erlebensart der Frauen grundlegend mitberücksichtigen. Es sind Thesen, die in jeder therapeutischen Arbeit mit Frauen zum Tragen kommen, wie immer der methodische Ansatz auch sei, ein Versuch, einige feministische Grundanliegen für die Psychotherapie zu formulieren.

Feministische Psychotherapie ist immer eine verschärfte Reflexion der eigenen Geschichte als Frau

Jede Frau hat ihre eigene Geschichte. Gerade in der Frauenbewegung erfahre ich, wie ernst diese Tatsache genommen wird: Sie hindert mich nämlich daran, von »den Frauen« als einem Kollektiv zu reden, das es in Wahrheit gar nicht gibt. Es gibt verheiratete und ledige Frauen, alte und junge, Mütter und Kinderlose, Berufstätige und Hausfrauen, Witwen und Geschiedene, und diese jeweilige Lebenslage spielt für die Selbsterfahrung der Frauen eine entscheidende Rolle. Mit andern Worten: Wenn ich rede, spricht mit mir immer auch meine Biographie. Meine Rede ist eingebunden in meine Geschichte. Das Wissen um das eigene »biographische Reden« bringt eine entscheidende Veränderung: Ich vereinnahme nicht, indem ich

alles dogmatisch und »objektiv« darstelle, sondern ich rege an,
ich lasse Kritik zu, ich ermögliche und wünsche weitere Reflexionen. So hat neben mir anderes Platz als notwendige Ergänzung. Männer haben es seit jeher verstanden, ihre Biographie
im Dunkel zu lassen. Dafür haben sie um so mehr ihre Erkenntnisse als objektiv und allgemeingültig dargestellt und uns
Frauen in ihren Theorien stets mitgedacht und mitinterpretiert. Was wäre wohl geworden, hätten Sigmund Freud oder
C. G. Jung ihre Wahrheiten »biographisch eingebettet«? Dann
wäre uns zum Beispiel die Möglichkeit geblieben, uns wesentlich besser selbst zu definieren, uns von ihren Biographien und
den daraus resultierenden Wahrheiten zu distanzieren. Wir
wissen heute genau, daß unsere Erkenntnisse immer auch subjektive Züge tragen. Wohl kann dabei auch Allgemeingültiges
mitformuliert werden. Ich wünsche mir einen wissenschaftlichen Diskurs, in dem es Rede und Gegenrede gibt, wobei sich
jede und jeder des biographischen Anteils mitbewußt ist. So
bin ich überzeugt, daß jede von uns Frauen aus einem andern
Beweggrund versucht, feministische Psychotherapie zu betrei-
ben. Denn: Feminismus ist mehr als eine intellektuelle Spiele-
rei. Eine feministische Haltung, die trägt, entsteht immer auf
dem Boden der eigenen Betroffenheit. Aus diesem Grunde
möchte ich meine eigene Geschichte ein wenig transparent
machen: Ich bin seit über sechzehn Jahren verheiratet, Mutter
von zwei halbwüchsigen Kindern, und ich versuche seit Jahrzehnten, mich als Frau, als Ehefrau, als Mutter, Hausfrau und
Berufsfrau in unserer Gesellschaft zurechtzufinden. Ich bin in
einem unübersehbaren Spannungsfeld von Anforderungen
groß geworden.

Heute bin ich gerne eine Frau. Das war nicht immer so.
Aufgewachsen bin ich in einer bürgerlich-patriarchalen Welt.
Sämtliche männlichen Werte waren vorrangig, auch jene, die
in verzerrter Form auftreten: Erfolg, Selbständigkeit, Unabhängigkeit, Härte, Disziplin, Gefühlskontrolle, Konkurrenz-
kampf ... Mein Vater war der ewig Abwesende, der meiner
Mutter wenig Geborgenheit geben konnte und ihre Meinung
selten wirklich ernst nahm. Zwischen meinen Brüdern und mir
bestand eine nicht zu überwindende Distanz. Meine Mutter
war nicht in der Lage, ein Gegengewicht herzustellen. Im Ge-

genteil. Sie eiferte diesen Werten nach, überzeugt davon, daß letztlich nur der Mann in unserer Gesellschaft Anerkennung und Selbstwert bekomme. So war ich der patriarchalen Wertordnung ausgeliefert. Es gab kein Hinterfragen, sondern lediglich die unerbittliche Anpassung an diese bestehende Ordnung und kaum einen Zugang zu dem, was wir heute als »weibliche« Werte bezeichnen, wie Sorgfalt, Rücksicht, Hingabe, Pflege und Zärtlichkeit. Ich begann das zu leben, was Christa Wolf in ihrem Buch »Kassandra« so treffend beschreibt: Ich identifizierte mich mit dem Unterdrücker. Ich lernte und studierte anstandslos alles, was man mir bot. Ich war tüchtig, intellektuell und einseitig. Und ich teilte die Frauenverachtung mit dem Rest meiner Familie. Keine Frauenrollen oder Frauenbilder gaben mir die Möglichkeit, mich wohl zu fühlen oder darin gar einen Selbstwert zu finden. Ich klammerte mich an ein männliches Verhalten, weil es mir in der Gesellschaft Achtung einbrachte und mir ein Mindestmaß an Selbstwert ermöglichte.

Ich habe mich zum Teil wohl gefühlt in meiner weiblichen Männerrolle, denn ich liebte meine Arbeit und fühlte mich dabei sicher und kompetent. Gewiß, die Gesellschaft bot mir eine Menge weiblicher Scheinidentitäten an, wie Ehefrau- und Muttersein, die mich letztlich aber doch allein ließen. Ich war zutiefst zerrissen: funktionell ein Mann, biologisch eine Frau und doch ohne Zugang zu einer echten, tragfähigen Identität als Frau. Nur mühsam fand ich den Weg aus dieser tiefen, teils bewußten, teils unbewußten Zerrissenheit. Ich habe am eigenen Leibe erfahren, was es heißt, »patriarchal ausgehöhlt und überschwemmt« zu sein. Und dies hat neben allem Schmerz einen großen Vorteil: Ich habe einen scharfen Blick für alles Patriarchale bekommen, und ich erkenne das Zerstörerische daran, gerade weil ich es bei mir erspürt und erkannt habe. Was mir den Ausweg aus dieser Verstrickung ermöglichte, war und ist meine Liebe zur Theologie. Aufgewachsen in einem religiös toleranten und akirchlichen Hause, waren Glaubensfragen für mich immer schon faszinierend. Die Auseinandersetzung mit unserem christlichen Glaubensgut ermöglichte mir *den* entscheidenden Einstieg in die Frage nach meiner Identität als Frau, und ich fand durch die feministische Theologie Zugang zu den zentralsten Anliegen des Feminismus.

Feministische Psychotherapie ist immer auch »Religionstherapie«. Das heißt, sie ist Aufarbeitung und Aussonderung christlicher Inhalte

Bilder und vorab religiöse Bilder sitzen tief. Ich bin überzeugt, daß wir die jüdisch-christliche Tradition mitdenken müssen, wollen wir für die feministische Psychotherapie Grundlegendes aufspüren und formulieren. Diese Tradition prägt sämtliche Aussagen in unserem Kulturraum. Die Wurzel all dessen, was im psychologischen und tiefenpsychologischen Raum ausgesagt wurde, ist eine christliche Anthropologie, ob wir das wahrhaben wollen oder nicht. Und diese Wurzel ist gerade für uns Frauen von zentraler Bedeutung. Ausgehend vom Schöpfungsbericht über das Alte Testament hin zur Erlösungsgeschichte im Neuen Testament: Wir haben es durchwegs mit einer androzentrischen Geschichte zu tun. Es ist nicht meine Aufgabe, hier die Erkenntnisse der feministischen Theologie darzulegen. Ich möchte lediglich Bruchteile davon in Erinnerung rufen: der Name Gottes als der unseres Herrn und Vaters, das durchweg paternalistische Handeln Gottes im Alten Testament, die Beziehung von Vater und Sohn im Neuen Testament, die tragenden männlichen Gestalten in der gesamten jüdisch-christlichen Geschichte, das Erlösungswerk durch den Sohn Jesus, die männliche Nachfolge in Gestalt der zwölf Apostel und schließlich die gesamte Tradierung und Gewichtung (!) ethischer, moralischer und sozialer Grundwerte durch die Männer.

Analog zu dieser Androzentrik verschwinden Frauen: Wohl sind sie da in Gestalten wie Ruth und Sara, Esther, Martha und Maria, Maria von Bethanien und Maria von Magdala (als Maria Magdalena, die große Sünderin!) und Johanna. Aber sie wurden ihrer Bedeutung beraubt, wurden im nachhinein abgewertet, und ihr Handeln wurde totgeschwiegen. Die Frau im Niemandsland? Ohne Rolle wäre es vielleicht einfacher gewesen, doch wir haben unsere Rollen erhalten, und zwar so, wie es die feministischen Theologinnen zu sagen pflegen: »die Frau zwischen Eva und Maria«. Diese Kurzform christlicher Rollenzuteilung trifft die Situation aufs präziseste:

– Eva, die Sünderin, die große Versuchung, die Unbe-
herrschte, die Verhängnisvolle, die Hexe, das Tor zur Hölle,
jene Frau, die alles Unheil verschuldete, oder aber
– Maria, die Unerreichbare, die Unbefleckte und Jungfräu-
liche, die Dienende und Zurückhaltende, die Keusche, das Tor
zum Himmel. Und dazwischen wir ganz gewöhnlichen Frauen:
weder Eva noch Maria, jedoch immer mit der einen oder andern verglichen!

Unterstützt, ausgebaut und wissenschaftlich verbrieft wurde
dies alles in den vergangenen Jahrhunderten durch die Kir-
chenväter sowie durch die Reformatoren. Alle standen sie
letztlich in der Tradition des Aristoteles, der davon ausging,
daß die Frauen mißratene Männer seien.

Das Wissen um die jüdisch-christlichen »Frauen-Urbilder«
ist notwendig, auch wenn wir keiner Kirche mehr angehören
und uns kein religiöses oder kirchliches Engagement mehr
bindet. Das, was uns die jüdisch-christliche Tradition an
Frauenbildern überlieferte, sitzt uns allen noch tief in der
Seele und läßt sich nicht wegwischen wie ein mit Kreide ge-
schriebener Satz. Unsere Rolle und unser Rollenverständnis,
unser Selbstwert, unsere Selbstbenennung und unsere Identi-
tätssuche sind unentflechtbar mit dieser jüdisch-christlichen
Tradition verbunden. Die Auseinandersetzung mit der feministischen Theologie hat mich Grundlegendes gelehrt für meine
Arbeit in der feministischen Psychotherapie:

– Der »Minderwert« der Frau, schon fast wie ein Axiom gepre-
digt und vertreten, begleitet uns seit Jahrhunderten. Diese
negativen Fremdbilder sind als Selbstbilder tief in uns einge-
drungen, gerade auch deshalb, weil sie durch die Religion
vermittelt wurden.

– Alles tradierte Gut muß von uns Frauen nochmals hinter-
fragt und neu interpretiert werden.

– Prozesse brauchen Zeit, denn die eingepflanzten Bilder sind
tief verwurzelt. So bin ich kritisch und skeptisch gegen allzu
rasche Veränderungsstrategien geworden, die lediglich eine
äußerliche Anpassung an das bewirken, was eine »emanzipierte Frau« ist.

Feministische Psychotherapie beinhaltet eine Kritik an der bestehenden Diagnostik und Ätiologie

Wir können es auch anders formulieren: Feministische Psychotherapie ist immer auch eine »Wahrnehmung auf der zweiten Linie«, das heißt, ich bin mir der grundsätzlichen Verstrikkung der Frau in ihrer Rolle im Patriarchat bewußt.

So sehe ich in jeder Frauenbiographie einerseits ein individuelles Schicksal, andererseits erfahre ich diese Biographie als Vordergrund eines patriarchalen Hintergrundes. Störungsbilder stehen somit im Kontext der frauenspezifischen Rollenzuteilung. Dasselbe könnten wir für unsere männlichen Klienten natürlich auch sagen. Der Unterschied jedoch besteht darin: Es ist hinlänglich bekannt, daß viel mehr Frauen sich in Psychotherapie begeben und/oder psychiatrisiert werden als Männer. Wir sind diesen Ursachen noch zu wenig nachgegangen und haben vor allem noch keine Konsequenzen daraus gezogen. Frauen übernehmen in der Regel meistens noch jenen Teil in Partnerschaft und Gesellschaft, den wir mit Emotion, Gemüt usw. bezeichnen. Und sie übernehmen sehr oft auch den negativen Anteil dieser Lebensmöglichkeiten, das heißt, in schwierigen Lebenslagen reagieren sie »unkontrolliert, emotional, unvernünftig, unausgeglichen, depressiv«. Das bringt sie viel rascher und offensichtlicher in die Domäne der psychischen Störungen. Niemand fühlt sich bei uns gedrängt, eine Psychotherapeutin aufzusuchen, wenn sie oder er vernünftig, tüchtig, rational, einseitig und stets kontrolliert ist. Die feministische Kritik kann hier einsetzen:

Unsere Diagnostik ist nicht wertneutral, obwohl sie sich seit Jahrzehnten dafür ausgibt. Diagnostik ist in einem gesellschaftlichen Kontext entstanden, der ganz bestimmte Werte vorgibt. Unsere Psychopathologie und Diagnostik liegen nicht jenseits der Geschlechterideologie. Diagnostik ist eine Interpretation, ist ein Versuch der Einordnung in ein möglichst logisches Denksystem. Es ist eine Einordnung in ein von Männern gedachtes System. Selbstverständlich unterliegt eine feministische Psychopathologie und Diagnostik auch einem Interpretationswinkel, nämlich dem feministischen. Der große Unterschied jedoch liegt darin: Der Interpretationswinkel wird klar deklariert und nicht als allumfassend verstanden. Männliche Denk- und Systematisierungsversuche wurden immer als allgemein menschlich deklariert, und somit waren Frauen stets »mitgedacht und mitinterpretiert«.

Die Distanzierung zur gängigen Diagnostik ist gegenwärtig sehr wichtig, denn sie ist eine der Möglichkeiten, vom bereits Gedachten Abstand zu nehmen, damit wir als Frauen die Zusammenhänge zwischen gesund und krank selber darstellen können.

Die feministische Sichtweise bringt in der Diagnostik einen neuen Kontext zum Tragen. Wir nehmen im Zusammenhang mit den psychischen Störungen von Frauen immer deutlicher die Verstrickung mit dem Patriarchat und seinen Anforderungen und Rollenzuweisungen wahr. Und wir realisieren, daß die verschiedensten psychischen Störungen auch als Verweigerung der Frauen gegen diese Rollenzuweisung gesehen werden müssen.

Zusätzlich einige Gedanken zur etablierten Ätiologie. Seit Sigmund Freud wird die Ursache für die meisten psychischen Störungen im Fehlverhalten der Mutter gesucht. Die feministische Psychotherapie verweigert sich dieser grundsätzlichen Schuldzuweisung an die Mutter. Vorab ein Zitat von Alexander Lowen[1]: »Aber die klinische Beobachtung beweist genügend, daß die stärksten und pathogenen Ängste tatsächlich mit der Mutter zusammenhängen; im Vergleich dazu ist die Furcht vor dem Vater unbedeutend.« Dieser Satz umfaßt in seiner Einfachheit alles, was das Patriarchat über die Mutterrolle weiß: Die Mutter ist letztlich die ewig Schuldige. Dazu wird diese Aussage in jene objektiv-männliche Sprache gezwängt, die keinen Widerspruch duldet: Alles wurde »klinisch beobachtet« und »genügend bewiesen«. Es ist, wie wenn es den Vater nicht gäbe, weder als nicht vorhandenes Objekt der Sehnsucht eines kleinen Mädchens noch als Partner, der seine Frau vernachlässigt und somit in hohem Maße mitschuldig wird am familiären Drama, noch als sexueller Vergewaltiger seiner Tochter. All das zählt nicht. Was bleibt, ist die unbestrittene Tatsache, daß die Mutter letztlich alleine das Versagen zu tragen hat. Auch

1 Lowen, A., Depression, München 1978

wenn die Mutter sehr oft eine direkte Quelle von Angst und
Leid ist, so ist sie letztlich immer nur ein Teil eines Systems.
Und dieser Tatsache wurde kaum Rechnung getragen. Sie
steht in einer Gegenabhängigkeit zu ihrem Mann, denn eine
geliebte, wahrgenommene und voll akzeptierte Frau wäre
auch eine andere Mutter. Die Art des Mutterseins ist eine Folge
des gesamten Systems, das der Mutter beinahe alle und dem
Vater kaum eine erzieherische Verantwortung überträgt. In
einer Kurzformel könnten wir sagen: Das patriarchale System
mit all seinen Konsequenzen, angefangen vom nichtvorhande-
nen, gestreßten Vater bis hin zum wettbewerbsorientierten
Schulbetrieb, ist stärker als die mütterlichen Möglichkeiten der
Frauen. Aus diesem Grunde bleibt die feministische Psychotherapie nie bei der Schuldzuweisung an die Mutter stehen,
sondern sieht ihr Versagen auch als Unzulänglichkeit unseres
paternalistischen Systems.

Feministische Psychotherapie entzieht sich dem gängigen Anspruch auf Autonomie und Selbstverantwortung

Wie keine der andern Thesen ist diese aus meiner langjähri-
gen Erfahrung in der Frauenarbeit entstanden. Sie stellt eine
Reflexion darüber dar, was Frauen immer schon taten: Sie
folgten den Wertmaßstäben und ethischen Ansprüchen, die
ihnen die Männer vorgaben. Autonomie und Selbstverantwortung gehören zu den Knotenpunkten feministischer Psychotherapie. Carol Gilligan[2] sagt: »Weibliches Denken und Handeln
orientiert sich an anderen Wertmaßstäben als das männliche:
es ist weniger auf Autonomie als auf Kommunikation und
menschliche Bindungen ausgerichtet.«

   Seit Jahren erfahre ich: Frauen stolpern über die beinahe
absolute Forderung nach Autonomie, und falls sie verheiratet
sind und Kinder haben, stolpern sie zusätzlich über die gefor-
derte Selbstverantwortung. Autonomie und Zugehörigkeit
sind somit Begriffe, die unbedingt von Frauen neu gefüllt und
interpretiert werden müssen. Sonst laufen wir Gefahr, wiederum etwas zu übernehmen, was unserem Wesen fremd ist.

2 Gilligan, C., Die andere Stimme, München 1984

Exemplarisch für eine männliche Sicht ein Zitat von C. G. Jung[3]: »Neurotisch aber wird jeder, der zugleich beides zu tun versucht, der sein individuelles Ziel verfolgt und sich der Kollektivität anpassen möchte.«

Ich habe erfahren, daß Frauen genau das verfolgen: Sie wollen sie selbst sein, eigene Ziele verfolgen, *und* sie wollen dennoch dazugehören, zu einer Gruppe von Menschen, zu einer Familie, zu einem Freundeskreis. Und es sind gerade auch Frauen, die sich nach einem »Friedenskollektiv« sehnen, wo Menschen aus dem Gefühl der Zusammengehörigkeit heraus menschlicher leben und handeln. Frauen wünschen sich Autonomie in der Zugehörigkeit, ohne sich dabei aufzugeben und ohne neurotisch zu werden. Immer wieder stoßen wir auf jene männliche Angst, die überzeugt ist, daß Autonomie jederzeit gefährdet ist und letztlich nur durch Abgrenzung und Verweigerung erreichbar ist. Eingebettet-Sein in ein größeres Ganzes wird aus dieser Optik gleichgesetzt mit dem Ich-Verlust. Frauen tragen eine andere Erfahrung in sich: In der Zugehörigkeit wächst ihr Mut zur echten Autonomie, einer Autonomie, die nicht um ihre Grenzen bangt und die fließende Übergänge kennt.

Für die therapeutische Arbeit mit Frauen ist es wesentlich, ein eigenes Autonomieverständnis zu entwickeln. Wir Frauen erleben nur zu oft, daß Verbundenheit einhergeht mit Anpassung und Unterdrückung. Deshalb stimmen wir ein in die zeitgemäße Forderung nach einer Autonomie, die sich dann oft als Isolation und Ungeborgenheit entpuppt. Wir laufen Gefahr, uns nach dem männlichen Autonomieverständnis auszurichten. Der Preis dafür ist bestimmt zu hoch: Frauen wollen in der Autonomie auch noch Zugehörigkeit erleben, möchten bei aller Freiheit Nähe und Geborgenheit erfahren.

In der Therapie erlebe ich diesen Konflikt als eine neu auftretende Schuldfrage: Frauen fühlen sich der geforderten Autonomie oft schlicht nicht gewachsen. Sie fühlen sich schuldig, daß sie sich immer noch nach Eingebundenheit sehnen. Frauen wissen mittlerweile, welchen Preis sie für diese Eingebundenheit bezahlen; doch die Sehnsucht danach wurzelt tief. Einge-

---

3 Jung, C.G., Erinnerungen, Träume, Gedanken, Zürich 1962

bettet in eine Fülle von Verantwortung, wissen die Frauen heute dennoch um die Forderung nach Selbstverantwortung. Unermüdlich suchen sie eine Balance zwischen der Verantwortung sich selbst gegenüber und der Verantwortung gegenüber der Familie – und erleben sich dabei meistens als die Scheiternden.

Unsere patriarchale Kultur gibt ihnen keine Hilfestellung, um diese Balance leben zu können. Wir leben in einer Welt der Polaritäten, und Ganzheit zu leben wird immer schwieriger. Groß geworden in männlichen Denksystemen und geprägt von männlichen Wertvorstellungen, merken wir oft selbst kaum, wie bereitwillig wir diese Forderungen und Werte übernehmen. Autonomie und Selbstverantwortung sind erst dann feministisch, wenn Zugehörigkeit und Eingebundensein mitgedacht werden und dem tiefen Bedürfnis nach Beziehung Rechnung getragen wird. Indem wir Frauen zu mehr Autonomie ermutigen, können wir sie unbemerkt dem heutigen Diktat von Beziehungslosigkeit und autistischer Eigenverantwortung ausliefern. Das macht uns einmal mehr zu Handlangerinnen männlicher Vorstellungen. Vergessen wir eines nicht: Autonome Frauen sind bequem, weil sie nicht mehr so viel verlangen und endlich gelernt haben, sich selber zu genügen!

Wir wollen den Frauen in der Therapie bestimmt zu mehr Autonomie verhelfen. Gleichzeitig dürfen wir nicht vergessen, daß genausoviel Zugehörigkeit gelebt werden will, sollen die Frauen nicht in einem unerträglichen emotionalen Vakuum enden. Der Wunsch nach Selbstbestimmung hält dem Wunsch nach Übernahme emotionaler Verantwortung die Waage. Und oft laufen wir Gefahr, das erste überzubewerten, weil echte Zugehörigkeit mit vielen Männern noch nicht lebbar ist. Es ist darum oft einfacher, die Befreiung der Frau in Richtung Bedürfnislosigkeit voranzutreiben, anstatt sie in ihrer Bedürftigkeit zu unterstützen. Es ist wichtig, sich in der Therapie diesem Zwiespalt zu stellen. Wir müssen die Frauen ermutigen, nicht nur selbständig zu sein, sondern auch Orte zu suchen, wo sie ihre emotionale Eingebundenheit leben können. Frauen sind Frauen darin eine große Hilfe, weil sie einander oft Zugehörigkeit und emotionelles Engagement geben können. Feministische Psychotherapeutinnen akzeptieren sowohl den Drang nach Autonomie und Selbstbestimmung als auch den Wunsch nach Zugehörigkeit und emotionaler Abhängigkeit und tragen zu beidem in gleicher Weise Sorge.

Feministische Psychotherapie ist ein offenes System, ein Sammelbegriff, der den Willen bekundet, daß Frauen ihre Identität, ihr Gesundsein und ihr Kranksein und die nötigen Heilswege selber finden und benennen wollen

Dies ist meine Schlußthese. Sie ist eine Art von Definition und gleichzeitig eine Zusammenfassung des bisher Gesagten. Ich setze zwei Schwerpunkte:

– Einerseits ist feministische Psychotherapie ein *offenes* System. Von den feministischen Theologinnen habe ich gelernt, daß wir Zeit brauchen, um nachzudenken und um zu erspüren, was wir brauchen und wollen. Wir sind aufgebrochen, ohne zu wissen, wohin uns der Weg führt. Jede Systematik würde gegenwärtig diesen Aufbruch unterbinden, würde Klarheit vortäuschen, wo in erster Linie Fragen stehen. Wir müssen so vieles neu denken, und wir wissen noch nicht, wie sich dieses Neue anfühlt.

Catharina Halkes[4] sagt dazu sehr treffend: »So gesehen ist Feminismus eine Suche in unser aller Innerstem nach unseren eigenen Wurzeln (radices). Aus diesem Grunde möchte ich so gerne das ›Radikale‹ dieser Bewegung als eine fundamentale Selbstfindung, als Basis einsetzen, um danach und dadurch den Weg nach innen erneut zu schreiten, doch diesmal anders als die lediglich emanzipierte Frau. Der Mut zu sehen führt schließlich auch zu einem neuen Mut zu sein. Dies bedeutet einen Auszug, einen Exodus aus dem Griff der uns fixierenden Bilder, der festgelegten Rollenmuster und der Erfahrung des ›Nicht-Seins‹: Dies bedeutet Befreiung, aber auch Leere, die wir ertragen müssen, um uns nicht allzu rasch mit einem unwesentlichen Ersatz zu begnügen. Nur dann kann die Leere auch zu neuem Raum werden ...«

– Andererseits ist »feministische Psychotherapie« ein *Sam-*

4 Halkes, C., Suchen, was verlorenging, Gütersloh 1980

melbegriff. In jedem Falle soll eine feministische Psychotherapie schulenübergreifend sein, das heißt, es geht nicht darum,
die bereits vorhandene Konkurrenz unter den verschiedenen
Schulen noch zu fördern. Im Gegenteil, es geht darum, wirklich
alles zu sammeln, was Frauen denken, erfahren, wahrnehmen,
empfinden. Es geht darum, der drängenden Frage nachzuge-
hen: Was ist «weibliche» Psychologie, wie sieht eine Psychotherapie aus, die sich grundlegend auf das Sein von Frauen
ausrichtet? Das Verbindende ist unser Frau-Sein in dieser Kultur. Das Trennende sind die unterschiedlichen Biographien
und damit auch die verschiedenen Ansätze. Ich denke, daß
feministische Theorie und feministische Praxis in diesem
Spannungsfeld von Allgemeingültigem und Individuellem stehen *muß.* Sonst wiederholen wir denselben Fehler sämtlicher
patriarchaler Denksysteme: daß das Leben zugunsten von
Systemen beschnitten oder gar zerstört wird.

Die französische Philosophin Julia Kristeva sagt: »Wir brauchen eine Konzeption des Weiblichen, für die es so viele Kon-
zeptionen gibt wie Frauen.«

Wir brauchen Zeit, Geduld, Gespräche, Toleranz, Unterstützung und sehr viel Mut, um unsere Identität zu finden, dazu zu
stehen und daraus Neues zu schaffen.

Angela Bausch

geb. 1945, verheiratet und Mutter
von zwei Kindern. Studium der
Heilpädagogik und Psychologie in
Zürich und Freiburg (CH). Erfahrung in Schulpsychologie und Er-
ziehungsberatung, Lehrtätigkeit, Erwachsenenbildung. Rege Vortrags-
tätigkeit. Seit 1970 red. Mitarbeit
bei Zeitschriften, eigene Publikationen. Engagiert in der Frauenfrage
und der aktiven Frauenarbeit. Ausbildung zur Psychotherapeutin in
Psychoanalyse (Szondi), Gesprächspsychotherapie, Weiterbil-
dung in Skriptanalyse und Atemthe-
rapie. Arbeitet in eigener Praxis.

Ursula Baumgardt

Zwischen Idealisierung und Entwertung: C.G. Jungs Frauenbild

Im Rahmen feministischer Psychotherapie ist es eine unabdingbare Voraussetzung, die klassischen Konzepte der Psyche auf deren Gültigkeit in bezug auf die Frau zu überprüfen. Dabei darf nicht übersehen werden, daß diese von Männern erstellt worden sind und daher primär auf männlichen Vorstellungen über das Wesen der Frau beruhen. Erschwerend kommt hinzu, daß sie dem jeweiligen Zeitgeist verhaftet sind. Beide, sowohl das jeweilige Bild des betreffenden Wissenschaftlers wie das Bild des gesellschaftlich vorherrschenden Bewußtseins, entstammen ursprünglich einer mehr oder weniger deutlichen patriarchalen Sichtweise. Daher tragen sämtliche bisherigen Konzepte über die Psyche der Frau patriarchale Züge, die es aufzudecken gilt, wenn wir in der feministischen Psychotherapie versuchen wollen, nicht weiterhin männlichen Projektionen und Bildern über die Frau aufzusitzen.

Die feministische Kritik an Sigmund Freud[1] hat früher eingesetzt als diejenige an Carl Gustav Jung[2]. Von meiner Ausbildung her grundlegend mit dem Werk C.G. Jungs vertraut, versuche ich im folgenden kurz dessen Frauen- bzw. dessen Män-

---

1 Horney, K., Neue Wege in der Psychoanalyse, München 1977
  Schlessier, R., Konstruktionen der Weiblichkeit bei Freud, Frankfurt/M. 1981
  Olivier, Ch., Jokastes Kinder, Düsseldorf 1987
  Wisselinck, E., Frauen denken anders, Straßlach 1984
2 Baumgardt, U., König Drosselbart und C.G. Jungs Frauenbild – kritische Gedanken zu Anima und Animus, Olten 1987
  Goldenberg, N., Changing of the Gods, Boston 1979
  Weiler, G., Der enteignete Mythos, München 1985

nerbild darzustellen[3]. In einem zweiten Schritt beabsichtige
ich, dessen patriarchale Züge sowie die Verhaftung an den
Zeitgeist aufzuzeigen.

Jungs Konzeption der Psyche beruht im wesentlichen auf
dem Prinzip der Polarität, das heißt dem Verhältnis der Gegensätzlichkeit zwischen zwei voneinander abhängigen, sich gegenseitig bedingenden Momenten. Polarität setzt das Vorhan-
densein zweier Pole voraus, die eine Gegensätzlichkeit bei
wesenhafter Zusammengehörigkeit beinhalten.

Das polare Prinzip wird dadurch aufrechterhalten, daß ein
Pol den andern ergänzt. Diese seelische Komplementarität
wird dadurch gewährleistet, daß die Wesenheit des einen Pols
diejenige des zweiten Pols bedingt. Daraus wird deutlich, daß
der zweite Pol durch den ersten Pol definiert wird; beide Pole
bedingen sich gegenseitig, wobei der zweite Pol die Ergänzung des ersten Pols ist.

Aus diesem komplementären Zusammenspiel der verschiedenen psychischen Anteile erwächst eine seelische Ganzheit.
Der bewußte Versuch des Einzelmenschen, diese seelische
Ganzheit zu erreichen, ist ein Grundanliegen C. G. Jungs; diesen Prozeß des Zur-Ganzheit-Findens bezeichnet er als Indivi-
duationsprozeß.

Das Gesetz der Polarität bzw. Komplementarität ist nach
Jung unter anderem wirksam zwischen dem Unbewußten und
dem Bewußten, zwischen Selbst und Ich, zwischen Ich und
gleichgeschlechtlichem Schatten, zwischen Ich und den gegengeschlechtlichen, unbewußten Anteilen (Anima bzw. Animus).

Direkte Hinweise für unser Thema finden sich etwa in den
Ausführungen zur seelischen Gegengeschlechtlichkeit, die sich
über das Gesamtwerk verteilen. (Im folgenden wird aus den
Gesammelten Werken, Walter Verlag, Olten, zitiert.) Jung postuliert bekanntlich, daß dem männlichen Ich im Unbewußten
weibliche Seelenanteile komplementär entgegenstünden, die
sogenannte Anima, und vice versa dem weiblichen Ich unbewußte männliche Anteile, der sogenannte Animus:

»Da nun die Anima ein beim Manne hervortretender Eigen-

---

3 Referat der Autorin anläßlich der Tagung des DAGG, Alzey 1988, zum Thema
»Männerbild und Frauenbild in der Psychotherapie«.

typus ist, so steht zu vermuten, daß bei der Frau ein Äquivalent vorhanden sein muß, denn wie ein Mann durch Weibliches kompensiert ist, so die Frau durch Männliches.« Oder:

»Der Komplementärcharakter der Seele betrifft aber auch den Geschlechtscharakter, wie ich vielfach unzweifelhaft gesehen habe. Eine sehr weibliche Frau hat eine männliche Seele, ein sehr männlicher Mann eine weibliche Seele. Dieser Gegensatz rührt daher, daß zum Beispiel der Mann nicht durchaus und in allen Dingen männlich ist, sondern er hat normalerweise auch gewisse weibliche Züge. Je männlicher seine äußere Einstellung ist, desto mehr sind darin die weiblichen Züge ausgemerzt; sie treten daher im Unbewußten auf. Dieser Umstand erklärt, warum gerade sehr männliche Männer charakteristischen Schwächen unterworfen sind: sie verhalten sich zu den Regungen des Unbewußten weiblich-bestimmbar und beeinflußbar. Umgekehrt sind oft gerade die weiblichsten Frauen gewissen inneren Dingen gegenüber von einer Unbelehrbarkeit, Hartnäckigkeit und Eigensinnigkeit, welche Eigenschaften in solcher Intensität nur beim Manne als äußere Einstellung zu finden sind. Es sind Züge männlicher Art, die, von der weiblichen äußeren Einstellung ausgeschlossen, zu Eigenschaften der Seele geworden sind. Wenn wir daher beim Manne von einer *Anima* sprechen, so müssen wir folgerichtigerweise bei der Frau von einem *Animus* reden. Wie beim Manne im allgemeinen in der äußeren Einstellung Logik und Sachlichkeit überwiegen oder wenigstens als Ideale betrachtet werden, so bei der Frau das Gefühl. In der Seele aber kehrt sich das Verhältnis um, der Mann fühlt nach innen, die Frau aber überlegt. Deshalb ist der Mann leichter total verzweifelt, wo die Frau immer noch trösten und hoffen kann, darum bringt er sich eher um als die Frau. So sehr die Frau den sozialen Umständen, zum Beispiel als Prostituierte, zum Opfer fallen kann, so sehr verfällt der Mann den Impulsen des Unbewußten, dem Alkoholismus und andern Lastern« (GW 6, S. 508 ff.).

Die beiden Zitate machen deutlich, daß Jung in seinem Denken und seinen Schlußfolgerungen vom Mann ausgeht. Das Männliche bzw. der Mann ist für ihn das Primäre. Von der männlichen Seele ausgehend, zieht er Analogieschlüsse auf die weibliche Seele: Mann und Frau werden so zu Gegenpolen,

männlich und weiblich zu Gegensätzen. Theorienbildung führt
oft – für viele unbemerkt – zur Ideologienbildung. Jede Ideologie birgt bekanntlich in sich immer auch schon ein Element der
Gewalt bzw. der Vergewaltigung.

1939 schreibt Jung in »Psychologie und Religion«: »Die
Anima ist wahrscheinlich eine Darstellung der Minderheit der
weiblichen Gene in einem männlichen Körper. Dies ist um so
wahrscheinlicher, als man dieselbe Figur in der Bilderwelt des
weiblichen Unbewußten nicht findet. Es gibt dort jedoch eine
korrespondierende Figur, die eine gleichwertige Rolle spielt;
es ist aber nicht das Bild einer Frau, sondern das eines Mannes. Diese männliche Figur in der Psychologie der Frau ist als
›Animus‹ bezeichnet worden. Eine der typischsten Äußerungen beider Figuren ist das, was man seit langem ›Animosität‹
nennt. Die Anima verursacht unlogische Launen, der Animus
produziert aufreizende Gemeinplätze und unvernünftige Meinungen. Beide sind häufige Traumfiguren. In der Regel perso-
nifizieren sie das Unbewußte und geben ihm seinen eigentüm-
lich unangenehmen oder irritierenden Charakter. Das Unbewußte an sich hat solche negativen Eigenschaften nicht. Sie
treten hauptsächlich dann in Erscheinung, wenn es personifi-
ziert ist durch diese Figuren und wenn diese anfangen, das
Bewußtsein zu beeinflussen. Da sie nur Teilpersönlichkeiten
sind, haben sie den Charakter eines inferioren Mannes oder
einer inferioren Frau, und daher kommt ihr irritierender Einfluß. Ein Mann unter diesem Einfluß ist unberechenbaren Launen unterworfen, und eine Frau wird rechthaberisch und äußert Meinungen, die am Eigentlichen vorbeigehen.« Dazu
schreibt er in einer Anmerkung: »Anima und Animus treten
nicht nur in negativer Form auf. Sie erscheinen gelegentlich
sogar als Quelle der Erleuchtung, als Boten und als Mystago-
gen« (GW 11, S. 31ff.).

Zur gleichen Frage äußert sich Jung 1950 in »Aion« folgendermaßen: »Obschon man Animus und Anima zunächst meist
in ihrer negativen und unwillkommenen Erscheinungsweise
begegnet, so sind sie doch beide weit davon entfernt, nur eine
Art von bösen Geistern zu sein. Sie haben, wie gesagt, auch
einen ebenso positiven Aspekt. Um ihrer positiven, numinosen
Suggestivkraft willen stellen sie nämlich die archetypischen

Grundlagen der männlichen und weiblichen Gottheiten von jeher und überall dar und beanspruchen daher eine besondere Aufmerksamkeit, zunächst die des Psychologen, sodann aber auch die des besinnlichen Laien. Als Numina wirken Animus und Anima bald Gutes, bald Böses. Ihr Gegensatz ist derjenige der Geschlechter. Sie stellen daher ein supremes Gegensatzpaar dar, welches nicht hoffnungslos durch logischen Widerspruch getrennt ist, sondern vermöge der diesem Gegensatze eigentümlichen gegenseitigen Attraktion Vereinigung nicht nur verspricht, sondern auch ermöglicht« (GW 9/2, S. 283).

Wenden wir im folgenden unsere Aufmerksamkeit zuerst der Anima zu: Generell meint Jung: »Man kann die Anima auch definieren als Imago oder Archetypus oder Niederschlag aller Erfahrungen des Mannes mit dem Weibe. Darum ist das Animabild auch in der Regel in die Frau projiziert« (GW 13, S. 48). Jung spricht von der Anima als einer Personifikation des Unbewußten (GW 9/2, S. 20). Das, was der Mann mit der Frau erlebt, geht nicht verloren, sondern bleibt als seelische Erfahrung erhalten – Jung erweitert diese Aussage sogar vom Individuellen auf das Überpersönliche, indem er daraus eine archetypische Erfahrung macht.

Inhalte und Wirkungsweise der Anima können als eine Art Mischung aus Real-Mütterlichem und Archetypisch-Mütterlichem gesehen werden: »Man darf nie vergessen, daß es sich gerade bei der Anima um psychische Tatbestände handelt, die sozusagen niemals zuvor Besitz des Menschen waren, indem sie als Projektionen sich meist außerhalb seines psychischen Bereiches aufhielten. Für den Sohn steckt in der Übermacht der Mutter die Anima, welche manchmal zeitlebens eine sentimentale Bindung hinterläßt und das Schicksal des Mannes aufs schwerste beeinträchtigt oder umgekehrt seinen Mut zu kühnsten Taten beflügelt« (GW 9/1, S. 38).

Im Sinne bipolarer Vorstellung vollzieht sich die Beziehung des männlichen Ich zum Unbewußten über die Anima. Wo die Anima auf ein schwaches Ich stößt, reagiert dieses sogenannt animos, »sentimental und ressentimenthaft« (GW 9/2, S. 25). Das Ich wird von Affekten gesteuert, die sich am besten als »irrationale Launen« (GW 9/2, S. 26) definieren lassen. Dadurch wird nach Jung die Anima zu einem »durchaus erfahrba-

ren Wesen« – und nicht zu einem transzendentalen –, denn
»affektive Zustände sind unmittelbare Erfahrungen ..., der affektive Charakter trägt beim Manne weibliche Züge« (GW 13,
S. 47 f.)

Jung spricht in diesem Zusammenhang sogar von Besessen-
heit durch die Anima: »Gewiß können auch Männer sehr weiblich argumentieren, nämlich dann, wenn sie animabesessen
sind und dadurch in den Animus ihrer Anima verwandelt werden. Ihnen geht es dabei hauptsächlich um die persönliche
Eitelkeit und *Empfindlichkeit*« (GW 9/2, S. 24).

Sobald die Anima nicht mehr in der Funktion der Übermitt-
lung eines unbewußten Inhaltes an das Ich als den Kern des
Bewußtseins auftreten kann, weil das Ich schwach ist und
daher nicht aktiv reagieren kann, wird die Anima autonom –
und nach Jungs obiger Beschreibung auch häßlich und nur
noch negativ. Das bipolare System bricht zusammen, es bildet
sich eine einseitige Polarisierung.

Die negative Ausprägung der Anima erschöpft sich jedoch
nicht in Launenhaftigkeit und Besessenheitszuständen. Sie
wird von Jung unter anderem auch im Bild der Hure eingefan-
gen, das sich dort konstelliert, wo ein Mann dem Bild der Frau
als der Mutter schlechthin verhaftet ist: »Die überwältigende
Mehrheit der Männer auf heutiger Kulturstufe bleiben bei der
mütterlichen Bedeutung der Frau stehen, weshalb auch die
Anima niemals über die infantil-primitive Stufe der Hure sich
hinausentwickelt« (GW 10, S. 54). Dadurch wird die Anima degradiert, sie vermittelt nicht, wie Jung das von der Frau erwartet, Bezogenheit im Sinne von Eros, sondern eher Abspaltung.
Diese negativ gewordene Anima ist eine Hure; wobei eine
Hure bekanntlich dadurch charakterisiert ist, daß sie Sexualität losgelöst vom Eros ausübt und nicht nach einer Verbindung
von Sexualität und Eros fragt.

Jungs Männerbild ist also maßgeblich gekennzeichnet durch
die Anima, seine Gefühls- oder Erosseite, die der Mann meist
abgespalten erlebt. Er bzw. sein Ich wird durch sie bestimmt,
indem er irrationalen Gefühlen der Erlösung oder Erniedrigung ausgeliefert ist. Ziel des Bewußtwerdungsprozesses ist
deren weitgehende Integration. Für Jung scheint die Anima
über Leben und Tod des Mannes zu bestimmen. Sie ist für ihn

keineswegs nur der weibliche Anteil in der Seele des Mannes.
Er setzt sie vielmehr immer wieder mit Seele gleich und schildert sie als das Lebendige im Menschen – gemeint ist im
Manne: »Seele ist das Lebendige im Menschen, das aus sich
selbst Lebende und Leben Verursachende; darum blies Gott
dem Adam einen lebendigen Odem ein, damit er lebe... Sie ist
voll von Fallstricken und Fußangeln, damit der Mensch zu Fall
komme, die Erde erreiche, sich dort verwickle und daran hän-
genbleibe, damit das Leben gelebt werde; wie schon Eva im
Paradies es nicht lassen konnte, Adam von der Güte des verbo-
tenen Apfels zu überzeugen... Seele zu haben, ist das Wagnis
des Lebens, denn die Seele ist ein lebenspendender Dämon,
der sein elfisches Spiel unterhalb und oberhalb der menschlichen Existenz spielt... Sie ist ein ›factor‹ in des Wortes ei-
gentlichem Sinne. Man kann sie nicht machen, sondern sie ist
immer das Apriori von Stimmungen, Reaktionen, Impulsen
und was es sonst an psychischen Spontaneitäten gibt. Sie ist
ein Lebendes aus sich, das uns Leben macht; ein Leben hinter
dem Bewußtsein, das nicht restlos diesem integriert werden
kann, sondern aus dem letzteres im Gegenteil eher hervorgeht.
Denn schließlich ist das psychische Leben zum größeren Teil
ein Unbewußtes und umfaßt das Bewußtsein auf allen Seiten...« (GW 9/1, S. 36).

In den wenigen angeführten Zitaten scheint sich auch eine
unausgesprochene Angst C. G. Jungs vor der Frau zu zeigen,
indem sie von ihm nicht selten auffallend überhöht oder erniedrigt wird.

Im weiteren soll unser Augenmerk nun auf den Animus gelenkt sein.

Dem weiblichen Ich steht im Unbewußten der Frau ein
männlicher Widerpart gegenüber. Der sogenannte innere
Mann oder das sogenannte Männliche in der Seele der Frau ist
für Jung unzweifelhaft ein Charakteristikum der weiblichen
Psyche, das ihm erst dazu verholfen hat, die Frau an und für
sich zu verstehen. Der Animus nimmt daher in der Jungschen
Psychologie einen wichtigen Stellenwert ein.

Den Unterschied der unbewußten Psyche von Mann und
Frau definiert Jung knapp und präzise: »...was also den *Animus* gegenüber der *Anima* charakterisiert, so kann ich nur

sagen: wie die Anima *Launen*, so bringt der Animus *Meinungen* hervor« (GW 7, S. 227). Da Jung nicht müde wird zu betonen, daß der Logos männlichen Charakters ist und somit das Bewußtsein des Mannes charakterisiert, ist der Animus als das unbewußt Männliche konsequenterweise das Logosprinzip im Unbewußten der Frau. Es zeichnet sich laut obiger – und unzähliger weiterer – Definition durch Meinungen aus, die auf nicht nachweisbaren Voraussetzungen beruhen und daher keine Zweifel zulassen, weil sie diesen nicht standhalten könnten. In späteren Werken spricht Jung daher gerne vom Animus als von einem »Meinungsteufel«.

Im Animus, dem unbewußten Logos-Prinzip der Frau, lokalisiert Jung die Bildung und Entstehung von Meinungen, Prinzipien, Urteilen und Vorurteilen, die die Frau seiner Meinung nach entstellen. Der Animus kann zu einem autonomen Komplex werden. Er enthält die nicht-integrierten geistigen Möglichkeiten der Frau, die den Mann so sehr irritieren können: »Diese Meinungen haben für den Mann – insofern die Frau hübsch ist – etwas rührend Kindliches, welches ihm zu einer ihm wohltätigen, bevaternden Lehrhaftigkeit verhilft; insofern die Frau aber die sentimentale Seite nicht berührt und infolgedessen Kompetenz und nicht rührende Hilfslosigkeit und Dummheit von ihr gewünscht wird, so haben ihre Animusmeinungen für den Mann etwas Irritierendes, hauptsächlich wegen ihrer schlechten Begründung – zu viel Meinung um ihrer selbst willen, um wenigstens auch eine Meinung zu haben, usw. Männer pflegen hier giftig zu werden, denn es ist eine unerschütterliche Tatsache, daß der Animus immer die Anima hervorlockt, wodurch jede weitere Diskussion aussichtslos wird (und natürlicherweise vice versa ebenfalls)« (GW 7, S. 229).

Wo es einer Frau nicht gelingt, den Animus als eine Funktion nach innen einzusetzen, wo sie ihn also nach außen kehrt, wird sie animusbesessen und ist in Gefahr, ihre Weiblichkeit zu verlieren (vgl. GW 7, S. 230).

Die These, daß der Animus nur im weltabgewandten (introvertierten) Zustand seinen Charme und seinen Wert besitzt, also dann, wenn er eine Brücke zum Unbewußten bildet, hält Jung auch in seinem späteren Werk aufrecht: Sonst wird er

»starr, prinzipienhaft, gesetzgeberisch, lehrhaft, weltverbes-
sernd, theoretisch, in Wörtern verfangen, streit- und herrsch-
süchtig. Beide (Anima wie Animus, Anm. d. Vf.) haben schlechten Geschmack: die Anima umgibt sich mit minderwertigen
Subjekten, und der Animus fällt auf minderwertiges Denken
herein« (GW 9/1, S. 138).

Die folgenden vier Zitate aus dem Gesamtwerk wurden aus-
gewählt, um abschließend Jungs Frauen- und Männerbild weiterhin zu verdeutlichen:

»Aber niemand kommt um die Tatsache herum, daß die
Frauen einen männlichen Beruf ergreifen, in männlicher Weise
studieren und arbeiten und damit etwas tun, was ihrer weiblichen Natur zum mindesten nicht ganz liegt, wenn nicht geradezu schädlich ist. Sie tun ja etwas, was ein Mann kaum im-
stande wäre zu tun, wenn er nicht gerade ein Chinese ist:
könnte er sich als Kinderfrau verdingen oder Kleinkinder-
schullehrerin werden? Wenn ich von Schädlichkeit spreche, so
meine ich damit nicht geradezu physiologische, sondern vor
allem psychische Schädigung. Es ist ein Kennzeichen der Frau,
daß sie alles aus Liebe zu einem Menschen tun kann. Diejenigen Frauen aber, die aus Liebe zu einer Sache Bedeutendes
leisten, sind die größten Ausnahmen, weil das ihrer Natur nicht
entspricht. Die Liebe zur Sache ist eine männliche Prärogative.
Da aber der Mensch Männliches und Weibliches in seiner
Natur vereinigt, so kann ein Mann Weibliches und eine Frau
Männliches leben. Jedoch steht dem Manne das Weibliche im
Hintergrund, so wie der Frau das Männliche. Lebt man nun das
Gegengeschlechtliche, so lebt man in seinem eigenen Hintergrund, wobei das Eigentliche zu kurz kommt. Ein Mann sollte
als Mann leben und eine Frau als Frau. Das Gegengeschlechtliche ist immer in gefährlicher Nachbarschaft des Unbewuß-
ten« (GW 10, S. 140).

Wenn Jung von einem positiven Animus spricht und ihn als
Geist bezeichnet, so definiert er diesen über die Gestalt des
Vaters: »Wie die Anima, so hat der Animus auch einen positiven Aspekt. In der Gestalt des Vaters drückt sich nicht nur
hergebrachte Meinung, sondern ebensosehr auch das, was
mam ›Geist‹ nennt, aus, und zwar insbesondere philosophische
und religiöse Allgemeinvorstellungen, beziehungsweise jene

Haltung, die sich aus solchen Überzeugungen ergibt. So ist der
Animus ebenfalls ein Psychopompos, ein Vermittler zwischen
Bewußtsein und Unbewußtem und eine Personifikation des
Unbewußten. Wie die Anima durch die Integration zu einem
Eros des Bewußtseins wird, so der Animus zu einem Logos,
und wie jene dem männlichen Bewußtsein damit Beziehung
und Bezogenheit verleiht, so diese dem weiblichen Bewußtsein Nachdenklichkeit, Überlegung und Erkenntnis« (GW 9/2,
S. 25). Das alte Rollenklischee vornehmer weiblicher Zurück-
haltung wird an dieser Stelle durch eine von Jung zur Tatsache
erklärten männlichen Projektion weitertradiert:

»So kann es geschehen – und es geschieht fast in der
Regel –, daß der Verstand (mind) einer einen männlichen
Beruf ausübenden Frau, von ihr unbemerkt, für ihre Umgebung aber sehr bemerkbar, von der unbewußten Männlichkeit
beeinflußt wird. Daraus entsteht eine gewisse starre Verstan-
desmäßigkeit mit sogenannten Prinzipien und einer ganzen
Menge von Argumentiererei, welche in aufreizender Weise
immer etwas daneben geht und immer ein kleines Etwas ins
Problem hineinlegt, das nicht drin liegt. Die unbewußte Voraussetzung oder Meinung ist der schlimmste Feind des weiblichen Wesens, gelegentlich geradezu eine dämonische Leidenschaft, welche die Männer irritiert und verstimmt und der
Frau selber den größten Schaden zufügt, indem sie den
Charme und den Sinn des weiblichen Wesens allmählich über-
wuchert und in den Hintergrund drängt. Eine solche Entwicklung endet schließlich in einer tiefen Entzweiung mit sich
selbst, das heißt mit einer Neurose« (GW 10, S. 141).

Die Theorie des Animus entbindet den Mann von vornherein, die Frau als geistige Partnerin ernst nehmen zu müssen:
»Bei Männern ist der Eros, die Beziehungsfunktion, in der
Regel weniger entwickelt als der Logos. Bei der Frau dagegen
bildet der Eros einen Ausdruck ihrer wahren Natur, während
ihr Logos nicht selten einen bedauerlichen Zwischenfall bedeutet. Er erregt im Familien- und Freundeskreise Mißver-
ständnisse und ärgerliche Interpretationen, weil er nämlich,
statt aus Überlegungen, aus Meinungen besteht. Darunter verstehe ich a priorische Annahmen mit sozusagen absolutem
Wahrheitsanspruch. Dergleichen kann, wie jedermann weiß,

irritierend wirken. Da der Animus mit Vorliebe argumentiert, so kann man ihn bei rechthaberischen Diskussionen am leichtesten am Werke sehen. Gewiß können auch Männer sehr weiblich argumentieren, nämlich dann, wenn sie animabesessen sind und dadurch in den Animus ihrer Anima verwandelt werden. Ihnen geht es dabei hauptsächlich um die persönliche *Eitelkeit* und *Empfindlichkeit,* den Frauen aber geht es um die *Macht der Wahrheit oder der Gerechtigkeit oder anderer* ›*-heiten*‹ *und* ›*-keiten*‹, denn für ihre Eitelkeit haben Schneiderin und Coiffeur bereits gesorgt. Der ›Vater‹ (= die Summe hergebrachter Meinungen) spielt im weiblichen Argument eine große Rolle. So freundlich und bereitwillig ihr Eros auch sein mag, so wird sie sich, wenn vom Animus geritten, von keiner Logik der Erde erschüttern lassen. In vielen Fällen hat der Mann das Gefühl (und hat nicht ganz unrecht damit), daß einzig Verführung oder Verprügelung oder Vergewaltigung noch die nötige Über-zeugungs-kraft hätten« (GW 9/2, S. 23 f.).

Aus den vorausgegangenen Ausführungen, die sich im wesentlichen auf direkte Aussagen aus dem Gesamtwerk C. G. Jungs beziehen, ersteht ein Bild der Frau, das heutiger Denkweise nicht mehr standhalten kann:

Aufgrund der von Jung postulierten Bipolarität, bei deren Beschreibung er jeweils bei der Struktur der männlichen Seele beginnt, um daraus auf die weibliche zu schließen, wird klar, daß er das Männliche als das erste Prinzip einsetzt. Damit fällt dem Weiblichen automatisch eine Zweitrangigkeit zu, die sich in der Rolle der Ergänzung erschöpft. Gleichzeitig wird darin auch eine direkte Abhängigkeit der beiden Prinzipien voneinander hergestellt. Diese geht klar vom Männlichen bzw. vom Mann aus, das Weibliche bzw. die Frau ist dessen komplementäre Ergänzung. Damit beruht das Jungsche Bild der Frau unter anderem auf der Vorstellung von Abhängigkeit; jedes Autonomiebestreben ist dadurch per se zum Scheitern verurteilt. Ganzwerdung ist für die Frau im Rahmen dieses Konzeptes nur da möglich, wo sie sich in dieses Bild der Polarität, der Erhaltung des Gleichgewichts, kurz in diesen Balanceakt, einfügt. Die Theorie führt unter anderem zu einer für beide Seiten fatalen Abhängigkeit. Sie übt geradezu ein Diktat des gegengeschlechtlichen Bezogenseinmüssens aus. Denn nur in einer

gelebten Beziehung ist es laut Jungscher Auffassung möglich,
auf dem Weg der Individuation zu voller Entfaltung seiner
selbst zu gelangen.

Dieses Konzept seelischer Ganzheit beruht auf der Annahme des gegenseitigen Aneinandergekettetseins der Geschlechter und zielt im Endeffekt auf einen androgynen Men-
schentypus ab. Die Phantasie des hermaphroditen Menschen
ist jedoch eine Idealisierung bzw. das Bild eines Idealtypus,
der wenig oder nichts mit der Realität von Mann und Frau zu
tun hat. Eine seltsame Geschlechtsneutralität kann die Folge
dieses Strebens nach Ausgewogenheit männlicher und weiblicher seelischer Anteile sein. Was auf den ersten Blick als Konzeption zur Versöhnung der Geschlechter untereinander verstanden werden könnte, entpuppt sich bei genauerem Hinsehen als Idealisierung, die gleichzeitig eine ebenso starke
Entwertung beinhaltet: Durch die Theorie des Gegengeschlechtlichen, das es zu entfalten und zu integrieren gilt, tritt
ein Verlust an eindeutiger Sexualität ein; sie verliert an Priori-
tät und erfährt eine Entwertung. Dabei ist nicht zu übersehen,
daß diese Entwertung des Geschlechtlichen die Frau im Rahmen des Patriarchats härter trifft als den Mann[4].

Die Anima/Animus-Theorie dient im größeren soziokulturellen Zusammenhang dazu, die heterosexuelle Beziehung als
die für jeden Menschen richtige und notwendige Beziehungs-
form darzustellen. Sie ist laut diesem Konzept die unabdingbare Voraussetzung zu seelischer Entfaltung bzw. zu seelischer Gesundung und Entneurotisierung; sie dient der Institu-
tionalisierung der Heterobeziehung.

Gleichzeitig ist auch nicht zu übersehen, daß er in diesem
polaren Denken dadurch, daß er immer wieder den Mann zum
Ausgangspunkt bzw. zum ersten Pol seiner Überlegungen
macht, die Frau vom Manne ableitet: Sie ist der zweite Pol,
dessen Inhalte durch diejenigen des ersten Pols vorgegeben
sind. Die Definition der Frau aus dem Manne heraus findet ihre

---

4 Weiterführende Gedanken zum Thema der Idealisierung und Entwertung verdanke ich einem Referat von Frau Prof.Dr. Ch. Rohde-Dachser, Psychoanalytikerin, anläßlich des 6. Heidelberger Gruppenanalytischen Symposiums 1988
zum Thema »Wie beeinflußt das Geschlecht der Therapeutin/des Therapeuten
den gruppenanalytischen Prozeß?«

bildhaft-symbolische Entsprechung in der Erschaffung der
Eva aus der Rippe des Adam. Mit dem Festhalten an diesem
Punkt der Jungschen Lehre tradieren wir jene biblische Zeit –
unter Nichtbeachtung neuer Erkenntnisse und Einsichten.

Die Zuschreibung von männlichen bzw. weiblichen Eigenschaften und Qualitäten führt zu den sattsam bekannten Rol-
lenklischees, deren patriarchaler Inhalt unverkennbar ist und
aus feministischer Sicht nicht weiter tradiert werden darf.

Zuweisungen wie der Logos sei männlich, der Eros weiblich,
der Mann interessiere sich mehr für die Sache an sich, die Frau
mehr für den Menschen, halten heutiger Realitätsprüfung
nicht mehr stand. Erst recht nach Kritik rufen Jungs diesbe-
zügliche Pathologisierungen, wenn er nämlich zu wissen
meint, daß die Frau dort, wo sie die genannten Zuweisungen
überschreitet, von Natur aus in eine Entzweiung mit sich selbst
und damit in eine Neurose gerate.

Geistige Qualitäten einem männlichen Prinzip zuzuordnen
und dieses in Form des Animus als unbewußten, archetypischen Anteil der weiblichen Seele zu postulieren, kommt einer
Verkennung des Wesens der Frau gleich. Diese Denkweise ist
Ausdruck der jahrhundertealten europäischen Tradition, die
ihren Ursprung unter anderem in der jüdisch-christlichen Religion bzw. in einer patriarchalen Gottesauffassung hat. Sie beraubt die Frau einer eigenen Geistigkeit, indem sie alles Geistige unter einem männlichen Aspekt sieht. Gleichzeitig spricht
diese Theorie von vorwiegend unbewußten geistigen Anteilen
der Psyche der Frau, indem der Animus als Archetypus definiert ist, der per se sich im Unbewußten der Frau weiterperpe-
tuiert und nur in ganz geringem Ausmaß die Klarheit des Bewußtseins erreichen kann.

Konkreten Aufschluß über Jungs Frauenbild erhalten wir
aber auch sehr klar über die Inhalte, mit denen er die Anima,
das heißt das Weibliche in der Seele des Mannes, ausstattet.
Sie erstrecken sich über Bilder wie Hexe und Hure bis hin zu
Engel des Lichts. Diese Abfolge ist uns ihrerseits vertraut
unter anderem in den Gestalten von Eva und Maria. Wir kennen sie und haben sie in unseren täglichen Lebenserfahrungen
als Frau internalisiert in unserer patriarchal bestimmten Ge-
sellschaftsordnung. Wir sind so sehr davon geprägt, daß erst

ein mühsamer Bewußtwerdungsprozeß zur Wahrnehmung dieser Fehleinschätzung der Frau und der damit verbundenen Konsequenzen führt.

Auch hier wird die Ambivalenz in der Definition des Weiblichen bzw. der Frau deutlich, indem sie zum Engel des Lichts emporstilisiert und damit idealisiert wird, um gleichzeitig aber auch auf jenes Wesen festgelegt zu werden, das als Hure, Hexe oder Verführerin den Mann in den Sumpf zieht. Der Mythos der Eva bzw. die Entwertung der Frau findet sich prägnant wieder in der Jungschen Theorie.

Der Animus als sogenanntes »Männliches« in der weiblichen Psyche ist eine Reaktion auf die Unterdrückung weiblicher Wesensart. »Er ist daher nicht ein Archetyp, sondern nur eine Reaktion in Form eines Komplexes. Den Animus als Archetyp zu definieren, erweist sich als eine indirekte, frauenfreundlich verkleidete Frauenfeindlichkeit, die in Anbetracht der großen noch zu lösenden Zukunftsaufgaben für die Gesamtheit der Menschheit verhängnisvoll ist.

Der Animus ist ein Komplex, den uns das Patriarchat gebracht hat. Er hat wenig mit der Frau, aber sehr viel mit dem Mann zu tun.«[5]

Ursula Baumgardt

geboren 1940 in Bern, Studium der Ethnologie, Literatur- und Kunstgeschichte an der Universität Zürich, Promotion mit einem religionsethnologischen Thema, Ausbildung am C.G. Jung-Institut Zürich, Psychotherapeutin in eigener Praxis, Lehranalytikerin und Dozentin am Jung-Institut, Mitbegründerin des Wildunger Arbeitskreises für Psychotherapie (WAP). Publikationen: u.a. »Wege zum Frausein heute«, 1986[2], »Kinderzeichnungen – Spiegel der Seele«, 1988[2], »König Drosselbart und C.G. Jungs Frauenbild«, 1988[2].

5 Baumgardt, U., König Drosselbart und C.G. Jungs Frauenbild, S. 154

Jeannette Bossi-Dünker

Weibliche Kreativität und männliche Abwehr – schreibende Frauen

Überblick

Die heutigen Erkenntnisse über die menschliche Psyche wären ohne die Dichtung nicht denkbar. Das erkannte auch Freud, der seine Theorien einerseits über die Methode der Selbstbeobachtung sowie die Beobachtung seiner Patienten/Patientinnen und andererseits durch die Analyse und Interpretation dichterischer Werke entwickelte. Konzepte wie die Trieblehre, der Ödipuskomplex und auch die Theorie des Narzißmus sind über die Auseinandersetzung mit der Literatur und Dichtung entstanden[1]. Aber nicht nur die Inhalte dichterischer Erzeugnisse, sondern auch die Person des Dichters gewannen sein Interesse[2]. Freud versuchte die psychischen Bedingungen für Kreativität zu ergründen[3], doch schwankte er zeitlebens zwischen dem Bemühen, Kreativität durch wissenschaftliche Modelle verständlich zu machen, und der Erkenntnis, daß die künstlerische Begabung unanalysierbar sei[4].

Ungeachtet der Ambivalenz ihres Meisters blieb Kreativität ein faszinierendes Thema für seine Schülerinnen und Schüler. Es folgte nämlich eine Vielzahl von Psychoanalytikern/Psychoanalytikerinnen Freuds Vorbild der psychoanalytischen Textinterpretation. Parallel dazu entwickelten sich entsprechend der Ausdifferenzierung psychoanalytischer Erkennt-

---

1 Freud, S., Das Unbehagen in der Kultur, Gesammelte Werke, Bd. 14, Frankfurt/M. 1948
2 Dostojewski und die Vatertötung, a.a.O.
3 Der Dichter und das Phantasieren, a.a.O. Bd. 7
4 Dostojewski und die Vatertötung, a.a.O. Bd. 14

nisse und »Schulen« unterschiedliche Konzepte über das Wesen der Kreativität, die vornehmlich über die Leistungen von Männern definiert wurde (während für die psychoanalytische Krankheitslehre die weibliche Psyche offenbar ergiebiger war). Cremerius zeigt in einer Übersicht 300 Künstlerbiographien, die bis 1960 von Psychoanalytikerinnen und Psychoanalytikern geschrieben wurden[5].

Doch weibliche Kreativität, speziell schreibende Frauen wurden und *werden* sowohl in ihrem gesellschaftlichen Umfeld wie auch in der Sichtweise der Spezialisten der menschlichen Psyche immer noch defizitär gesehen.

Die Vorstellungen über die Kreativität sind somit nahezu ausschließlich geprägt durch Beobachtungen männlicher Produktivität; der dichtende, schreibende, malende, der kulturgestaltende Mann als Erkenntnisobjekt des Mannes in seiner Rolle als Wissenschaftler und Forscher.

Es mag ein wichtiger Beitrag der Psychoanalyse gewesen sein, das Bild vom schöpferischen Menschen, vom Genie, das noch bis in die fünfziger Jahre unseres Jahrhunderts als göttlich inspiriert, als »menschlich höherwertig« galt, zu entmystifizieren, zu entidealisieren[6], doch eine positive Wertung menschlicher Kreativität blieb den männlichen Künstlern vorbehalten.

Weibliche Kreativität hingegen – in den vergangenen Jahrhunderten ohnehin eine Ausnahmeerscheinung – wurde (nicht selten in Vertauschung von Ursache und Wirkung) als etwas Widernatürliches, Unweibliches, Krankes angesehen. Es fehlte eine positive, nicht diskriminierende Konzeption weiblicher Kreativität.

Die Frau als Opfer ihrer Anatomie – die biologische Sichtweise der Männer zeigte den Frauen die Grenzen für literarische Betätigung auf. Ärzte, Psychologen und Philosophen halfen bis in unser Jahrhundert hinein, Argumente zu produzieren, die die »naturgemäße« Vorherrschaft männlicher Genialität zementieren sollten.

Kretschmer sagte noch 1931 unumwunden, daß Frauen, die

5 Cremerius, J. (Hrsg.), Neurose und Genialität. Psychoanalytische Biographien, Frankfurt/M. 1971
6 Lange-Eichbaum, W., Kurth, W., Genie, Irrsinn und Ruhm, München/Basel 1985

so ehrgeizig seien, außerhalb der Familie etwas leisten zu wollen, maskulin und deshalb halbe Männer seien[7]. Und der in der Frauenszene häufig zitierte Weininger meinte, daß »Genialität als eine Art höherer Männlichkeit« zu definieren sei, von der das Weib natürlich ausgeschlossen bleibe[8].

Wie reagieren und reagierten Frauen, die schreiben wollten, Dichterinnen, Literatinnen, Schriftstellerinnen auf das männliche Abwehrverhalten?

Welchen Angriffen auf ihre Psyche, auf ihre Identität sahen sie sich im einzelnen ausgesetzt?

Wie läßt sich das gegenwärtige psychische Klima in bezug auf die weibliche Kreativität beschreiben? Und welche Konzepte und Perspektiven gibt es hierzu in den Bereichen der Psychologie und Psychotherapie?

Geschichte und Formen männlicher Abwehr

Die deutsche Literaturgeschichte kennt Biographien von Schriftstellerinnen, die hin- und hergerissen wurden zwischen dem Wunsch, den Anforderungen eines »normalen« Frauenalltags nachzukommen, und dem Bedürfnis zu schreiben. So erstaunt es nicht, daß die ersten literarischen Zeugnisse von wohlhabenderen Frauen stammen, die sich in ein Kloster einkaufen konnten, wo sie Zeit, Muße und Freiheit von familiären Erwartungen hatten, um ihre schriftstellerischen Fähigkeiten zu realisieren.

Doch war es nicht immer religiöse oder gar literarische Berufung, die Frauen zu Klöstern hinzog; einer unverheirateten Frau blieb im Mittelalter oftmals nur die Wahl zwischen dem Verbleib in der Familie und einem Kloster als standesgemäßem Domizil. Die literarische Produktion von Frauen blieb in Europa bis zur ersten Hälfte des 17. Jahrhunderts vornehmlich auf religiöse Texte konzentriert, alles andere galt eher als unschicklich.

Für Italien wies zum Beispiel Barbara Marx auf den Einfluß

7 Kretschmer, E., Geniale Menschen, Berlin 1931
8 Weininger, O., Geschlecht und Charakter, Wien 1913

der Gegenreformation hin, wonach »das traditionelle Bildungsprivileg in die Typologie des Weiblichen eingebracht wurde«[9]. Frauen äußerten sich in gelehrten Konversationen, doch blieb der thematische Rahmen nach wie vor normiert: die Liebe durchzieht als Motiv die Dichtung von Frauen während Jahrhunderten. Erst im 17. Jahrhundert mit dem Aufkommen der französischen Salonkultur und vor allem im 18. Jahrhundert wurden mannigfaltigere Genres bei Frauen beobachtet: das Briefschreiben, moralische Essays, Tagebücher, Reiseberichte.

Die Publikation der Werke von Frauen wurde von Männern aber nach wie vor als etwas Ungehöriges angesehen. Finden wir aber dennoch vereinzelt Schriften von Frauen, so wird nicht selten eine gönnerhafte Attitüde deutlich, womit Männer den ihnen verwandtschaftlich nahestehenden Frauen die Drucklegung ihrer Werke ermöglichten. In Vorworten beteuern diese Mäzene häufig, es handele sich bei den nachstehenden Werken vornehmlich um einen Zeitvertreib. Die Drucklegung sei weniger für ein breites Publikum als vielmehr für die Produzentin selbst relevant – im Sinne eines Andenkens, einer Erinnerung an ein Hobby der Jugendtage[10]. Schreiben war also eine Art Jugendsünde, und die Frauen konnten ihre Werke häufig nur publizieren, wenn sie über günstige Beziehungen, eine Beziehung zu einem wichtigen Mann verfügten (wie häufig fungiert doch auch heute noch der Mann als Erfüllungsgehilfe für die beruflichen Wünsche von Frauen!).

Erst im 19. Jahrhundert nahm die Zahl der Schriftstellerinnen und Dichterinnen im gesamten Europa bedeutsam zu. Universitäten öffneten ihre Pforten auch für Frauen. Die zunehmende Industrialisierung war auch auf weibliche Arbeitskräfte angewiesen.

Dennoch wird das Ausmaß des literarischen Schaffens von Frauen in seinem Reichtum und seiner Vielfalt und in seinen quantitativen Dimensionen erst heute langsam bekannt. Dies

9 Marx, B., Zwischen Frauenideal und Autorenstatus, in: Gnüg, H., Möhrmann, R. (Hrsg.), Frauen. Literatur. Geschichte, Stuttgart 1985
10 vgl. Zeidler, S.E., Jungferlicher Zeitvertreiber (1686), zitiert in: Schmölzer, H., Frau sein und schreiben, Wien 1982

ist vor allem das Verdienst feministischer Historikerinnen, Literaturwissenschaftlerinnen, Soziologinnen usw.

Joanna Russ zum Beispiel – selbst Autorin und Professorin für Englisch in Seattle – wies 1983 nach, daß zwischen 30 und 50 Prozent aller in Englisch publizierten Novellen im 18. Jahrhundert von Frauen geschrieben wurden; doch die traditionelle Literaturgeschichtsschreibung, bis anhin eine Domäne von Männern, nahm keine Notiz davon[11].

Noch bis zum vergangenen Jahrhundert (und ich behaupte: sogar bis in unsere Gegenwart) wurde schreibenden Frauen von Männern der schärfste Widerstand entgegengebracht, der sich als Nicht-Wahrnehmen, moralischer Druck und aktive Verweigerung des Zuganges zum Literaturmarkt äußern konnte. Die Arbeiten von Brinker-Gabler, Renate Feyl und anderen sind eine reiche Quelle für die Lektüre frauenfeindlicher Sentenzen von Männern, die deren Vorbehalte gegen weibliche Kreativität, ihre Ängste und ihre Aggressivität dokumentieren[12, 13].

Doch wie konnten die Frauen diesen Druck, die mangelhafte Akzeptanz oder aktive Verweigerung durch ihre Umwelt bewältigen?

Wie ließ sich die literarische Aktivität mit der Rolle als Mutter und Hausfrau vereinbaren?

Betrachten wir exemplarisch einige Autorinnen des vergangenen Jahrhunderts im englischen und anglo-amerikanischen Sprachraum, so zeigt der Blick auf das Leben dieser Frauen, wie ihr Wunsch zu schreiben zu einem Wettlauf mit der Zeit und in Konflikt mit den traditionellen Rollenanforderungen geriet. Die Frauen waren mit Haushalt, Kindern, Pflege der erkrankten Eltern so sehr beschäftigt, daß nicht selten nachts, in den frühen Morgenstunden – oder mit schlechtem Gewissen in der Zeit zwischen dem Mittagessen und dem five o'clock tea geschrieben wurde. Diesen Konflikt artikulierten die Frauen. Er blieb nicht auf die Beziehung zum Lebenspartner oder das

---

11 Russ, J., How to Suppress Women's Writing, London 1984
12 Brinker-Gabler, G. (Hrsg.), Deutsche Dichterinnen vom 16. Jahrhundert bis zur Gegenwart, Frankfurt/M. 1978
13 Feyl, R., Der lautlose Aufbruch. Frauen in der Wissenschaft, Darmstadt 1983

familiäre Umfeld reduziert – auch der verständnisvollste Ehemann war im Grunde genommen machtlos
  – gegen den Sozialdruck
  – gegen die generalisierte sozialpflegerische Erwartungs-
haltung gegenüber Frauen
  – und deren Schuldgefühlen gegenüber, wenn sie sich nicht
diesen Erwartungen gemäß verhielten. (Charlotte Brontë
schreibt 1837: »Sometimes when I'm teaching or sewing I
would rather be reading or writing. But I try to deny
myself.«[14])
Die »Frauezitig«, ein Organ der autonomen Frauengruppe,
das in Zürich erscheint, veröffentlichte im Juli/August 1988
eine Umfrage bei Verlegerinnen. Aus den Aussagen dieser
Frauen geht hervor, daß viele Autorinnen auch heute noch
»zwischen 10.00 und 11.30 und von 14.30 bis 16.30 schreiben –
eben dann, wenn die Kinder in der Schule sind«. Nicht selten
wird am Küchentisch produziert – ein eigener Arbeitsplatz
wird der schriftstellerischen Ambition nicht immer einge-
räumt. Interessant auch eine These von der Verlegerin Renate
Nagel: die weibliche Literatur sei kurzatmiger, mosaikartiger
aufgrund der durch die Familie diktierten Zeiteinteilung.
  Schuldgefühle und soziale Stigmatisierung waren und sind
zwei Seiten ein und derselben Medaille, die den Frauen das
Schreiben zu einem leid- und mühevollen Unterfangen werden
ließ und läßt. Die erstarkende Frauenbewegung und die zunehmende literarische Produktion von Frauen verliefen parallel
zueinander. Es ließ sich schließlich der Effekt beobachten, daß
frauenfeindliche Haltungen weniger offen ausgesprochen
wurden – *aber der Widerstand von Männern suchte sich sub-
tilere Ausdrucksformen.* Frauen wurde nicht mehr generell
mangelnde Kompetenz attestiert – was nicht verhinderte, daß
immer noch so gedacht wurde und wird –, nein, die offen bekannte Ablehnung oder Entrüstung verwandelte sich in subtiler formulierte Zweifel.
  Aus den manifesten gesellschaftlichen, sozioökonomischen
Barrieren werden schließlich psychische Schranken, die die
Frauen verinnerlichen, Schranken, die lebensbedrohend wir-

14 Gashell, E., Life of Charlotte Brontë, London 1971

ken können. Versuchen wir zuerst, eine Typologie von Widerständen, männlicher Abwehrstrategien anhand der Aussagen von Männern zu erstellen. Hierzu lassen sich zunächst die Argumente gegen die Schriftstellerei von Frauen, von denen Joanna Russ sehr viele gesammelt hat, unterteilen in:

a) die Vorstellungen darüber, was Frauen sind und sein sollten,

b) die Vorstellungen über Literatur und Künstler.

Schreiben paßt nicht zum Leben einer Frau

Die einfachste, undifferenzierteste Aussage (vgl. a) stammt von Robert Southey – eigentlich ein Freund und Kritiker von Charlotte Brontë. Er sagt: »*Literature cannot be the business of a woman's life and ought not to be*« (1837 in einem Brief[15]). Für diesen Literaturkritiker schließt die Zugehörigkeit zum weiblichen Geschlecht die Literaturproduktion schlichtweg aus.

Ergänzend dazu können Ellen Glasgows Erfahrungen gegen Ende des vorigen Jahrhunderts in New York betrachtet werden, die bei ihren Bemühungen, einen Verleger zu finden, hörte: »Sie sind ja viel zu hübsch, um Schriftstellerin zu sein«, oder: »Ich möchte keine schriftstellerischen Erzeugnisse von Frauen mehr, die jung genug sind, um Babies zu bekommen.«[16]

Frauen sind nicht ernsthaft genug

Eine Arbeit von Soziologie-Studentinnen in Chicago liefert jede Menge Zitate von Professoren, die zeigen, wie entmutigend Kommentare wie: »Ich weiß, Sie sind wirklich kompetent, aber wollen Sie wirklich *im Ernst* Ihre Tätigkeit weiterverfolgen?«[17] sein können.

Kate Wilhelm, eine zeitgenössische amerikanische Autorin,

15 ebd.
16 Glasgow E., The Woman within, New York 1954
17 Freeman, J., How to Discriminate against Women without Really Trying, Pittsburgh

erlebte, daß die Familie auf ihre schriftstellerische Tätigkeit
mit Wohlwollen reagierte, indem sie diese als harmlos, nett,
vorübergehend beurteilte, eine Tätigkeit, die die Frau wenigstens ans Haus band und die auch nicht mit finanziellen Inve-
stitionen verbunden war. Im übrigen las ihr Ehemann zum
erstenmal eine ihrer Novellen, nachdem sie sich bereits von
ihm getrennt hatte[18].

Neben der Frage, warum sich offenbar manchmal das *Frausein und die Ernsthaftigkeit* in den Augen der Männer auszuschließen scheinen, könnte auch überlegt werden, warum eigentlich die Ausübung einer schriftstellerischen Tätigkeit, das
Verfolgen beruflicher Interessen ernsthaft betrieben werden
muß. Es scheint hier wieder von einer Norm die Rede zu sein,
von einer Berufsethik, die wiederum männlichen Sozialisa-
tionsprinzipien gehorcht und die das Experimentieren, die
Spontaneität, die Wechselhaftigkeit ausschließt. Nicht daß
Ernsthaftigkeit bei Frauen generell unerwünscht wäre – *nein*,
nur habe sich diese Qualität vorzugsweise auf die Familie zu
konzentrieren in Form von Sorge und Fürsorge um die Kinder
etwa. Außerhalb dieses Bereiches wirkt ihre Ernsthaftigkeit
jedoch – falls sie anerkannt wird – eher fehl am Platz, ist
abschreckend, unweiblich, befremdend, unnatürlich.

Die Ethik der Kreativität ist die Ethik des Mannes

Wie wir sehen, kann das Thema »Erfahrungen schreibender
Frauen« und die Zerstörung weiblicher Kreativität nicht von
dem gesamten Gesellschafts- und Sozialisationskontext losgelöst betrachtet werden, in dem wir alle uns bewegen – ein
Kontext, der die Wissenschaftsethik wie auch die Theoriebil-
dung über Kunst und Künstler, Schriftsteller und Literaturkritiker im gleichen Maße prägt.

Noch heute orientiert sich dieser Kontext, orientieren sich
die gesellschaftlichen Rollenverteilungen, die Theoriekon-
zepte über die Identitätsbildung, die Personwerdung des
Menschen an der Norm »Mann« – von der Frauen in der Regel

18 Wilhelm, K., Women Writers: A Letter from Kate Wilhelm, 1975

defizient abweichen. Die Wissenschaft, die Anthropologie, Philosophie, die Psychologie usw. wurden nicht müde, diese Abweichungen immer wieder zu belegen und zu beweisen. L. Kohlberg[19] zum Beispiel hat sich mit der kognitiven Entwicklung des Kindes befaßt, unter anderem auch mit der Entwicklung des Moralbegriffes. Er führte umfangreiche empirische Studien durch, »übersah« dabei jedoch, daß die empirische Basis seiner Untersuchungen ausschließlich durch Knaben repräsentiert wurde. Eine Entdeckung, die wir übrigens auch Carol Gilligan verdanken[20].

Auch die Theorien über die Personwerdung in der Psychoanalyse haben durch Kollegen/Kolleginnen und Nachfahren Freuds im Hinblick auf nicht sexistische Vorstellungen zur Kreativität wenig Änderung erfahren.

Schreibende Frauen sind narzißtisch gekränkt

Helene Deutsch und Melanie Klein beschreiben die weibliche Entwicklung als Kette von Defiziterlebnissen und hoffnungslosen Kompensationsversuchen, zu denen auch das Schreiben gerechnet wird. So sieht Melanie Klein schreibende Frauen auf der aussichtslosen Suche nach einem Penisersatz. Dem Schreiben unterliege das unbewußte Motiv, den defizitär empfundenen Körper zu vervollkommnen, die Kränkung und die Wut über eine offensichtlich stattgefundene Kastration zu kompensieren. Von daher sei im Schreiben eher eine neurotische Abwehr denn ein künstlerisch, positiv gestaltendes Verhalten zu erblicken[21].

Eigentlich möchte sie ein Mann sein

Karl Abraham meinte, gewisse Frauen seien unfähig, ihre weibliche Rolle anzunehmen. Solche Frauen seien unter Umständen homosexuell aus dem unterdrückten Wunsch heraus,

19 Kohlberg, L., Zur kognitiven Entwicklung des Kindes, Frankfurt/M. 1974
20 Gilligan, C., Die andere Stimme, München/Zürich 1984
21 Klein, M., Die Psychoanalyse des Kindes, München 1979

ein Mann zu sein. Und Homosexualität in einer sublimierten
Form findet Abraham auch in der Ausübung männlich intellek-
tueller Berufe. Mit dieser Anschauung beruft er sich übrigens
auch auf Freud.

Anäis Nin erfuhr von ihrem Psychoanalytiker Otto Rank –
eigentlich ein Mann, der im Kreativen nicht nur Sublimations-
oder Kompensationsversuche, sondern eine ursprünglich
schöpferische genuine Kraft sah: Wenn eine neurotische Frau
geheilt werde, werde sie zur eigentlichen Frau. Wenn jedoch
ein neurotischer Mann geheilt werde, werde er ein Künstler. Er
begründet seine These weiter: »...to create it is necessary to
destroy. Women cannot destroy.«[22]

Weil nicht sein kann, was nicht sein darf:
Frauen werden uminterpretiert

Eine Schwäche wird den Frauen immer wieder vorgeworfen:
Sie seien nicht in der Lage, Gewalt und Aggression (da Frauen
ja aggressionsgehemmt sind) darzustellen. Dies hänge mit
ihrem reduzierten Erfahrungshorizont zusammen.

Bettina Kobold vom Eco-Verlag stellt heute noch fest, daß
Frauentexte häufig brav seien. Es fehle den Frauen an Mut, die
bösartigen Seiten zu zeigen! Dadurch verliere die Frauenliteratur an Vielfalt und Reichtum[23].

Joanna Russ beschreibt recht eindrucksvoll, wie Frauenliteratur, wenn sie doch das Böse zum zentralen Thema hat, auch
uminterpretiert werden kann. Emily Brontës »Stürmische
Höhen«, eine Novelle, die zuerst unter männlichem Pseudonym
anonym erschien, wurde zunächst als kraftvoll, originell,
schockierend rezensiert. In dem Autor sah ein Kritiker einen
rauhen Seemann, der nichts von Frauen verstand.

Mit der zweiten Auflage wurde die Autorin bekannt, und
fortan änderte sich das Urteil. Aus der Geschichte um Brutalität, Gewalt, Roheit, Sadismus wurde eine Liebesgeschichte,
eine tragische Romanze zwischen einem verwöhnten Mädchen

22 Nin, A., The Diary of Anäis Nin, London 1973
23 Frauezitig Nr. 26, Juni/Juli/August, Zürich 1988

und einem Stallburschen. Besonders die Fernseh-Fassung betonte diesen Aspekt. Weil nicht sein kann, was nicht sein darf, werden also Frauen schon mal uminterpretiert. Auch von Elfriede Jelinek, einer zeitgenössischen Autorin aus Österreich, las ich unlängst, daß Kritiker ihre Sprache als unmenschlich, zynisch und unweiblich bezeichnen. Hier zeigt sich also, daß gewissen literarischen Ausdrucksformen von Frauen offenbar mehr Toleranz entgegengebracht wird als andern. Mit dieser Kontrolle des weiblichen Artikulationsverhaltens können sich die Kritiker auf eine lange Tradition der verbalen und literarischen Sozialisation von Frauen berufen. Es ist interessant, in diesem Zusammenhang Rousseau zu lesen, der Sexualität, Geschlecht und Artikulation in einen Kausalzusammenhang bringt! »Für ihn ist die sexuelle Differenz eine Differenz der Artikulation des Begehrens.«[24]

Für die Rede von Mann und Frau gelten unterschiedliche Kriterien: »Wenn eine Frau spricht, dann um einen Effekt zu erzielen, eine Wirkung auf den Adressaten (nämlich die der Verführung: J.B.); wenn ein Mann spricht, dann um eine intersubjektiv überprüfbare, transparente Wahrheit zum Ausdruck zu bringen.«[25] Und: »Der Mann sagt, was er weiß; die Frau sagt, was gefällt.«[26]

Diese Spaltung in Männerrede und Frauenrede hängt auch damit zusammen, daß man den Erfahrungshorizont von Frauen für weniger differenziert, weniger repräsentativ, für weniger wichtig hält. Was haben die Frauen aus der Perspektive von Küche und Kinderzimmer schon zu sagen? Die klassische Domäne der Frauenliteratur sind das Tagebuch, die Liebesgeschichte, Briefe – Ausdrucksformen aus der Privatheit sozusagen, die gerne von der Literaturkritik als unliterarisch, idiosynkratisch, unseriös qualifiziert werden. Dieses Verständnis von Bedingungen und Ausdrucksformen, in denen Frauenliteratur tolerabel und möglich ist, spiegelt sich auch im Angebot der unterschiedlichen Verlage. Meistens sind Frauen mit sogenannter Bekenntnisliteratur in den Programmen der re-

---

24 Garbe, Ch., Fiktionen des weiblichen Begehrens, in: Karin Rick (Hrsg.), Das Sexuelle, die Frauen und die Kunst, Tübingen 1987
25 ebd.
26 ebd.

nommiertesten Verlage präsent. In der neuesten Zeit hat man
offenbar entdeckt, daß sich Feminismus gut verkaufen läßt.

Allerdings erwächst den Autorinnen auch Kritik »aus eigenen Reihen«. Elfi Hartenstein diagnostiziert für die westdeut-
schen Verhältnisse in den siebziger Jahren eine zunehmende
Gleichförmigkeit der Frauenliteratur. Es handele sich zumeist
um Publikationen von Gefühlen auf Behauptungsebene, denen
das Bemühen um literarischen Ausdruck fehle[27].

Was ist nun aber die Antwort und die Reaktion der Frauen
auf ein so beschaffenes, nur andeutungsweise skizziertes Umfeld?

Frauen zwischen Anpassung und Widerstand

Ich glaube, auch in dieser Beziehung unterscheiden sich Gegenwart und Vergangenheit gar nicht so erheblich. Frauen
pendeln hin und her zwischen Strategien der Anpassung und
des Widerstandes, zwischen Versuchen zur Integration der
schriftstellerischen Tätigkeit in die privaten Partnerverhält-
nisse und der resignativen Vereinzelung.

Auch in meiner psychotherapeutischen Praxis zeigt sich
immer wieder: Die jeweils ausgeübte Tätigkeit muß zum sozialen Beziehungsnetz passen; erst in zweiter Linie darf sich die
Frau ihren ureigenen Bedürfnissen zuwenden.

Es erweist sich, daß die Entwicklung dieser eigenen Bedürfnisse meistens sehr schmerzvoll verläuft – zu groß ist die
Angst, aus der Rolle zu fallen, einsam zu sein oder zu werden.
Wieviel Lebendigkeit wird geopfert aus Angst vor sozialer
Isolation, aus Furcht, den Lebens- oder Liebespartner zu verlieren. Und wie viele Frauen sind noch heute mit diesem Männerbild von sich selbst identifiziert. Ich hatte unlängst Gelegenheit, eine Reihe von Interviews mit Gymnasialschülerinnen
und -schülern zu führen. Es ging dabei auch um ihre Berufs-
wünsche, und es zeigte sich, daß das Einverständnis des Partners immer wieder der wichtigste Punkt sein würde, der über
die Aufnahme einer auf die eigenen Talente ausgerichteten
beruflichen Tätigkeit der Frau entscheidet.

27 Hartenstein, E., Landnahme, trotzdem, in: Hartenstein, E. (Hrsg.), Nicht
Reservat nicht Wildnis. Frauen. Literatur. Forum. Nr. 32, Bremen 1988

Nicht immer sind sich die Frauen dieser Identifizierung mit Männeridealen bewußt. Häufig endet bei Frauen der Konflikt zwischen Ausdruckswille, Berufswunsch oder Wunsch nach Einfluß und Macht und der intrapsychischen und gesellschaftlichen Unterdrückung dieser Impulse in der Depression.

Gespaltene Identität

Und Frauen, die sich schließlich doch »kulturschaffend« betätigen, laufen Gefahr, in einer gespaltenen Identität zu leben. Die Frau als Frau eines Mannes und die Frau als autonome kreative Person – das gehört nach wie vor nicht selbstverständlich zusammen. Weder im Bewußtsein der Gesellschaft, des Mannes noch im Bewußtsein der Frauen.

Überbrückungsversuche

Es lassen sich verschiedene weibliche *Strategien feststellen, diese Spaltung zu überbrücken:*
– Zum Beispiel der *Perfektionismus.* Ihm liegt die Phantasie zugrunde: »Wenn es mir gelingt, erfolgreich zu sein, dann ist beides akzeptiert.«
– Die *Verleugnung der Urheberschaft,* die Verleugnung des kreativen Selbst. Frauen legten sich Männernamen zu. Berühmte Beispiele sind George Sand, Marius Stein alias Marie Sanitschek (1859–1927), auch Ricarda Huch (1864–1947) publizierte zunächst unter einem männlichen Pseudonym.
– Die *Verleugnung und Abspaltung der Bedürfnisse nach Partner- und Mutterschaft.*
– Der *Rückzug aus dem Sozialleben* ist die Folge bei gleichzeitigem aufopfernd intensiven Engagement und Kreativität.
– Oder, um noch einmal auf Elfriede Jelinek hinzuweisen, die sich als Opfer einer feministischen Erziehung sieht und sagt: »Ich bin immer zur Außergewöhnlichkeit erzogen worden, ich wünsche mir manchmal ein ungeheures Mittelmaß. Das ist ganz komisch, wenn ich amerikanische Filme aus den 50er Jahren sehe, habe ich ein starkes Geborgenheitsgefühl, eine gewisse Sehnsucht. Da ist die Hausfrau mit Lockenwicklern

und drei Kindern und der Mann arbeitet in einer Werbeagentur und wird mit dem Auto an den Bahnhof gebracht, wo er denn mit dem Vorortszug nach New York fährt.«[28]

Frauen beschreiben diesen Konflikt etwa so wie Elisabeth Langgässer (1899–1950): »Immer mehr fühle ich... was es heißt, eine Kerze an beiden Enden anzuzünden.« Sie meinte damit die Gewissenskonflikte, die entstanden, wenn sie einerseits arbeitete und andererseits sich um ihre vier Kinder kümmern wollte[29].

Dennoch: Besonders in den siebziger Jahren entstand ein reichhaltiges Angebot von Frauenliteratur. 1974 entstanden in Westdeutschland die ersten Frauenbuchläden und Frauenverlage. Für die traditionellen Verlage wurden Autorinnen ebenfalls attraktiv. (Dieser Trend ist – nebenbei bemerkt – rückläufig. Frauenbuchläden schließen, und auch die Zahl der Neuerscheinungen der von Frauen geschriebenen belletristischen Bücher sinkt[30].)

Zusammenbrüche

Anne Sexton sagte 1968 in einem Interview: »All I wanted was to be married, to have children. I thought the nightmares, the visions, would go away if there were enough to love to put them down. If I was trying my damnedest to lead a conventional life for that was how I was brought up, and it was what my husband wanted of me... the surface cracked when I was about 28. I had a psychotic break and tried to kill myself.«[31]

Sechs Jahre nach diesem Interview wiederholte sie den Suizidversuch – diesmal mit Erfolg. Suizid ist die radikalste Form, die Identitäts- oder Persönlichkeitsspaltung zu überwinden.

28 Reinighaus, A., Die ganze Klaviatur der Sprache. Eine Porträtskizze der österreichischen Schriftstellerin Elfriede Jelinek, Tages-Anzeiger Magazin Nr. 18, Zürich 1987

29 Brinker-Gabler, G. (Hrsg.), Deutsche Dichterinnen vom 16. Jahrhundert bis zur Gegenwart, Frankfurt/M. 1978

30 Schäfer, A., Von der Marktlücke zur Marktschwemme, in: Hartenstein E. (Hrsg.), Nicht Reservat nicht Wildnis. Frauen. Literatur. Forum Nr. 32, Bremen 1988

31 Kevles, B., The Art of Poetra: Anne Sexton, Paris Revue 13, 1970–1971

Ein Schicksal, das an Unica Zürn – eine gerade unlängst wiederentdeckte Schriftstellerin – erinnert. Zunächst verheiratet, Mutterschaft, dann Scheidung. Das Sorgerecht erhielt der finanziell gesicherte Vater. Sie folgte Hans Bellmer, einem Maler, nach Paris und wurde dort schriftstellerisch und zeichnerisch tätig. In einer autobiographischen Darstellung ihrer sich immer häufiger wiederholenden psychotischen Episoden (»Dunkler Frühling«) ist öfter das Schuld- und Wunschmotiv »Familie« – wohl auch als Metapher für den Wunsch nach Nähe und Geborgenheit, den sie auch bei H. Bellmer nicht realisieren konnte – zu finden.

Sigrid Weigel sagt zur Bereitschaft Unica Zürns (»Ewig das Opfer zu sein, ist mein Schicksal«[32]): »Um sich aus der Position des Opfers zu entfernen – und das ist das Paradoxe vieler (weiblicher) Verweigerungsstrategien, die mit Namen wie ›Hysterie‹, ›Magersucht‹, ›Schizophrenie‹ und anderem bezeichnet werden – macht sie sich aktiv zum Opfer, opfert ihren Körper ihrem Selbst in einem sich zerstörenden Akt der Selbstbestimmung.«[33] Sie setzte ihrem Leben durch Freitod ein Ende. Unfähig, eine nicht mehr befriedigende Beziehung zu beenden, war sie in Depression verfallen. Emotionale Abhängigkeit, Hilflosigkeit, künstlerisch zunächst im Schatten ihres Partners, dazu fallen einem noch weitere Frauen ein:
– Sophie Mereau heiratete Clemens Brentano, nachdem sie sich eine eigene schriftstellerische Existenz aufgebaut hatte. Es wurde eine schwierige Beziehung, die literarischen Arbeiten stockten.
– Louise Brackmann setzte ihrem Leben ein Ende – vermutet werden unglückliche Liebesbeziehungen als Motiv und das Scheitern der Erwartungen, durch die Schriftstellerei leben zu können.

Natürlich wäre es interessant, der Analyse dieser Freitode auch eine Untersuchung der Selbstmorde von Schriftstellern entgegenzusetzen, doch ergeben meines Erachtens die bisheri-

---

32 Zürn, U., Der Mann im Jasmin, Frankfurt/M., Berlin, Wien 1982
33 Weigel, S., Wäre ich ein Mann, hätte ich aus diesem Zustand vielleicht ein Werk geschaffen: Unica Zürn, in: Stephan, I., Venske, R., Weigel, S. (Hrsg.), Frauenliteratur ohne Tradition? Frankfurt/M. 1987

gen Erkenntnisse keine Hinweise darauf, daß vergleichbare
Rollenkonflikte zu Suiziden von Autoren führten. Und natürlich kennen auch nicht alle Schriftstellerinnen diese Krisen.
Lagerlöff oder Agatha Christie beispielsweise berichteten in
ihren autobiographischen Äußerungen wenig davon.

Verweigerung und Neuanfang

Ich möchte hier nun auch Frauen erwähnen, die gerade aus der
Krise die Hoffnung auf einen Neuanfang schöpften, denen gerade aus der Krise eine große kreative Potenz erwuchs. Ich
nenne Marie Louise Cardinal, ich denke an Mariella Mehr. Sie
sahen in diesen Krisensituationen auch die Möglichkeit zur
Verweigerung der Übernahme traditionellen Rollenverhal-
tens. (Auch körperliche Krisen provozieren nicht selten eine
große kreative literarische Produktion. Wir beobachten dies
auch bei Männern – Fritz Zorn mit seinem »Mars« ist ein Beispiel ebenso wie Noll –, doch geht es bei ihnen weniger um
eine Auseinandersetzung mit der Geschlechtsrolle, als dies
etwa bei Claudia Storz in ihrer »Jessica mit Konstruktionsfeh-
lern« festzustellen ist.)
    Was läßt sich aus diesen Darstellungen folgern? Wenn die
Sprache weitgehend eine Kreation des »Kultursubjektes
Mann« ist – und Sprache aber unser Denken und unser Bewußtsein beeinflußt – wie können Frauen dann zu einer von
patriarchalischen oder männlichen Strukturen freien Selbstbestimmung finden? Wo ist der Ort der Rede für Frauen? Brauchen wir eine neue Sprache, um Sprache aus der männlichen
Dominiertheit herauszuführen – neue Laute, Buchstaben und
Worte? Elaine Showalter, Professorin an der Princeton Uni-
versity, Protagonistin einer feministischen Literaturwissenschaft, hierzu: »Solange wir uns an androzentrischen Vorstellungen orientieren, lernen wir ... nichts dazu. Ich glaube nicht,
daß die feministische Literaturwissenschaft in der androzentrischen Wissenschaftstradition eine brauchbare Vergangenheit findet (sie lernt weniger aus Literaturseminaren als von
Frauenforschung). Sie muß den eigenen Gegenstand, das eigene System, die eigene Theorie und die Stimme finden.«[34]

Klaus Theweleit sagt in seinen »Männerphantasien«: »Keiner der mit dem Männerdenken verbundenen Fehler ist von der Art, daß man sie einfach ablegen könnte – speziell nicht die, die aufgrund ihrer langen Geschichte im Männerkörper eingefleischt sind.«[35]

Und die Philosophin Brigitte Weisshaupt sagte in ihrem Vortrag in Breitenstein zum Thema »Die Frau zwischen Mythos und Bewußtsein« im Juli 1986: »Es ist nicht eine Form der Herrschaft, die auf handgreiflich durchgesetzter physischer Übermacht beruht, in der Frauen noch am ehesten ein konkretes Gegenüber hätten, mit dem sie sich hätten auseinandersetzen und kämpfen können...«[36]

Das macht es eben so schwierig, die Entfremdung und Selbstbestimmung auch in einer Umwelt zu entdecken, die das feministische Anliegen schon lange integriert zu haben glaubt. Es zu entdecken beim Partner, der doch schon lange den Haushalt besorgt und sich öffentlich für die Anliegen der Frau exponiert.

Der größte Widerstand erwächst aber den Frauen durch sich selbst, durch ihre permanent lebendige »Bereitschaft«, sich mit den Männerinteressen und dem männlich determinierten Kulturbetrieb zu identifizieren, durch ihre unbewußte Loyalität oder gelernte Hilflosigkeit (vgl. Robin Norwood, »Wenn Frauen zu sehr lieben«[37]).

Christina Thürmer-Rohr meint ebenfalls, die konkret erzielten rechtlichen und politischen Verbesserungen, die formelle Chancengleichheit, hätten die Frauen in ihrer psychischen Disposition noch nicht weiterentwickelt. Speziell nicht in ihrer Neigung, sich zu überlassen, »mit verzweifelter Gefügigkeit das Jeweilige zu erdulden, sich hineinzufinden in Unausweichliches«[38].

34 Showalter, E., Feministische Literaturkritik in der Wildnis, in: Nölle-Fischer, K. (Hrsg.), Mit verschärftem Blick, München 1987

35 Theweleit, K., Männerphantasien, Frankfurt/M. 1977

36 Weisshaupt, B., Die Frau zwischen Mythos und Bewußtsein, in: Journal, Zeitschrift des Psychoanalytischen Seminars Zürich Nr. 15, Februar 1987

37 Norwood, R., Wenn Frauen zu sehr lieben, Hamburg 1987

38 Thürmer-Rohr, Ch., Es geht noch immer um die Entfesselung, Tages-Anzeiger Zürich, 2. 12. 1987

Ausblick

Feministische Literaturtheoretikerinnen bemühen sich, die
Stärke und die Einzigartigkeit weiblichen Schrifttums zu definieren. Die französischen Feministinnen prägten den Begriff
»écriture feminine«. Doch immer wieder wird das Fehlen einer
eigenen Geschichte, einer Tradition des weiblichen Denkens in
Wissenschaft und Schriftstellerei feststellbar.

Die Versuche, die Konzepte der frühen Psychoanalytikerinnen und Psychoanalytiker für eine feministische Literaturwissenschaft fruchtbar zu machen, endeten immer wieder bei der
Feststellung, daß »der Zugang des kleinen Mädchens zum
Symbolischen, das heißt zur Sprache und ihren Gesetzmäßigkeiten immer negativ bestimmt ist.« Er »ist von der Identifikation mit einem Mangel gekennzeichnet«[39]. Doch zögernd setzen
sich in der Weiterentwicklung neue psychoanalytische Konzepte, Sichtweisen und auch Utopien durch, die einen Weg aus
der biologistischen Sackgasse versprechen.

Freud, Abraham und Adler hatten bei ihren Patientinnen
typische Phänomene festgestellt wie zum Beispiel größeren
Neid, besonders auf den Mann, Zurückweisung der gesellschaftlichen Rolle als Frau und Mutter, Versuche, mit dem
Mann zu wetteifern, ihn nachzuahmen, um sich als vollwertig
zu empfinden (Ungeschehenmachen des Kastrationskomple-
xes), Verachtung gegenüber dem eigenen Geschlecht.

Adler allerdings interpretierte diese Phänomene nicht biologisch wie Freud, sondern er zog die sozialökonomischen und
politischen Verhältnisse der Gesellschaft mit ins Kalkül und
räumte den weiblichen Bedürfnissen Berechtigung ein. Er sah
im Neid nicht ein unentrinnbares triebgesteuertes Schicksal,
sondern er verstand diesen als einen Ausdruck des Willens zur
Macht – ein Motiv, das man bis dahin vor allem Männern zuge-
stand. Adler zeigte auf diese Weise einen Weg aus dem »hor-
monellen Gefängnis« – eine Perspektive, den Wunsch der
Frauen, die eigene Kreativität auszuleben, in politischen Dimensionen zu analysieren[40].

39 Kaplan, C., Sea Changes, London 1987
40 Rühle-Gerstel, A., Freud und Adler, Dresden 1928

Lange vernachlässigt blieb in der Psychoanalyse die sogenannte präödipale Phase. Mit den neuen Methoden der Säug-
lingsbeobachtung konnten Einsichten in die psychischen Prozesse der ersten Tage, Wochen und Monate eines Säuglings
gewonnen werden. Hierbei zeigte es sich, daß die Entwicklung
der Persönlichkeit des Kindes in größerem Maße interaktiv
gesteuert wird, als dies bis jetzt angenommen wurde. Dies gilt
auch für die Herausbildung der Geschlechtsidentität.

Die Selbstwahrnehmung und die Ausbildung des Ge-
schlechtsrollenstereotyps hängt diesen neueren Untersuchungen zufolge von der Art der Zuwendung und Wahrnehmung
ab, die Kinder von ihrer Mutter erfahren[41]. Nancy Chodorow
faßt zusammen, daß es Unterschiede in der Dauer und Qualität
der Zuwendung gibt, je nachdem, ob eine Mutter mit ihrem
Sohn oder mit ihrer Tochter kommuniziert. Diese Unterschiedlichkeiten – die meist unbewußt sind – reflektieren die Einstellung der Mutter hinsichtlich:
– ihrer eigenen Einstellung zu ihrer Identität als Frau und
Mutter
– ihrer Rolle in der Gesellschaft
– ihrer eigenen Erfahrungen mit ihren eigenen Eltern.

Und diese Unterschiedlichkeiten können die intellektuelle
und kreative Entwicklung der Töchter und Söhne behindern
oder befördern[42]. Chodorow plädiert aus diesen Erkenntnissen
heraus für die stärkere Beteiligung von Vätern an der frühen
Säuglingspflege, um diese geschlechtsspezifischen Unterschiede zu neutralisieren – was wiederum auch den Frauen
mehr Freiraum für die Realisierung ihrer Kreativität böte.

Andererseits wäre es Aufgabe der Mütter, die eigenen
Einstellungen und Verhaltensweisen daraufhin zu überprüfen, inwieweit sie selbst dazu tendieren, Sexismen zu tradieren.

Chasseguet-Smirgel sagt: »Es gibt keinen ›großen Menschen‹ – Künstler, Gelehrten, Schriftsteller oder Denker – der
nicht Vorbilder, Lehrer, geistige Väter gehabt hätte.«[43] Femini-

41 Chodorow, N., Das Erbe der Mütter, München 1985
42 Bossi, J., Frauen in der Wissenschaft – eine psychologische Betrachtung, in:
   Kubli, F., (Hrsg.) Interesse und Verstehen in Physik und Chemie, Köln 1987
43 Chasseguet-Smirgel, J., Das Ich-Ideal, Frankfurt/M. 1981

stische Literaturhistorikerinnen haben im letzten Jahrzehnt reichhaltige Beweise schöpferischer Aktivität von Frauen ausgegraben – geistige Mütter also. Noch immer fehlt jedoch eine beide Geschlechter umfassende Theorie der Kreativität, die auch das Bewußtsein derjenigen zu verändern hätte, die von Frauen aufgesucht werden, wenn sie sich in ihrer Selbstentfaltung blockiert fühlen. »In der (Psycho-)Analyse nahmen Frauen nie das Wort, sie gaben es dem Analytiker, so daß er ihnen erklären konnte, welche Bedeutungen ihre Worte hatten. So blieben sie in einem Kreis patriarchaler Bilder, mit denen ihre Assoziationen interpretiert wurden.«[44]

Für eine Veränderung dieser Situation genügt es nicht, physisch oder intellektuell Orte oder Schonräume für Frauen zu schaffen. Denn dies birgt die Gefahr der Reservatbildung. Vielmehr braucht es Therapeutinnen und Therapeuten, die a) das kreative Potential von Frauen erspüren und ernst nehmen, b) sich von einem flexiblen Verständnis der Geschlechterrollen leiten lassen können, c) die eigenen Neidgefühle nicht auf ihre Patientinnen übertragen, und d) somit die eigenen Selbstgewißheiten permanent in Frage stellen können.

Jeannette Bossi-Dünker
geboren 1952 in Offenbach/Main.
Seit 1971 in Zürich. Studium der
Germanistik und Psychologie.
Promotion zum Dr. phil.
Lehr- und Forschungstätigkeit in
Saarbrücken und Konstanz.
Psychotherapeutin in Kilchberg.
Seit 1981 eigene Praxis für Psycho-
analyse und Psychotherapie.
Weiterbildungsveranstaltungen zum
Thema »Frau und Sprache«.
Veröffentlichungen: J. Bossi, Frauen
in der Wissenschaft – eine psycho-
logische Betrachtung, in: F. Kubli,
(Hrsg.), Interesse und Verstehen in
Physik und Chemie, Köln 1987.

44 Brügmann, M., Feministische Aufbrüche, in: Gnüg, H., Möhrmann, R. (Hrsg.), Frauen. Literatur. Geschichte, Stuttgart 1985

Rosmarie Barwinski

Die Sexualisierung von Gefühlen

In unserer Kultur herrscht eine unheilvolle seelische »Arbeitsteilung«: Gewisse Gefühlsbereiche sind Männern, andere Frauen vorbehalten. Wie kommt es zu solchen geschlechtsspezifischen »Reservaten«? Warum ist Fürsorglichkeit etwas für die Frauen, Kampfeslust für die Männer? Als Psychoanalytikerin möchte ich den seelischen Prozeß, der zu solchen Beschränkungen im Leben vieler Frauen und Männer führt, unter die Lupe nehmen. Ich nenne diesen seelischen Prozeß »Sexualisierung von Gefühlen«.

Unter »Sexualisierung von Gefühlen« verstehe ich die willkürliche und ausschließliche Zuordnung von bestimmten Gefühlen zu einem Geschlecht, wie beispielsweise feindselige Gefühle nur den Männern oder zärtliche Gefühle nur den Frauen zugeschrieben werden. Ich verwende bewußt den Begriff Sexualisierung, weil ich damit alle psychischen Operationen meine, die das Geschlecht ins Spiel bringen, wo es um etwas anderes geht. Sämtliche nicht zwingend mit dem Sexus zusammenhängenden Lebensbereiche sind sexualisierbar, Arbeit, Arbeitsbeziehungen, Gefühle, Sachfragen... Der Begriff »Sexualisierung« mag nicht psychoanalytisch vorgeprägte Leserinnen und Leser befremden – warum spreche ich nicht zum Beispiel von »geschlechtsspezifischer Zuordnung«? »Sexualisierung« umfaßt mehr als einfach geschlechtsspezifische Zuordnung oder Festschreibung und meint *nicht nur* die Verbindung von nicht-sexuellen Dingen mit auf sexuelle Befriedigung abzielenden Absichten, Vorstellungen oder Handlungen. Sexualisierung umfaßt alle bewußten und unbewußten Tendenzen, beiden Geschlechtern zugängliche Möglichkeiten auf ein Geschlecht zu reduzieren, einem Geschlecht zu gebieten oder zu verbieten.

Ich möchte hier ausführlicher auf die Sexualisierung von zwei bestimmten Gefühlsbereichen eingehen: zum einen auf Gefühle der Fürsorglichkeit wie etwa Kinderliebe, Zärtlichkeit oder Sorge, und zum anderen auf Gefühle der Aggressivität wie Feindseligkeit, Wut und Streitlust.

Die Sexualisierung dieser beiden Gefühlsbereiche zementiert meines Erachtens Männer wie Frauen in ihren gesellschaftlichen Rollen: Frauen sind solche, die besser Kinder aufziehen, Männer jene, die sich aggressiver behaupten können. Diese sexistische Vorstellung rechtfertigt nicht nur die traditionelle Rollenverteilung zwischen Mann und Frau, sondern verhindert auf der individuellen Ebene auch eine persönliche Entwicklung, weil Abweichungen von dieser sexistischen Norm oft als identitätsgefährdend erlebt werden. Konkret: Eine Frau, die Konflikte nicht scheut, ist doch keine Frau! Ein Mann, der seine Kinder zärtlich liebt, ist doch kein Mann! Wer sich mit diesen sexistischen Vorstellungen identifiziert, das heißt sie innerlich übernimmt, erlebt persönliche Veränderung als große Identitätsverunsicherung. Die Sexualisierung von Gefühlen ist also eine Operation, die nicht nur die gesellschaftlichen Rollen sichert, sondern bestimmte Identitäten festlegt.

Eine mögliche Erklärung, wie der Prozeß der Genese fürsorglicher Gefühle denkbar wäre, entwickelte die kanadische Soziologin Nancy Chodorow in ihrem Buch »Das Erbe der Mütter« (1985). Sie fragte nach den psychischen Voraussetzungen, die bewirken, daß Frauen tendenziell häufiger Kinder aufziehen und fürsorglicheres Verhalten zeigen als Männer. In bezug auf mein Thema möchte ich diese Ausgangsfrage wie folgt neu formulieren: Warum erleben sich Männer als unmännlich, wenn sie fürsorgliche Gefühle empfinden?

Chodorow prägt für das Fürsorgeverhalten den Begriff »muttern«. Ich hätte den Begriff »eltern« besser gefunden, da mit »muttern« fürsorgliches Verhalten wiederum zwangsläufig mit der Frau assoziiert wird. Von der biologischen Ausstattung der Geschlechter her ist nicht zu erklären, weshalb Männer sich weniger fürsorglich verhalten. Es gibt nämlich keinen biologischen Grund, warum sich die Frau nach der Stillzeit besser um ihre Kinder kümmern könnte als der Vater. Warum übernehmen Väter wesentlich seltener diese Aufgabe?

Nancy Chodorow geht von folgenden Annahmen aus:
– Die Fähigkeit zu »muttern« ist nicht von Geburt an gegeben. Die Grundlage für fürsorgliches Verhalten wird für beide Geschlechter in der frühen Beziehung zur primären Pflegeperson gelegt – die bei uns die Mutter ist.
– Aufgrund der Rollenverteilung – weil beide Geschlechter von Frauen aufgezogen werden – werden bei Mädchen die Fähigkeiten, die zum »Muttern« notwendig sind, durch eine unmittelbare Identifikation gefördert, beim Knaben dagegen gehemmt.

Warum glaubt Chodorow, daß das Geschlecht der primären Pflegeperson eine Rolle spielt? Um diese Frage beantworten zu können, ist nach Chodorow ein Exkurs in die Entwicklungspsychologie notwendig. In den ersten Lebensmonaten ist die Mutter für das Kind die Person, von der das Überleben abhängt. Sie wird zur mächtigen Person, durch die die eigene Unvollständigkeit und Abhängigkeit spürbar wird. Beide Geschlechter müssen sich von dieser allmächtigen Person lösen. Wie diese Loslösung aussieht, ist wichtig für die Ausbildung der Fähigkeit zum »Muttern«. Während Mädchen sich allmählich und vermutlich nie ganz von der Mutter lösen, wendet der Knabe sich abrupt von ihr ab, um seine Identität zu sichern. Nach Chodorow versucht er das Gefühl der Unvollständigkeit durch eine aggressive Form der Männlichkeit zu kompensieren. Um sich von der Mutter abzulösen, muß er jedoch die Liebe zu ihr und damit auch die ganze präödipale Mutterbeziehung verdrängen, das heißt, die frühe Mutterbeziehung verschwindet beim Knaben tief im Unbewußten. Als Folge dieser jähen Lösung von der Mutter wird also die innere Objektwelt um die Aspekte der frühen Mutterbeziehung ärmer. Damit geht jedoch die Basis für fürsorgliche Verhaltensweisen verloren. Vorausgesetzt, die frühe Mutter-Kind-Beziehung wäre gut verlaufen, besagt der Ansatz von Chodorow, daß in beiden Geschlechtern die Fähigkeit zum »Muttern« vorhanden wäre. Der »Verkümmerungsprozeß« bei Männern findet in späteren Entwicklungsphasen – in der ödipalen Phase und auch nochmals in der Adoleszenz – statt, wo dem Mann die Möglichkeit aufgezwungen und angeboten wird, durch überkompensatorische Männlichkeit sich aus der frühen Mutterbeziehung zu lösen.

Es gäbe meiner Meinung nach zwei Ansatzpunkte, um diese Situation zu ändern und eine Entwicklung in Gang zu setzen.

Der erste Punkt bezieht sich auf den intrafamiliären Rahmen, der zweite betrifft die gesellschaftliche Ebene.

1. In den präödipalen Phasen könnte die extreme Abhängigkeit von der Mutter durch den vermehrten Einbezug des Vaters oder anderer Pflegepersonen gemildert werden. Damit würde die Mutter nicht mehr »so« allmächtig für ihr Kind. Nicht nur sie ist dafür verantwortlich, ob sich das Kind gut oder schlecht fühlt – es wären Ausweichmöglichkeiten vorhanden. Daß das Kind wesentlich früher, als ursprünglich angenommen wurde, den Vater registriert, wurde bereits von Spitz angedeutet und in späteren Untersuchungen bestätigt. Außerdem spürt das Kind, welche Gefühle die Mutter dem Vater entgegenbringt, und wird sich in seiner Beziehung zum Vater daran orientieren.

2. Auf der gesellschaftlichen Ebene müßte das Postulat »Desexualisierung fürsorglicher Gefühle« lauten. Beispielsweise in der Werbung oder in Schulbüchern sollten Männer nicht nur im Berufsleben gezeigt werden, sondern auch in liebevoller Zuwendung zu den eigenen Kindern.

Ich komme nun zum Thema Aggression. Männer verhalten sich im allgemeinen aggressiver und kompetitiver als Frauen. Sie haben also weniger Mühe, aggressive Gefühle zuzulassen. Warum haben Frauen hier mehr Schwierigkeiten? Margarethe Mitscherlich-Nielsen widmete ihr Buch »Die friedfertige Frau« diesem Thema. Ich werde auf einige Aspekte ihres Ansatzes eingehen, bin jedoch in mehreren Punkten nicht mit ihr einverstanden. Sie geht davon aus, daß Frauen nicht weniger aggressiv – friedfertiger – als Männer sind, aber anders mit ihren Aggressionen umgehen. Den Grund sieht sie in frühkindlichen Prägungen, die von außerfamiliären Sozialisationsfaktoren unterstützt und von gesellschaftlichen Mustern bekräftigt werden. Sie bezieht sich in ihrer Analyse auf die klassische psychoanalytische Theorie und geht von der ödipalen Situation aus. Beim Knaben wird der ödipale Haß auf den Vater aus Angst vor körperlicher Beschädigung nach außen projiziert. Die Bedrohung kommt in der Phantasie des Knaben von außen – vom Vater – und muß daher auch in der Außenwelt bekämpft

werden. Nicht er ist verantwortlich für seine Situation, andere
Personen werden zu Sündenböcken gemacht. Schuldverschie-
bung auf andere ist ein bei Männern häufiger Abwehrmecha-
nismus im Zusammenhang mit der Über-Ich-Bildung. Das Mädchen hingegen fühlt sich aufgrund seiner Liebe zum Vater
nicht in seiner körperlichen Integrität bedroht, sondern fürch-
tet sich eher vor dem Verlust der Liebe der Mutter. Aus Angst
vor diesem Liebesverlust wendet es seine Aggressionen von
der Mutter auf die eigene Person. Dieser Mechanismus der
Wendung der Aggression gegen die eigene Person und des
Sich-schuldig-Fühlens ist bei Frauen weiter verbreitet. Ihr
Über-Ich bleibt auf die Erhaltung der Liebe der Bezugsperson
– der Mutter – bezogen.

Ich persönlich stimme in diesem Punkt, daß Mädchen keine
Angst vor körperlicher Verletzung haben sollen, nicht mit Mitscherlich-Nielsen und der klassischen psychoanalytischen
Theorie überein. Bedenkt man die affektiven Erpressungen
durch Väter und die sexuellen Übergriffe, denen Mädchen ausgesetzt sein können, kann diese Annahme in dieser Form nicht
aufrechterhalten werden. Dieser Einwand ändert jedoch nichts
an der Tatsache, daß Frauen ihre Aggressionen häufiger gegen
sich selbst richten. Im Alltag und in Psychotherapien oder Analysen konnte ich diese Tendenz immer wieder beobachten.
Meiner Meinung nach gäbe es jedoch eine andere Erklärung
für den unterschiedlichen Umgang von Frauen und Männern
mit aggressiven Gefühlen: Der Knabe wird schon früh dazu
ermuntert, sein Interesse von der Mutter und der Familie weg
in die Außen- und Sachwelt zu richten. In der Sachwelt ist es
einfacher, gut und böse zu bestimmen, als gegenüber den frühen Bezugspersonen. Beispielsweise der Mutter gegenüber
Ärger und Haß zuzulassen bedeutet für das Kind auch, sich der
Angst vor Liebesverlust auszusetzen. Gegenüber Dingen oder
Personen, die weniger Bedeutung besitzen und auf die gegebe-
nenfalls verzichtet werden kann, können ablehnende Gefühle
dagegen angstfrei erlebt werden. Die Beziehung zu diesen
Personen muß nicht um jeden Preis aufrechterhalten werden.
Es ist nicht notwendig, widersprüchliche Gefühle – Ambiva-
lenz – auszuhalten. Dem Knaben wird damit die Erlaubnis und
Möglichkeit gegeben, seine Aggressionen abzuspalten und

nach außen zu richten. Das Mädchen bleibt dagegen auf die Personenebene bezogen. Integriert in die Familie und damit den frühen Bezugspersonen nahe, hat es weniger Abspaltungsmöglichkeiten. Die Ambivalenz ist so schwerer zu ertragen.

Chodorow und Mitscherlich liefern eine Kritik der Sexualisierung von Gefühlen: Männer sind nicht naturgegeben weniger fürsorglich als Frauen, Frauen sind nicht von Geburt an friedfertiger als Männer. Es geht darum, sich einer Theorie über das Unbewußte des Menschen zu nähern, die nicht von einer Sexualisierung geprägt ist, sondern den ganzen Menschen erfaßt und nicht nur halbe Frauen bzw. Männer. Wenn ich auch, wie Mitscherlich-Nielsen, von häufiger bei Männern bzw. Frauen gebrauchten Abwehrmechanismen gesprochen habe, gehe ich nicht davon aus, daß es »rosarote bzw. himmelblaue Abwehrmechanismen« gibt[1], die gewissermaßen mit der Geburt mitgegeben werden. Es gibt eine Psyche, die aus sehr vielen Fähigkeiten besteht. Vieles, was als typisch weiblich bzw. männlich betrachtet wird, ist psychisch universal.

Welche Konsequenzen ergeben sich aus den genannten Überlegungen für die psychotherapeutische Technik? Es sollte Aufgabe einer Therapie oder Analyse sein, geschlechtsspezifische Verhaltensweisen und Annahmen in Frage zu stellen, die Sexualisierung bestimmter Gefühle aufzudecken. Feministische Psychotherapie ist für mich Parteinahme für unterdrückte Teile, Selbstfindung in dem Sinn, daß der Zugang zu nicht gelebten Aspekten der Person, des Selbst, möglich wird, die in unserer Gesellschaft als dem anderen Geschlecht zugehörig definiert werden: daß zum Beispiel Frauen zu besserer Selbstbehauptung finden, Männer dagegen ihre fürsorglichen Gefühle entdecken. In einer Therapie interessiert jedoch nicht nur das Verdrängte, sondern vor allem das Verdrängende: die verinnerlichten Normen, das Ich-Ideal bzw. Über-Ich. Es wäre zu einfach anzunehmen, daß bei einer Frau mit Selbstwertproblemen alle Schwierigkeiten mit einem naiv ich-stützenden Vorgehen gelöst werden könnten. Zum Beispiel in dem Sinn:

---

[1] Diesen Hinweis verdanke ich über meinen Mann der Psychoanalytikerin Brigit Barth.

»Zeigen Sie es ihm, dem Macho. Zu zweit sind wir stärker.« Wir Frauen sind selbst zu sehr mit der patriarchalischen Gesellschaft identifiziert. Die in ihr vertretenen Werte sind auch in uns wirksam, auch wenn wir uns bewußt dagegen abgrenzen. Der »Umweg« über die Arbeit am Ich-Ideal und die Auflösung entsprechender Identifizierungen ist im allgemeinen notwendig. Zum Beispiel machte ich in meiner Arbeit an der Frauenberatungsstelle oft folgende Erfahrung: Eine Frau kommt zu einem Erstgespräch, klagt die ganze Stunde über ihren Mann und stellt ihn mir gegenüber als einen gewissenlosen, egoistischen Tyrannen dar. Im ersten Jahr meiner Arbeit an der Frauenberatungsstelle neigte ich dazu, Frauen, die mir ein solches Problem präsentierten, vorbehaltlos in ihren Selbstbehauptungsstrebungen zu unterstützen, und analysierte die Hintergründe zu wenig. Oft erschienen diese Frauen jedoch nicht mehr zu einem weiteren Gespräch. Ich hatte übersehen, daß es ja noch eine andere Seite gibt, die sie mir gegenüber nicht dargestellt hatten: Ich meine die eigenen Abhängigkeitsbedürfnisse, die sie in einer unerträglichen Situation verharren ließen. Anders ausgedrückt: Diese Frauen eiferten ihrer Mutter und deren mütterlichem Ideal als aufopfernde, selbstlose und minderwertige Frau nach, um deren Zuneigung sicher zu sein[2].

Die frühen Identifizierungen mit der Mutter, dem Vater und anderen Pflegepersonen und eigenen Idealvorstellungen sind oft äußerlich – im Auftreten und Lebensstil – nicht offensichtlich und auch den Betroffenen selbst meist nicht bewußt. Was das Wesen dieser Identifizierungen ausmacht, zeigen jene progressiven Frauen, die sich beruflich durchaus behaupten können, die aber mit sehr traditionell eingestellten Männern zusammenleben. Warum treffen diese Frauen eine solche Partnerwahl? Eine Erklärung ist: Die im ersten Moment nicht erkennbaren Selbstwertprobleme und möglichen Identifizierungen mit der eigenen Mutter zeigen sich erst in der Partnerbeziehung. Die eigenen entwertenden Teile werden nicht gespürt, sondern dem Partner delegiert, oder es wird unbewußt

---

[2] Hier ist die »innere« Mutter, die verinnerlichte Objektbeziehung zur Mutter gemeint.

ein Partner gesucht, der tatsächlich Frauen verachtet. Was bringt diese Problemlösung? Der Konflikt wird nicht als innerer Konflikt erlebt, sondern ein Teil des inneren Konflikts wird in der Außenwelt deponiert, etwa das strafende innere Objekt in einem quälerischen Partner. Externalisierungen dieser Art können nicht aufgelöst werden, wenn ich als Therapeutin – wie diese Frauen – nur deren Partner verurteile. Damit würde ich lediglich die bestehende Externalisierung fördern und noch eine weitere hinzufügen: Derjenige innere Teil der Frau, der aufbegehren und sich weiterentwickeln will, wäre dann in meiner Person repräsentiert und ebenfalls nach außen verlagert. Damit möchte ich nicht verneinen, daß ein solches Vorgehen, das die Frau von Selbstzweifeln entlastet und den Schuldanteil des Partners aufdeckt, über eine bestimmte Zeit hinweg notwendig sein kann. Was ich mit diesem Beispiel zum Ausdruck bringen möchte ist, daß es hier um die Befreiung vom »inneren Patriarchen« geht, nicht nur um die Absetzung des äußeren.

Ich komme zum Schluß meiner Überlegungen. Ich möchte das Gesagte in Hypothesenform zusammenfassen:
– Die gesellschaftlichen Rollen sind durch die umfassende Sexualisierung von Gefühlen abgesichert.
– Die Sexualisierung fürsorglicher und aggressiver Gefühle zementiert Frauen und Männer in ihren komplementären Rollen als »halbe« Menschen.
– Feministische Psychotherapie – im Sinne einer emanzipatorischen Therapie – führt zu Desexualisierung von Gefühlen. Alle Gefühle werden beiden Geschlechtern zugänglich.
– Von einer weiblichen bzw. männlichen Identität zu sprechen hieße, diese im Lichte eines desexualisierten Verhältnisses neu zu bestimmen. Die Frage nach der weiblichen Identität würde in diesem Sinne neu formuliert lauten: Welche in unserem menschlichen Innenraum angelegten Möglichkeiten können wir Wesen mit weiblichem Körper in Zukunft realisieren?

Literatur

Chodorow, N., Das Erbe der Mütter, München 1985
Mitscherlich, M., Die friedfertige Frau, Frankfurt/M. 1985

Rosmarie Barwinski

geboren 1956 in Morbach (BRD).
1978 Umzug in die Schweiz. Psycho-
logiestudium an der Universität
Zürich. Seit 1980 in Ausbildung als
Psychoanalytikerin bei der Schweizerischen Gesellschaft für Psychoanalyse.
1983–1987 wissenschaftliche Mitarbeiterin am Institut für Verhaltens-
wissenschaft, Abteilung Allgemeine
Psychologie, Zürich.
1982–1988 Mitbegründerin und
Mitarbeiterin der Frauenberatungsstelle in Winterthur. Seit 1983 in
eigener Praxis als Psychoanalytikerin tätig. Eine Tochter.

Brigitta Hug

Die Bedeutung der Menstruation
für die weibliche Adoleszenz

In meinem Beitrag gehe ich von der Frage aus, inwieweit die Kultur Einstellungen zur Menstruation prägt und inwieweit sich diese Einstellungen auf das Selbstverständnis der Frauen auswirken.

Ich beginne mit dem Zitat eines Mannes, dem französischen Soziologen Emile Durkheim. Er formulierte 1898: »La femme est, dans une manière chronique, le théâtre des manifestations sanglantes.« Es ist zwar heikel, einen Vortrag über weibliches Selbstverständnis mit dem Zitat eines Mannes zu eröffnen – man geht Gefahr, sich an männliche Sichtweisen anzupassen. Ich tue es trotzdem, weil Emile Durkheim in einem wahren und entlarvenden Bild das ausdrückt, was ich zum Ausgangspunkt meiner Überlegungen zur Menstruation nehme. Den Satz, »die Frau ist in chronischer Weise das Theater blutiger Manifestationen«, schrieb Durkheim in einem Artikel, in dem er die Entstehung von Verwandtschaftsregeln in primitiven Kulturen analysierte. In diesen Kulturen sind die Verwandtschaftsregeln die zentralen Regeln und bilden den Kern der sozialen Organisation. Durkheim meinte, daß die Entstehung der Verwandtschaftsstruktur mit dem »horreur du sang«, der Furcht vor dem Blut, verknüpft sei. Diese Furcht, insbesondere jene vor dem Menstrualblut, liege den religiösen Vorstellungen zugrunde, die um die Blutsgemeinschaft kreisen. Die menstruierende Frau nimmt in diesem die Geschlechter- und Statusrollen bestimmenden »théâtre«, wie Durkheim es nennt, einen hervorragenden Platz ein.

In meiner Arbeit stelle ich mich auf den Standpunkt dieses Soziologen: Die Menstruation bzw. die theaterhaften Inszenie-

rungen um dieses Blut sind als Kernpunkt der sozialen Strukturen zu betrachten.

Damit gebe ich den Bezugspunkt an, von dem aus ich die
Menstruation zu verstehen suche. Ich will den Diskurs über die
Menstruation daraufhin untersuchen, wie sich in ihm soziale
Verhältnisse ausdrücken, die weibliches Selbstverständnis
prägen. Die Inszenierungen des besagten Stückes sind welt-
weit sehr unterschiedlich. Sie folgen verschiedenen Regiean-
weisungen, je nachdem, ob sie, um im Bild zu bleiben, in Holly-
wood, am Burgtheater in Wien oder in einem chinesischen
Schautheater stattfinden. Am einen Ort spielt die einzelne Frau
die Hauptrolle, an einem andern bestimmen die Männer die
Handlung des Stückes, und anderswo greifen Götter und Fa-
belwesen in die Dramaturgie ein.

Die Psychoanalyse hat diese Inszenierungen verschiedent-
lich interpretiert, zum Beispiel die Furcht vor dem Blut der
menstruierenden Frau als Ausdruck der Kastrationsangst oder
des Uterusneides des Mannes auf die Frau. Ich hingegen
möchte von Durkheims Idee ausgehen, wonach Menstruation
ein Kernpunkt der sozialen Ordnung sei.

Die Unterschiede in diesen Inszenierungen sind, wie gesagt,
beträchtlich. In den zahlreichen Menstruationsmythen der ganzen Welt, in Riten und Zeremonien, in Glaubensvorstellungen
und theoretischen Denkmodellen zeigt sich, daß zwei gemeinsame Merkmale hervorstechen: Zum einen wird in den Auffüh-
rungen des Stückes immer auch das Verhältnis der Geschlechter zueinander in der jeweiligen Kultur ausgedrückt – Herrschaft und Arbeit sind darin zentrale Bereiche; zum andern
löst das Menstruationsblut immer Angst aus. Dieses Blut vermag im Glauben primitiver Kulturen magische Kräfte in der
Frau auszulösen, die es zu kontrollieren gilt. Die geistigen
Kräfte, die zur Zeit der Blutung in der Frau Platz nehmen,
vermögen die soziale Gemeinschaft zu zerstören. Deshalb bedarf es kultureller Dämme, sie zu bannen. Allen Riten, Zeremonien und Verboten liegt das Sexualverbot zugrunde. Würde
das Blut der Frau sich mit männlichen Säften oder männlich
assoziierten Gegenständen und Bereichen mischen, entstünde
ein Chaos, das die bestehende Sozialordnung bedroht. Durch
das Einhalten der religiösen oder magischen Vorschriften, die

in den Vorstellungen um dieses Blut gründen, wird die materielle Ordnung in der Kultur gesichert.

In diesen Kulturen ist das Einfrieren des Wandels oberstes Prinzip, weshalb sie auch oft kalte Kulturen genannt werden. Man bemüht sich, die freiwerdenden Kräfte in der Phase der Adoleszenz zu meistern, will sie in stabile Bahnen lenken, um die Tradition zu sichern. Meist sind es Pubertäts- oder Aufnahmeriten, die den Jugendlichen helfen sollen, sich in die Gesellschaft einzugliedern. In den meisten kalten Kulturen spielt das adoleszente, erstmenstruierende Mädchen die Hauptrolle in der Inszenierung der Menstruation. Die zentrale soziale Funktion dieser Menstruationsriten besteht in der Erhaltung oder Tradierung bestehender Gesellschaftsstruktur.

In jeder Kultur ist das Einsetzen der Menarche für das Mädchen ein wichtiges Signal im Prozeß des Erwachsenwerdens. In vielen Kulturen wird dieses Ereignis rituell gefeiert. Dies ist vor allem dort der Fall, wo die Mädchen einzeln in die Welt der Erwachsenen initiiert werden. Wo die Mädchen in Gruppen initiiert werden, fallen die Feierlichkeiten nicht unbedingt mit der Menarche zusammen – nicht alle menstruieren zur selben Zeit und im selben Rhythmus.

Der Ablauf der Menstruations- oder Initiationsriten verläuft grob gesehen in drei Phasen, in denen je nach Kultur unterschiedliche Werte und Handlungen zum Tragen kommen: Zuerst wird das Mädchen von der sozialen Gemeinschaft, gemeint sind hier die Männer, abgesondert und getrennt. Während dieser Absonderung werden ihm weitere Berührungsverbote, zum Beispiel Fastenvorschriften, auferlegt. Dieser Trennung folgt die Phase des Überganges vom Status des Mädchens zu jenem der geschlechtsreifen, heiratsfähigen Frau. Das Mädchen wird in seine neue Rolle eingewiesen und darin geprüft. Es soll sich also aus den Bindungen seiner Kindheit lösen und in die Welt der erwachsenen Frauen eingliedern. Es wird darin eingewiesen, welche Rechte und Pflichten ihm in der Rolle als erwachsene Frau zugeschrieben sind.

Nach den Reinigungsritualen, oft sind es Beschneidungen, Auspeitschungen oder rituelle Waschungen, wird die junge Frau durch eine Heiratszeremonie oder durch ein Fruchtbarkeitsfest in die Gemeinschaft aufgenommen. Ziel dieser Riten

ist es, die dämonischen Kräfte, die zur Zeit der Blutung im
Körper der menstruierenden Frau Platz einnehmen, zu bannen. Man muß deutlich sehen, daß die oft beschworene Unreinheit der menstruierenden Frau nicht einfach Zeichen ihrer
Minderwertigkeit gegenüber dem Mann ist; meist wird die Unreinheit verstanden als Gegenpol zur Reinheit, zur Ordnung.
Aufgrund der Menstruation fallen die Frauen sozusagen aus
der Ordnung heraus, sie sind nicht einfach – zumindest nicht in
allen Kulturen – auf der untersten Skala der Hierarchie anzu-
treffen. Aber sie beschwören durch die Blutung ein Chaos, und
es bedarf kultureller Dämme, die das traditionell festgelegte
Weiterbestehen der Gesellschaft sichern sollen.

Initiationsriten werden in der Ethnologie thematisiert als
Übergangsriten, die die Jugendlichen aus der Welt ihrer Kindheit in jene der Erwachsenen führen sollen. Das theoretische
Konzept dieser »rites de passage« entstand aufgrund der Beobachtungen, die Ethnologen bei männlichen Initiationen
machten. Beim Knaben geht es darum, daß er die mütterliche
Welt der Frauen verläßt, zu einem Mann wird und sich in die
Kultur einfügt, die männlich determiniert ist. In diesen Riten
kommt der Antagonismus zwischen Familie und Kultur zum
Ausdruck, den Freud im »Unbehagen in der Kultur« (1930)
postuliert hat. Freud schreibt: »Wir haben bereits erraten, daß
es eine der Hauptbestrebungen der Kultur ist, die Menschen zu
großen Einheiten zusammenzuballen. Die Familie will aber
das Individuum nicht freigeben. Je inniger der Zusammenhalt
der Familienmitglieder ist, desto mehr sind sie oft geneigt, sich
von den anderen abzuschließen, desto weniger wird ihnen der
Eintritt in den größeren Lebenskreis gewährt. Die phylogene-
tisch ältere, in der Kindheit allein bestehende Weise des Zu-
sammenlebens wehrt sich, von der später erworbenen kulturellen abgelöst zu werden. Die Ablösung von der Familie wird
für den Jugendlichen – auch das jugendliche Mädchen (B. H.) –
zu einer Aufgabe, bei deren Lösung ihn die Gesellschaft oft
durch Pubertäts- und Aufnahmeriten unterstützt« (S. 232). Dies
gilt so allerdings nur für den männlichen Jugendlichen.

Freuds geschlechtsneutrale Formulierung erweist sich als
zu eng, wenn man sie auf die weibliche Adoleszenz übertragen
will. Sicher, auch das junge Mädchen soll sich aus jenen Bin-

dungen lösen, die in seiner Kindheit bestimmend waren. Nur tritt es nicht, wie der männliche Jugendliche, ein in eine »andere« Welt, in die vorwiegend männlich determinierte Kultur. Im Gegenteil: Die menstruierende Frau lernt, sich während der Blutung nicht in die Nähe der kulturellen Institutionen der Männer zu begeben. Ein Tropfen Menstrualblut reicht im Glauben vieler primitiver Kulturen aus, kulturelle Leistungen zu zerstören. So stellen sich die Mundurucú-Indianer im Amazonasgebiet beispielsweise vor, daß ihr kriegerisches Handwerk und ihr religiöses Wissen bedroht sind, wenn die menstruierende Frau die entsprechenden Kultgegenstände berührt oder gar nur anschaut. Den erstmenstruierenden Mundurucú-Mädchen wird aufs schärfste eingeprägt, daß sie niemals während ihrer Blutung in die Nähe des Männerhauses gehen dürfen, weder die Wege dorthin noch die Gegenstände im Haus berühren sollen. Magische Kräfte, die zur Zeit der Menstrualblutung den Frauen zugeschrieben werden, könnten durch Haut- oder Blickkontakte die Kultgegenstände der Männer zerstören und somit deren Potenz im Krieg und auf der Jagd bedrohen. Gehorchen die Frauen diesen Vorschriften nicht, riskieren sie, von der Gruppe der Männer vergewaltigt und aus dem Stamm ausgestoßen zu werden. Die religiöse Bedeutung des Menstrualblutes funktioniert sozusagen als Barriere, die den Weg in die Kultur der Männer versperrt: Das erstmenstruierende Mädchen soll sich nicht aus der Gruppe der Frauen lösen, sondern als erwachsene Frau in der Welt seiner Mutter bleiben. Der gleichaltrige Mundurucú-Knabe hingegen wird rituell in die Welt der Männer eingewiesen; er soll sich aus der Bindung an seine Mutter und an die Gruppe der Frauen lösen, indem er in die Männerwelt eingewiesen wird. Die Männer sagen ihm, daß er von nun an Zugang zum Männerhaus und den Geheimnissen der Männer haben wird. Gleichzeitig soll er sich als erwachsener Mann von der Welt der Frauen, die seine Kindheit war, distanzieren.

Der Antagonismus zwischen Familie und Kultur und der Übergang von der Welt der Kindheit in jene der Erwachsenen zur Zeit der Adoleszenz gestaltet sich beim Mädchen und der Frau anders, als dies beim Knaben und beim Mann beobachtet und analysiert wird. Diese theoretische Schwierigkeit bei

Freud bzw. in der Analyse weiblicher Adoleszenz stellt sich auch in der Wissenschaft der Ethnologie.

Es ist kein Zufall, daß männliche Ethnologen bei der Beschreibung von Menstruationsriten zur Zeit der Adoleszenz in erhebliche logische Wirrnis gerieten. Sie erkannten, daß sich in primitiven Kulturen die Behandlung der weiblichen Reifezeit nicht einfach nach den klassischen Mustern männlicher Initiationsfeierlichkeiten richtet, so wie diese in der Ethnologie beschrieben sind. Statt nun darüber nachzudenken, worin die Unterschiede bestehen, nutzten die Wissenschaftler ihr Wissen und ihren Verstand, die Menstruationsriten fast gänzlich aus dem Diskurs über Initiationsfeierlichkeiten auszuschließen. Van Gennep, der geistige Vater der Theorie der »rites de passage«, begründet den Ausschluß der Menstruationsriten aus dem allgemeinen Diskurs über Initiation damit, daß Menstruationsriten im Laufe des Lebens der erwachsenen Frau immer wieder eingehalten würden. Tatsächlich ziehen sich menstruierende Frauen in Kulturen, wo Erstmenstruierende rituell gefeiert werden, zur Zeit ihrer Blutung an einen bestimmten Ort zurück.

Van Gennep hat also recht: Teile der Pubertätsriten wiederholen sich im Leben der Frauen mehrmals. Nur: Das gilt auch für die Männer. Beschneidungsrituale, die in vielen traditionellen Gesellschaften wichtiges Element der Initiation von Knaben sind, wiederholen sich im erwachsenen Leben der Männer ebenfalls häufig. Man schloß aber deswegen diese männlichen Rituale nicht aus der allgemeinen theoretischen Diskussion über Initiationsfeierlichkeiten aus. Zumindest hätte Van Gennep erklären sollen, weshalb er dazu kommt, für die männlichen Riten dieses und für die weiblichen jenes gelten zu lassen. Logisch ist seine Argumentation nicht.

Weitere solche Ungereimtheiten finden sich in der Ethnologie überall dort, wo auf theoretischer Ebene versucht wird, entweder die Menstrualriten in das männlich maßgeschneiderte Konzept der Initiation einzuzwängen, oder aber sie davon auszuschließen, auch wenn dafür die ethnographischen Beobachtungen keine Hand bieten. Die Analyse der weiblichen Adoleszenz unterlag in der Ethnologie also ähnlichen Denkhemmungen wie in der Psychoanalyse: Da Weibliches

sich dem Männlichen nicht einfach unterordnet oder sich analog behandeln läßt, vergißt oder verdrängt man es, beschnei-
det und verkürzt man es, oder aber behandelt es als etwas dem
Männlichen nicht Ebenbürtiges und schließt es aus der theoretischen Diskussion aus. Das Nachdenken darüber brächte vermutlich die männlich determinierten Denkmodelle ins Wanken.

Ruth Benedict, eine amerikanische Ethnologin, wies 1946
darauf hin, daß man die Behandlung des erstmenstruierenden
Mädchens durchaus als Teil seiner Initiation, das heißt seiner
Eingliederung in die Kultur, verstehen könne, auch wenn
längst nicht in allen Kulturen Menstruationsriten in analoger
Form zu den männlichen Initiationen zelebriert würden. Die
Behandlung der Mädchen in der Reifezeit richte sich weder
nach der Physiologie noch nach den religiösen oder magischen
Vorstellungen allein, sondern nach den gesellschaftlichen An-
forderungen, die die sozialen Bindungen der erwachsenen
Frau strukturieren helfen sollen.

Ruth Benedict wehrt sich dagegen, daß Menstruationsriten
auf physiologische Aspekte reduziert werden. Damals wurde
behauptet, Menstruationsriten hätten keinen Initiationscharak-
ter, weil sie lediglich der körperlichen Veränderungen wegen
zelebriert würden und nicht etwa deswegen, weil diese Feierlichkeiten dem Mädchen helfen sollten, eine erwachsene Frau
zu werden.

Weiter wehrt sich Ruth Benedict dagegen, daß Menstruationsriten wegen der darin vorkommenden religiösen und magischen Tabuvorschriften aus dem allgemeinen Diskurs über
Initiation und Adoleszenz ausgeschlossen werden, was ebenfalls wissenschaftliche Strategie war. Wo Durkheim über Pubertätsriten schreibt, unterläßt er es, von Menstruationsriten
zu reden; und wo er sich mit dem großen Gebiet der Tabuisierungen beschäftigt, nimmt er zwar das Menstrualtabu als wichtiges und beispielhaftes Modell aller Tabuisierungen, unterläßt
es aber, darüber nachzudenken, daß vor allem pubertierende
Mädchen diesen Tabuvorschriften unterzogen werden. Die
Thematik der Adoleszenz, des Überganges aus der Kindheit in
das Leben als Erwachsene, bleibt unberücksichtigt.

Sicher: Menstruationsrituale sind meist Tabuisierungen, und

das Blut spielt eine wichtige Rolle. Aber die gesellschaftlichen
Anforderungen, die die sozialen Bindungen der jungen Frau
strukturieren helfen, sind genauso präsent in diesen Feierlichkeiten. Und die Tatsache, daß überall die Erstmenstruierenden
sich streng an die Rituale halten müssen, belegt deren Wichtig-
keit für die weibliche Adoleszenz.

Margaret Mead folgte der Hypothese von Benedict, als sie
1930 Jugend und Kindheit der Menschen auf Manaus beobachtete und analysierte. In ihrem Buch beschreibt sie die religiösen Vorstellungen um die Menstruation. Die menstruierende
Frau, vor allem das erstmenstruierende Mädchen ist dort
einem rigorosen Menstruationstabu unterworfen. Nach dieser
Darstellung bemerkt Mead zur sozialen Funktion dieser Riten:
»Nach der Pubertät wird von dem Mädchen, das nun verlobt,
tabu und ehrbar ist, erwartet, daß es friedlich seiner Arbeit
nachgeht und sich schweigend immerwährender Beaufsichti-
gung unterwirft. Der geringste Skandal bedeutet Schande und
ruft eine öffentliche Szene hervor. Die meisten Mädchen fügen
sich deshalb lieber, verrichten nüchtern ihre Arbeiten und
werden schließlich resignierte, tugendhafte Ehefrauen. Kein
Mädchen kann sich eine längere Zeit der Rebellion leisten«
(S. 141).

Rebellisch, frech und unbeschwert sind die Mädchen auf
Manaus während der Latenzzeit. Die von Mead hervorgeho-
bene Austreibung der Rebellion läßt sich in den meisten Beschreibungen von Menstruationsriten zur Zeit der Adoleszenz
wiederfinden. Die Zeit der Menarche ist eine Lehrzeit, eine
Zeit der Disziplinierung, ob man sie theoretisch als Initiation
begreift oder nicht.

Durch das Einhalten der Menstruationsrituale wird die Rebellion der Mädchen ausgetrieben und werden die freiwerdenden Kräfte der Adoleszenz in Bahnen gelenkt, welche die kulturelle Stabilität sichern sollen. Was ich mit Durkheim als
Theater bezeichnete, als die Inszenierung des Stückes Menstruation, kann man in einem wissenschaftlichen Begriffs-
system als »kulturelles Deutungsmuster« (Övermann) definieren. In ihm bündeln sich Teile jener Ideologie, welche die
sozialen Beziehungen zwischen Mann und Frau regeln. In den
Beschreibungen, den Bildern und Vorstellungen, den tradier-

ten Typisierungen, die in Mythen und Riten primitiver Kulturen, aber auch in Einstellungen, in Gewohnheiten und wissenschaftlichen Hypothesensystemen moderner Gesellschaften zum Ausdruck kommen – in all dem wird die kulturelle Wirklichkeit des biologischen Sachverhaltes Menstruation konstruiert. Das Faktum der weiblichen Blutung wird kulturell überformt, das heißt, es wird mit Sinn und Bedeutung besetzt. Diese Überformungen sind eingebettet in die Gesamtheit des gesellschaftlichen Lebenszusammenhanges. Herrschaft und Arbeit sind darin zentrale Bereiche. Deutungsmuster entstehen als Antworten auf konkrete, alltägliche Probleme in der Gesellschaft. Sie interpretieren nicht nur das Verhältnis der Menschen zur Kultur und zur äußeren Natur, sie umfassen auch die Beziehung zur eigenen, zur inneren Natur. Durch den Prozeß ihrer Verinnerlichung werden sie Teil weiblicher Identität. Wie über die menstruierende Frau erzählt, gedacht und geschrieben wird – auch in der Psychoanalyse –, welche Handlungen ihr in Mythen und Riten, aber auch in der Medizin und in der Werbung für Tampons und Binden erlaubt oder verboten sind und welche Reaktionen die Blutung hervorruft – all dies gibt Zeugnis ab über die Bahnen, in denen sich weibliches Selbstverständnis entwickeln soll.

Mit einem Gedicht über menstruierende Töchter und Frauen aus dem 17. Jahrhundert leite ich über zur Betrachtung der Menstruation in unserer Kultur. Man gab den Weibern hier folgende Verhaltensvorschriften auf den Lebensweg:

»Die Töchter laßt nicht unter d'Leut,
noch Hochzeit noch Tanz,
die verehelichten merken besonders auf ihre Schantz,
damit sie zu wehrender Blumenszeit
von ihren Männern sich schrauffen weit,
nicht weinen, nicht zürnen, nicht schlagen um,
sonst schlägt das Gift in d'Glieder und werden krumm,
die jungen Kinder nicht küssen noch berühren,
in der Küch' die Speis' nicht selbst anrühren,
nicht in die Keller noch zum Weinfaß gehen,
in Gärten um die jungen Bäumlein auch nicht stehen,
in keinen reinen Spiegel hinein sehen,

daheim still sitzen, dafür nähen,
sich sonsten auch gar wohl verhalten,
das leinen' Tuch hierin nicht zu fest sparen,
damit nicht das unwissend' Hausgesinde
das Gespor der Krankheit auf dem Boden finde.«

In diesem Gedicht sind die in unserer Kultur nach wie vor
vorherrschenden Charakterisierungen der Menstruation enthalten.

Zum einen der Giftcharakter, der sich für die Frau und alle
Dinge, die sie berührt, schädlich auswirken kann. Es schlägt in
die Glieder, die Speisen verderben, der Wein wird sauer und
Spiegel erblinden. In Vorarlberg erzählte man mir, daß das
Sauerkraut schwarz werde und die Mayonnaise gerinne. Dann
das Sexualverbot: Die blutenden Frauen sollen sich von den
Männern fernhalten. Weiter ist die Scham über die Unreinheit
des Blutes enthalten: Frauen sollen das »Gespor« vor dem
Hausgesinde verstecken und sollen nicht in den Spiegel
schauen, da er erblinden wird. Und deutlich wird auch die
Betrachtung der Menstruation als eine Krankheit. Die Blutung
vermag die Glieder krumm zu machen, sofern sich die menstruierende Frau nicht stille im Haus aufhält und näht und
ansonsten sich gar wohl verhält.

Seit Helene Deutsch wird die Menstruation in der Psychoanalyse mit der Reaktivierung ödipaler Konflikte und mit sa-
domasochistischen Reaktionsformen in Zusammenhang gebracht. Menstruierende Frauen sind also in der abendländi-
schen Kultur auf einen knappen Nenner gebracht: sündig,
ekelerregend, krank, schmutzig, unberechenbar, bedrohlich
und im Besitze giftiger, destruktiver Kräfte, oder moderner
ausgedrückt: sie sind schier unkontrollierbaren Launen und
Aggressionen ausgesetzt.

Man könnte hier einwenden, ganz so schlimm wie im Gedicht sei es doch heute nicht mehr, und die Werbung für Tampons scheint diesem Einwand recht zu geben:

Sie verspricht zum Beispiel »Unabhängigkeit«.

Lernt das Mädchen rechtzeitig, mittels Hygieneartikeln das
Blut und den Geruch und auch die körperlichen Empfindungen
zum Verschwinden zu bringen, steht ihm die Welt offen. Si-

cherheit und Normalität werden ihm versprochen. Nur: Gegen *was* soll es sich sichern? Gegen innen und gegen außen? Und weshalb oder wie fällt es aus der Normalität, die es sonst, wenn es nicht blutet, anscheinend genießen oder zumindest leben darf?

Oder es heißt: »Männer finden o.b. besser.«

Im Übergang von der Kindheit ins Erwachsenenalter soll das Mädchen lernen, ein Stück seiner inneren Natur zu verleugnen und zu verstecken.

Freud thematisiert in »Die Zukunft einer Illusion« (1927) die herrschende Kulturfeindlichkeit des Menschen bzw. die Menschenfeindlichkeit der Kultur. Er fragt nach dem »Rest«, der von der Kultur nicht integriert wird, und schreibt: »So bekommt man den Eindruck, daß die Kultur etwas ist, was einer widerstrebenden Mehrheit von einer Minderheit auferlegt wird, die es verstanden hat, sich in den Besitz von Macht- und Zwangsmitteln zu setzen« (S. 327).

Kultur ist hier nicht als ein System von Gegenseitigkeit definiert; das Individuum fügt sich nicht harmonisch in die soziale Gemeinschaft ein. Im Gegenteil: Die Kultur fordert ihre Opfer, indem sie sich mit Gewalt im Innern der Individuen fortsetzt. Die gepriesene weibliche Normalität kostet ihren Preis. In der Werbung drückt sich der Wunsch nach Sauberkeit aus, verbrämt im Begriff der Hygiene, und der Drang nach Kontrolle. Das Sichtbarwerden des Blutes weckt Schamgefühle; das Ausfließen des Blutes aus dem Körperinneren rührt an tieferliegende Ängste vor dem Verlust der Kontrolle und der Körperintegrität.

Dies kann, zumindest verheißt dies die Werbung, mittels Tampons verdrängt werden. In den Werbeschriften für Binden ist zumindest die Berührungsscheu, die einhergeht mit dem Masturbationsverbot, nicht so deutlich angesprochen. Ansonsten gleichen sie den Tamponwerbungen sehr.

Nach wie vor spielt das Leiden an der Menstruation in unserer Kultur eine bedeutende Rolle. Die statistisch häufigsten Ursachen für Arbeitsausfälle von Frauen sind mit dem menstruellen Zyklus verbunden: Schmerzen, Unwohlsein, Migräne, Erbrechen, auch depressive Verstimmungen, erhöhte Ängste und Aggressionen und Störungen oder Abweichungen vom

medizinisch gesehen »normalen« Menstruationszyklus geben
Ärzten und Psychologen Anlaß zu Untersuchungen, Diagnosen
und therapeutischen Maßnahmen, die allerdings bis heute
nicht zum gehofften Erfolg geführt haben. Über die Schwierigkeit, menstruelle Beschwerden medizinisch zu erfassen,
schreibt Férin, ein französischer Gynäkologe und Psychiater,
1978: »Angesichts der Labilität des Syndroms von einem Zyklus zum nächsten, angesichts seines zyklischen und veränder-
lichen Charakters und der zuweilen determinierenden Rolle
der psychischen Verfassung bei der Auslösung des Syndroms
sind manche Forscher soweit gegangen, seine objektive Realität überhaupt zu leugnen« (S. 217).

Sein Kollege Short geht noch weiter, wenn er vorschlägt, die
durch die Einnahme ovarieller Empfängnisverhütungsmittel
künstlich ausgelösten Blutungen ganz zu tilgen. Die Leugnung
des Symptoms sowie die Tilgung der Blutung erscheinen wie
eine Kapitulation vor der Unüberschaubarkeit des Leidens an
der Menstruation. Es scheint leichter, die Biologie der Frauen
zu ändern als sich die Frage nach den sozialen Bedingungen zu
stellen, unter denen die biologischen Voraussetzungen der
Frau zum Leiden werden.

Das junge Mädchen trifft also spätestens zur Zeit seiner
Menarche auf Widersprüchliches rund um die Menstruation.
Draußen in der Werbung verspricht man ihm Unabhängigkeit
und Normalität, sofern es sich an die Unsichtbarmachung der
Menstruation hält. Draußen, in der Welt der erwachsenen
Frauen, ist es mit einem vielfältigen Leiden an der Blutung
konfrontiert, mit widersprüchlichen, spannungsgeladenen Ein-
stellungen zu diesem Blut, das einmal Fluch und in neuerer
Zeit in feministischen Bewegungen auch Segen der Frau sei.
Das Mädchen nimmt wahr, daß die Empfindungen rund um den
körperlichen Vorgang tabuisiert oder, wenn nicht unterdrückt,
dann als schmutzig, krankhaft oder störungsanfällig medizinisch erfaßt werden. Draußen, viel mehr aber noch drinnen im
Mädchen ist auch die Mutter, die ihm die Zeit der Blutung so
vorgelebt hat, wie es für sie Sinn gemacht hat. Auch diese
Mutter ist geprägt durch die Verhältnisse, in denen sie aufgewachsen ist. Ihre bewußte und unbewußte Einstellung zur
Menstruation wirkt sich auf das Erleben des Mädchens aus.

Die Verinnerlichung all dieser Einstellungen und Verhaltensweisen um die Menstruation geht einher mit dem Prozeß der Loslösung aus der Familie in die Kultur. – Oft genug bestehen die psychischen und sozialen Lösungen in der Krisenzeit der Adoleszenz aus Rückgriffen oder Wiederholungen frühkindlicher Entwicklungsstufen. Dabei böte gerade die Phase der Adoleszenz die Chance einer Reorganisation, wie Eissler 1958 schreibt: »Die Pubertät gewährt dem Menschen eine zweite (und in den meisten Fällen letzte) Chance. Sie gewährt ihm eine Frist, die Lösungen, die er während der Latenzzeit in direkter Reaktion auf den ödipalen Konflikt gefunden hat, zu revidieren. Vielleicht kann man diesen Prozeß mit einer Verflüssigung vergleichen. Gewiß sind beim Pubertierenden auch regressive Züge zu beobachten, ich ziehe es aber vor, das Freiwerden von Kräften, die an Strukturen gebunden waren, und die darauffolgende Reorganisation in der Form neuer Identifizierungen und der Besetzung neuer Objekte hervorzuheben« (S. 869).

Der Triebdurchbruch lockert also die vorher in der Familie geformten psychischen Strukturen auf und ermöglicht eine Neustrukturierung der Persönlichkeit, die nun nicht mehr nur durch die Familie beschränkt wird. So werden die Voraussetzungen für neue Erfahrungen geschaffen.

Judith Kestenberg ist meines Wissens die erste Psychoanalytikerin, die in einem 1964 erschienenen Artikel über die Menarche einen für die Sexualentwicklung sich progressiv auswirkenden Aspekt hervorgehoben hat. Kestenberg versteht die Menstruation als einen »Organisator«. Er könne dem Mädchen helfen, Realität von Phantasie zu unterscheiden, wenn es über die körperlichen Prozesse informiert wird, die in ihm verschiedene Empfindungen auslösen. Menstruelle Störungen und erhöhte Kastrationsängste zur Zeit der Blutung oder kurz davor korrelieren mit einer Verleugnung des Wissens über die weiblichen Geschlechtsorgane. Diese Verleugnung hängt eng mit einer Verdrängung der Masturbation zusammen. Die individuelle Erfahrung der Menstruation hängt also mit dem *Wissen um die eigene Geschlechtlichkeit* zusammen, mit dem Besetzen der sexuellen Erfahrungen des Mädchens. Kestenberg meint, die in der Pubertät einsetzenden Unterleibsempfindun-

gen, auch das Wachsen der Brüste und die allgemeine Libido-
steigerung führen das Mädchen zurück in seine Kindheit, erinnern es an masturbatorische Aktivitäten und reaktivieren
Phantasien, Ängste, Schuld- und Schamgefühle. Die physiologischen Veränderungen im Körper des Mädchens in der Vorpubertät, also vor dem Einsetzen der ersten Menstruation,
können eine Reaktivierung beunruhigender Konflikte bewirken. Dies um so mehr, wenn die Mutter des Mädchens ihre
Rolle als Frau in der Gesellschaft unbewußt oder bewußt ab-
lehnt. Wird das Mädchen in dieser Zeit aufgeklärt, das heißt
über die physiologischen Prozesse informiert, kann das Einsetzen der Menstruation ihm helfen, Ängste, Phantasien und
Unsicherheiten zu verarbeiten (S. 31–44).

Kestenberg betont den Unterschied zwischen dem Genießen
der Unannehmlichkeiten und der Schmerzen bei der Menstruation und der Funktion dieser Beschwerden als Organisator während der Adoleszenzkrise. Damit grenzt sie sich ab
gegen die erstmals von Helene Deutsch (1925) formulierte
These des weiblichen Masochismus. Helene Deutsch war der
Ansicht, daß der weibliche Masochismus Frauen dazu bringe,
Schmerzen zu erleiden und die unannehmlichen blutigen
Ereignisse in ihrem normalen Leben zu genießen (gemeint
sind Menstruation, Defloration und Gebären). Kestenberg an-
erkennt zwar, daß Rückzüge auf masochistische Erlebniswei-
sen bei menstruierenden Frauen zu beobachten sind; sie hält
aber fest, daß diese psychischen Reaktionsformen oder Verar-
beitungsmöglichkeiten einer Regression gleichzusetzen seien,
die keineswegs »normal« oder gesund sei. Mädchen können
die Krämpfe und das Unwohlsein während der Menarche und
der Menstruation zum Anlaß nehmen, sich eingehend mit
ihrem Körper auseinanderzusetzen. Dieses Kennenlernen des
Körpers, auch die Aneignung von Wissen über die weiblichen
Geschlechtsfunktionen sind die Voraussetzungen für eine Besetzung der eigenen Geschlechtlichkeit. Das Leiden an der
Menstruation kann als Anstoß und zum Teil auch als Legitima-
tion für die Erforschung des eigenen Körpers funktionieren.
Ist die Neugierde des Mädchens entweder durch frühkindliche
Konflikte bedingt gestört, oder wird sie durch die ablehnende
Haltung oder durch eine übermäßige Reinlichkeitsdressur

durch die Mutter während der Menarche des Mädchens gehemmt, dann sind nach Kestenberg die Voraussetzungen für
eine regressive, masochistische Verarbeitung der Schmerzen
gegeben. Ein Blick auf die Werbung zeigt, daß nicht allein die
Haltung der Mutter ausschlaggebend ist. Reinlichkeit und
mehr noch ein Verstecken und Verleugnen der Empfindungen
und der Schmerzen ist gefordert und »normal«. Ich gehe mit
Kestenberg einig: Die Erfahrung der Menarche bietet dem
Mädchen die Chance der Entdeckung seiner Geschlechtlichkeit, sofern es darin unterstützt wird, die frühkindlich geformten Lösungen triebdynamischer Konflikte zu revidieren. Da
steht ihm aber nicht nur die Mutter vor.

Das Mädchen soll die kulturimmanenten Einstellungen zur
Menstruation verinnerlichen, und die sind, wie wir gesehen
haben, nicht gerade hilfreich darin, die Neugierde oder das
Entdecken der eigenen Geschlechtlichkeit zu fördern. Es muß
lernen, daß es zur Zeit seiner Blutung zu einer Paria wird, zu
einer von der »Normalität« Ausgeschlossenen, sofern es das
»Unreine« an sich nicht zu verleugnen lernt. Als Paria gibt es
nur zwei Möglichkeiten: entweder die radikale Selbstverleug-
nung. Nur wenn sich die Menstruierende permanenten Säube-
rungsritualen unterzieht, die bis ins Körperinnere greifen,
kann es ihr gelingen, dazuzugehören oder zumindest nicht aus
der Ordnung zu fallen. Oder aber die Rückkehr zur verleugne-
ten Andersartigkeit oder »Unreinheit«. Das hat zur Konse-
quenz, daß sie die Werte, die sie als unrein oder anormal stig-
matisieren, radikal in Frage stellt oder umgekehrt. Dieses Vorgehen kann man in der Neubesetzung der Menstruation durch
Teile der feministischen Bewegung erkennen. Seit einigen
Jahrzehnten zelebrieren Frauen aus unserem Kulturkreis
Fruchtbarkeits- und Menstruationsrituale und beschwören
darin die positiven Seiten dieses »Fluches«, den sie zu ihrem
Segen machen. Was vormals Schwäche war, wird zur weiblichen Stärke. So positiv sich diese Neubewertung der Menstruation auf das individuelle Erleben der Frau auswirken
kann: sie bleibt Teil des aufgeführten Stückes, auch wenn Ele-
mente der Dramaturgie im Spiel verändert werden und die
Interpretation eine andere wird.

Wollte man sich über die soziale Funktion dieser Umwertung Klarheit verschaffen, müßte man deren Entstehung in Zusammenhang setzen mit der konkreten historischen Situation, in der sie gewachsen ist. Die Geschichte zeigt, daß eine Veränderung des kulturellen Deutungsmusters Menstruation einhergeht mit der Veränderung der sozialen Beziehungen zwischen Mann und Frau. Eine Hochstilisierung der Menstruation läßt den Verdacht zu, daß die realen Bedingungen, unter denen Frauen leben, sich verschlechtert haben oder daß die Hoffnungen auf eine Verbesserung enttäuscht wurden.

Für das einzelne Mädchen sind die Erinnerungen und die Aufarbeitung schmerzhafter frühkindlicher Konflikte zur Zeit der Menarche von herausragender Bedeutung. Die Analyse dieser regressiven Züge hilft verstehen, was für neue Identifizierungen und welche neuen Objekte zu besetzen ihm überhaupt möglich sind. Als Organisator funktioniert die Menarche aber nicht allein rückwirkend, also nicht nur bezogen auf die Vergangenheit, sondern auch vorwärts, auf das Erwachsenenleben der Frau in unserer Kultur gerichtet. In diesem Prozeß sollte das Mädchen, aber auch der Analytiker und die Analytikerin aufmerksamer werden im Nachspüren der kulturellen Wege, in die das Mädchen gelenkt wird. Im späteren Leben der Frau reaktiviert die Blutung die frühkindlichen Konflikte und deren Verarbeitung in der Adoleszenz. Sie verweist auf die Loslösung des Mädchens aus der Familie und auf die damals geleistete Reorganisation in Form neuer Identifizierungen und der Besetzung neuer Objekte.

Diese Bewußtmachung rund um die Menstruation ist nicht einfach, weil sich darin auch Teile jener Ideologie manifestieren, die die Herrschaft des Mannes über die Frau legitimieren.

Um diese Bewußtmachung zu erreichen, müssen Frauen die theoretischen Konzepte der Psychoanalyse auf deren Ideologieanfälligkeit hin hinterfragen und verändern. Selbstverständlich ist es dazu nicht nötig, die »Couch zu verlassen«, also das klassische analytische Setting über Bord zu werfen, auch wenn Veränderungen in der Metapsychologie sich auf die Handhabung der Technik auswirken. Der Titel des Buches drückt auf symbolische Weise aus, daß der Einbezug weiblicher Gesichtspunkte die bestehenden Theorien in Frage stellt. Dies zu tun ist nicht einfach, weil man Sicherheiten aufgibt.

Zudem – im Falle der Menstruation – rührt das Ausfließen des Blutes an jene Bereiche, die wir alle, Männer und Frauen, so fulminant auszukehren wünschen: an Schmutz, an anale Lust und deren Kontrolle.

Ich schließe meine Ausführungen mit der Aussage einer adoleszenten Schülerin: »Man sagt mir zwar, es stünden mir alle Türen offen. Wenn ich aber irgendwo reingehe, dann ist es dort dunkel. Rennen und mich austoben kann ich da schon gar nicht, weil ich die Wände nicht sehe, an denen ich mir das Gesicht aufschlagen kann.«

Wir lasen damals gerade Groschenromane, die den Mädchen deshalb so gefielen, weil darin die Rollen und Handlungen so übersichtlich und für sie durchaus gewinnbringend dargestellt sind, sofern die junge Frau sich im richtigen Moment vor den richtigen weißen Mercedes wirft, in dem jener Arzt sitzt, der grad eine Krise erlebt, in der ihm die junge Frau hilfreich zur Seite stehen wird. Es endet mit Heirat und Glück für die anpassungsfähige Frau, die meist blond ist. Die unersättliche, neidische und böse Frau, meist rothaarig und sehr schön, findet sich in der Regel in prekären wirtschaftlichen und emotionellen Verhältnissen wieder, sofern sie nicht im Laufe der Geschichte frühzeitig zum Ableben gezwungen wurde.

Brigitta Hug
lic. phil., diplomierte Psychologin, geboren 1954 in Aarau. Ethnologin und Psychoanalytikerin in eigener Praxis, Dozentin am Institut für angewandte Psychologie in Zürich (IAP), Mitbegründerin der psychologischen Beratungsstelle für Frauen in Zürich.

Literatur

Benedict, R. Urformen der Kultur, München 1955

Deutsch, H., Psychoanalyse der weiblichen Sexualfunktionen, Zürich 1925

Durkheim, E., La prohibition de l'inceste et ses origines, 1898, in: L'année sociologique, Vol. I, p. 1–70

Eissler, K.R., Bemerkungen zur Technik der psychoanalytischen Behandlung Pubertierender nebst einigen Überlegungen zum Problem der Perversion, in: Psyche, Jg. XX, 1966, S. 837–872

Férin, J., Der Beitrag der Endokrinologie zur Entwicklung des Lebens der Frau, in: Sullerot, E. (Hrsg.), Die Wirklichkeit der Frau, München 1978

Freud, S., Die Zukunft einer Illusion, Studienausgabe, Bd. 9, Frankfurt/M. 1978

Freud, S., Das Unbehagen in der Kultur, Studienausgabe, Bd. 9, Frankfurt/M. 1978

Kestenberg, J., Menarche, in: Lorand, S., Schneer, H.I. (Hrsg.), Adolescents, New York 1964

Mead, M., Kindheit und Jugend in Neuguinea, München 1981

Övermann, U., Zur Analyse der Struktur von sozialen Deutungsmustern (Manuskript), Frankfurt/M. 1973

Van Gennep, A., Les rites de passage, Paris 1969

Angela Graf-Nold

»Das Tagebuch eines halbwüchsigen Mädchens«

**Tagebuch, Frauenbild und Frauenschicksal
der ersten Freudschen Psychoanalytikerin
Hermine von Hug-Hellmuth (1871–1924)**

Im *Internationalen Psychoanalytischen Verlag,* den Sigmund Freud 1918 mit dem Kapital eines dankbaren Patienten gründete, erschien 1919 als erstes Buch einer geplanten Reihe »Quellenschriften zur seelischen Entwicklung«, ein merkwürdig doppelt anonymes Buch: das anonyme »Tagebuch eines halbwüchsigen Mädchens von 11 bis 14½ Jahren«, herausgegeben von einer ebenso anonymen »Herausgeberin«. Außer dem Verlagsnamen signalisierte nur ein im Vorwort der »Herausgeberin« zitierter Brief Freuds an sie die Verbindung zur Psychoanalyse. »Herr Professor Dr. *Freud*« habe den Wert der Aufzeichnungen als »Kulturdenkmal unserer Zeit« in schöne Worte gefaßt:

»Das Tagebuch ist ein kleines Juwel. Wirklich, ich glaube, noch niemals hat man in solcher Klarheit und Wahrhaftigkeit in die Seelenregungen hineinblicken können, welche die Entwicklung des Mädchens unserer Gesellschafts- und Kulturstufe in den Jahren der Vorpubertät kennzeichnen.

Wie die Gefühle aus dem kindlich Egoistischen hervorwachsen..., wie die Beziehungen zu Eltern und Geschwistern zuerst aussehen..., wie Freundschaften angesponnen und verlassen werden, die Zärtlichkeit nach ihren ersten Objekten tastet, und vor allem, wie das Geheimnis des Geschlechtslebens erst verschwommen auftaucht, um dann von der kindlichen Seele ganz Besitz zu nehmen..., das ist so reizend,

natürlich und doch so ernsthaft in diesen kunstlosen Aufzeichnungen zum Ausdruck gekommen, daß es Erziehern und Psychologen das höchste Interesse einflößen muß.

...Ich meine, Sie sind verpflichtet, das Tagebuch der Öffentlichkeit zu übergeben. Meine Leser werden Ihnen dankbar
sein.«

So zitiert die »Herausgeberin« aus einem Brief Freuds mit
Datum vom 27. April 1915, also vier Jahre vor der Veröffentlichung des Buches.

Offensichtlich hatten Freuds frühere Verleger an der Dank-
barkeit von Freuds Lesern ihre Zweifel gehabt. Oder die »Herausgeberin« hatte noch Skrupel zu überwinden. Doch der Erfolg – zumindest der finanzielle – sollte zunächst Freud recht
geben: Das Buch entwickelte sich zum eigentlichen Bestseller
des jungen Verlagsunternehmens und erreichte eine Publizität,
die alle bisherigen psychoanalytischen Veröffentlichungen in
den Schatten stellte: Lou Andreas-Salomé schrieb eine enthusiastische Rezension in einer Literaturzeitschrift; Stefan Zweig
besprach das Buch in der angesehensten Wiener Tageszeitung
über sechs Spalten hinweg; Kurt Tucholsky verfaßte eine Rezension für die »Weltbühne«; und auch sonst setzten sich die
verschiedensten Tageszeitungen und medizinischen, psychologischen und pädagogischen Fachzeitschriften mit dem Buch
auseinander[1]. Auch eine englische Übersetzung ließ nicht
lange auf sich warten[2].

Allerdings war die Begeisterung über das Buch trotz aller
prominenten Fürsprecher von Anfang an alles andere als ein-
hellig. Und was besonders bemerkenswert war: Die Kontroverse um das Buch spaltete nicht nur »Anhänger« und »Geg-
ner« der Psychoanalyse, sondern auch die »Anhänger« selbst.
Helene Deutsch berichtet in ihren Erinnerungen von einem

1 Andreas-Salomé, L., Das Literarische Echo 22/23 (1920)
  Zweig, S., Neue Freie Presse vom 20. 10. 1920
  Almanach für das Jahr 1926, Wien 1926
  Graf-Nold, A., Der Fall Hermine Hug-Hellmuth. Eine Geschichte der frühen
  Kinder-Psychoanalyse, München/Wien 1988
2 Hug-Hellmuth, H., A Young Girl's Dairy. Translated by Paul, E. and C., London
  1921

regelrechten Aufruhr innerhalb der Wiener Psychoanalytischen Vereinigung nach Erscheinen des Buches, denn einige Mitglieder hielten das »Originaltagebuch eines halbwüchsigen Mädchens« sofort für gefälscht. Helene Deutsch jedoch konnte die Erregung ihrer Kollegen nicht teilen, sie selbst fand das Buch »psychologisch wahr«, und das genügte ihr[3]. Für sie wie für alle anderen Mitglieder der Psychoanalytischen Vereinigung scheint die Identität der anonymen »Herausgeberin« nie ein Geheimnis gewesen zu sein: Es handelte sich um ein weibliches Mitglied ihres Kreises (das einzige neben Helene Deutsch, die gerade neu hinzugekommen war) – um Dr. phil. Hermine von Hug-Hellmuth, eine ehemalige Physik- und Chemielehrerin, damals 48jährig und alleinstehend, eine Frau aus der »guten Wiener Gesellschaft«, aufgewachsen als Tochter eines Hauptmanns des kaiserlichen Heeres, eine der ersten und wenigen Absolventinnen der Wiener Universität und seit rund zehn Jahren hauptberuflich Psychoanalytikerin.

Warum nun dieses merkwürdige Versteckspiel um die Herausgeberschaft des angeblich authentischen anonymen *Tagebuchs eines halbwüchsigen Mädchens von 11 bis 14½ Jahren*? Was wurde da gespielt? Hermine von Hug-Hellmuth hat zweifellos sehr aktiv mitgespielt: Die Bibliothek der Amsterdamer Psychoanalytischen Vereinigung besitzt ein Exemplar mit der – anonymen – handschriftlichen Widmung: »Herrn Prof. Freud in Verehrung überreicht von der Herausgeberin«. In wessen Interesse lag die Geheimhaltung des Namens? Warum ließ sich Freud als Verleger auf so etwas ein? War es ihm etwa doch nicht ganz wohl bei der Sache? Aber wie paßt das zu seiner Begeisterung, die er in dem im Vorwort zitierten Brief an die Herausgeberin zum Ausdruck bringt?

Jedenfalls erregte das *Tagebuch* dann auch nicht nur die Aufmerksamkeit und Bewunderung einiger literarischer Größen, sondern bald auch das tiefe Mißtrauen einiger wissenschaftlicher Größen der Zeit. Die Skepsis der Wiener Analytiker gegenüber dem Buch war noch intern geblieben, doch als 1920 eine englische Ausgabe erschien, schlug die Angelegenheit bald größere Wellen: Daß der englische Verleger zunächst

3 Deutsch, H., Selbstkonfrontation, München 1975

wegen Veröffentlichung unsittlicher Schriften verklagt werden sollte, konnte man noch als typischen Widerstand einer
»prüden« Gesellschaft gegenüber der Freizügigkeit und »Ehr-
lichkeit« psychoanalytischer Forschung verbuchen. Schwieriger wurde die Sache jedoch, als ein Mitglied der Londoner
Psychoanalytischen Gesellschaft, der Londoner Psychologe
Cyril Burt, zur Auffassung kam, es handle sich bei dem »Originaltagebuch« um eine plumpe Fälschung, und einen entsprechenden Artikel im *British Journal of Psychology* veröffentlichte[4]. Er bewundere den Mut des Verlegers, ein Buch heraus-
zubringen, bei dem sowohl die Autorin als auch die
Herausgeberin anonym blieben, schrieb Burt; und er ließ dabei
durchblicken, daß er persönlich an eine Personalunion von
Autorin und Herausgeberin glaube. Jeder, der sich schon einmal ernsthafter mit der literarischen Ausdrucksfähigkeit von
Schulkindern befaßt habe, erhalte bei der Lektüre des *Tagebuchs* sofort den Eindruck, daß sich hier eine ältere Person
verzweifelt bemühe, ihre früheren Gedanken und Gefühle in
Worte zu fassen. Gegen die Authentizität spreche auch der
künstliche/künstlerische Aufbau des Buches: Alle Personen
werden sorgfältig eingeführt, die Eintragungen richten sich an
eine Freundin, die Schreiberin gibt sich auch im Tagebuch
selbst ein Pseudonym; oft schreibt sie »Briefe« der Freundin
ab, obwohl sie sie doch besitzen müßte. Alles ist romanhaft
aufgebaut; die Handlung beginnt mit dem Eintritt der Freundinnen ins Lyceum, erreicht den Höhepunkt mit der Krankheit
und dem Tod der Mutter und endet folgerichtig mit der Heirat
der geliebten Lehrerin und dem Tod des Vaters. Anders als bei
authentischen Tagebüchern beständen auch keine nennens-
werten zeitlichen Lücken; und anders als in echten Jugendta-
gebüchern sei schließlich auch die Sprache: Die Art der Sätze
und die Länge der Einträge sei mit den Leistungen normaler
Mädchen dieses Alters kaum zu vereinbaren; manche Einträge
erstreckten sich über mehrere Druckseiten, so daß ein normal
bis überdurchschnittlich begabtes Kind bei einer Schreiblei-
stung von 400 Wörtern pro Stunde rund fünf Stunden an einem
Tag geschrieben hätte. Doch nicht nur die Form, auch der In-

---

4 British Journal of Psychology, 1920

halt stehe – so Burt – in Widerspruch zur angeblichen Authentizität des Tagebuchs. Zumindest jedenfalls müsse man feststellen, daß die Ausschließlichkeit, mit der über drei Jahre
hinweg Tag für Tag nur das eine Thema der sexuellen Aufklärung behandelt werde, auf einen pathologischen Zustand des
Mädchens schließen lasse. Doch hatte sich Burt offensichtlich
nicht damit begnügt, Mutmaßungen über die Herausgeberin/
Schreiberin des *Tagebuchs* anzustellen, sondern auch versucht, über den Verleger offiziellere Auskünfte zu erhalten. Es
scheint so, daß ihn Freud an ein »kompetenteres Mitglied seines Kreises«, das heißt eben an Hermine von Hug-Hellmuth,
verwiesen hatte. Diese nun bezog sich in den Antworten auf
seine Fragen weiterhin auf die »Herausgeberin« in der dritten
Person und benahm sich im weiteren so merkwürdig, daß Burt
seinen Verdacht nicht los wurde, mit der Herausgeberin und
Schreiberin in einer Person in Kontakt zu sein!

Eine peinliche Situation, die wohl kaum zu retten war, ohne
Freud als Mitwisser bzw. -verantworter eines wissenschaftlichen Etikettenschwindels in Mißkredit zu bringen. – Oder
doch? Hermine von Hug-Hellmuth versuchte jedenfalls, noch
alles zu retten. In einem Brief an den Herausgeber des *British
Journal of Psychology* meldete sie sich plötzlich als Herausgeberin mit ihrem Namen zu Wort: Unter Hinweis auf ihren
guten Namen in der psychoanalytischen Forschung und auf
ihre persönliche Bekanntschaft mit Freud (!) versichere sie,
daß es sich um ein Originaltagebuch handle; außer den Perso-
nen- und Ortsnamen und dem Berufsstand des Vaters der
Schreiberin habe sie nichts verändert. Im übrigen verweise sie
auf das Vorwort zur dritten Auflage des Buches, die derzeit im
Druck sei; darin mache sie für alle, die das Buch zu »ernsthaf-
ten Studien« verwendeten, »bestimmte Angaben«, schreibt sie
geheimnisvoll in ihrem Brief, den der Herausgeber mit einem
sehr höflichen, doch bestimmten Kommentar Cyril Burts über
die Vorgeschichte des Briefes als Leserbrief veröffentlichte[5].

Welche »bestimmten Angaben« wollte Hermine von Hug-
Hellmuth nun machen, um die Authentizität des *Tagebuchs* zu

---

5 Hug-Hellmuth, H., Letter to the Editor / Comments by Cyril Burt, in: British
  Journal of Psychology, 1921

beweisen? Da blieb ihr nur die Flucht nach vorn: die Möglichkeit, sich noch stärker, noch absoluter hinter der Autorität
Freuds zu verschanzen. »Triftige Gründe persönlicher Natur«
erklärt sie kurzerhand, hätten sie bisher daran gehindert, mit
ihrem eigenen Namen für die Echtheit des *Tagebuchs* einzuste-
hen; doch sei ihr dieser Grund weniger schwerwiegend erschienen, »weil ja der größere Name Professor Freuds dafür
bürgte«. Sie habe die Tagebuchschreiberin als 19jährige Pri-
vatschülerin kennengelernt, die sich mit ihrer Hilfe auf das
Abitur vorbereiten wollte, berichtet Hermine Hug weiter.
Dabei habe sie sie »als einen um seines ehrlichen Charakters
willen liebenswerten Menschen« kennengelernt. »Von ange-
nehmem Äußeren, heiterer Sinnesart und gefälligen Umgangs-
formen, war sie eine sympathische Erscheinung«, schreibt sie
und schließt ihre Charakterisierung: »Ihre geistige Begabung
ging keineswegs über das Mittelmaß hinaus ... Eine gewisse
Fahrigkeit und Ungeduld kennzeichneten neben Ehrgeiz ...
ihr Wesen.«

(Die nur durchschnittliche Begabung der Tagebuchautorin
und ihre »Ungeduld« hatte Stefan Zweig in seiner Rezension
hervorgehoben.)

Stärker als der Ehrgeiz des Mädchens sei jedoch ihre Abnei-
gung gegen andauernde geistige Anstrengung gewesen, so
daß sie ihr Ziel, das Abitur zu machen, bald aufgegeben habe.
»Zwei Jahre später« habe sie ihr zugleich mit der Mitteilung
ihrer Verlobung »ein Bündel Tagebuchblätter« gebracht zur
allfälligen wissenschaftlichen Verwertung, »ein recht umfang-
reiches Paket Zettel verschiedenen Formats, zerknittert, teil-
weise verwischt, oft unleserlich in dem echten Gekritzel einer
flüchtigen Kinderhand«. Schon oft habe sie von Analysanden
»Herzensergüsse« in Prosa und Poesie erhalten, die ihr dann
aber wertlos, weil zu gekünstelt erschienen seien; nicht so
jedoch diese zerknitterten Zettel ... Natürlich habe sie dem
Mädchen versprechen müssen, »das Original des Tagebuchs zu
vernichten«. Und außerdem: »Das Mädchen hat kein glückli-
ches Ziel erreicht«:

»Bei Ausbruch des Krieges ging die junge Verlobte, die ge-
hofft hatte, das Weihnachtsfest 1914 an der Seite des geliebten
Mannes im eigenen Heim zu verleben, als Krankenpflegerin an

den serbischen Kriegsschauplatz. Körper und Seele waren
aber den ungeheuren Anforderungen des Pflegedienstes nicht
gewachsen; sie erlag dem Ansturm der Erlebnisse in ihrem
neuen Wirkungskreis.«

Und da Hermine von Hug-Hellmuth wohl weiß, daß eine
noch dazu sentimentale und dramatische Schilderung eines
plötzlichen psychogenen Todes der angeblichen »Tagebuchschreiberin« die Zweifel ausräumen kann, solange sie nicht das
Originalmanuskript vorweist, stempelt sie kurzerhand alle
Zweifler zu Neurotikern: »Nun, ich meine, der richtige unver-
besserliche Zweifler würde sich auch durch ein solches Faksi-
mile nicht beruhigen lassen. Ihm ist der Zweifel Bedürfnis, und
darum läßt er sich auch durch ›Beweise‹ nicht überzeugen.«

So unangenehm die Sache nun wohl auch für Freud geworden sein mag – er hielt es wohl für das einfachste, so weiterzu-
machen und Hermine von Hug-Hellmuths Erklärungen einfach
als »offizielle Lesart« der Sache zu propagieren und zu akzeptieren.

Eine enthusiastische Besprechung, die eine Londoner Kolle-
gin Cyril Burts, die Psychoanalytikerin Barbara Low, der englischen Ausgabe des *Tagebuchs* widmete, kam damals den
Interessen Hug-Hellmuths und Freuds sehr entgegen. Wer
über psychologische Kenntnisse verfüge, werde zustimmen,
schrieb Barbara Low im *International Journal of Psychoanalysis*, daß man selten »ein von Grund auf so überzeugendes
Dokument« in den Händen halte, das solchermaßen »den Stem-
pel der Aufrichtigkeit, Wahrheit« und – wie sie hinzufügen
wolle – »Normalität« trage, wie dieses *Tagebuch*. Natürlich
gebe es da einige Probleme, die zu Zweifeln an seiner Echtheit
Anlaß gäben. Aber so seien sie nun einmal, diese Mädchen aus
den kultivierten, intellektuellen österreichischen Häusern,
diese Mädchen, für die dieses eine im *Tagebuch* stehe. Interessant sei vor allem, wie zwiespältig das Mädchen sei: Auf der
einen Seite noch Kind, reizend und babyhaft, »winsome and
babylike«, auf der anderen Seite schon eine Frau mit ihrem
Gefühlsleben – bestimmt für ein tragisches Ende: »a woman in
her emotional life, destined for tragic ends«[6].

6 Low, B., Intern. Journal of Psychoanalysis 12, 1921

Die Frau als tragische Heldin; oder: Tragik quasi als We-
sensmerkmal der Weiblichkeit – war dies die »Wahrheit«, die
»Normalität«, auf die sich Freud, Hermine von Hug-Hellmuth
und die Rezensentin Barbara Low einigen wollten? Hermine
von Hug-Hellmuth jedenfalls ging diesen Weg zu Ende. Sie
starb ein Jahr nach Erscheinen des Artikels von Barbara Low
den tragischen Tod durch die Hand ihres achtzehnjährigen
Neffen, der sie bei einem nächtlichen Einbruch in ihre (ihm
verbotene) Wohnung – erwürgte: »A woman in her emotional
life ...«

Im Jahr 1927, drei Jahre nach dem Tod Hermine von Hug-
Hellmuths, beschloß der Wiener Mittelschullehrer Josef Krug,
die Kontroverse um die Echtheit des »*Tagebuchs*« endlich
einer Entscheidung zuzuführen. Allein aufgrund des Vorworts
der Herausgeberin zur 3. Auflage – so Krug – könne nun endlich der Indizienbeweis gegen die angebliche »Echtheit« des
Tagebuchs geführt werden, und zwar anhand eines unschein-
baren, doch unabweisbar zentralen und vor allem objektiv
nachprüfbaren Details: allein anhand der Zeitangaben im »*Tagebuch*«. Die Zeitangaben im Vorwort ergäben ein Entste-
hungsdatum des »*Tagebuchs*« zwischen 1903 und 1908. Einige
Tagebucheintragungen stehen mit dieser Datierung jedoch in
unauflösbarem Widerspruch. So berichtet die Schreiberin
schon im ersten Jahr von Schulnoten nach einer Skala, die erst
im Schuljahr 1908/09 eingeführt wurde, benutzte schon im
zweiten Jahr einen öffentlichen Fernsprecher, obwohl der
erste öffentliche Apparat erst 1908 aufgestellt wurde, sie berichtet an mehreren Stellen von »militärischen Fliegern«, an
einer Stelle sogar von einem »Trupp Offizieren vom Flug-
korps«, obwohl das österreichische Militärflugwesen erst ab
1909 aufgebaut wurde usw. Auch die Datierung der Wochen-,
Feier- und Ferientage im *Tagebuch* verstößt gegen alle kalen-
darischen Gesetzmäßigkeiten, stellte Krug fest. So datieren die
Ostersonntage in den drei aufeinanderfolgenden Jahren am
15., 16. und 17. April – eine Abfolge, die niemals vorkommen
kann und im fraglichen Zeitraum auch kaum ähnlich war. Auch
bei der Datierung der anderen Festtage bleiben alle Kalender-
regeln unbeachtet; selbst die Abfolge der Wochentage erweist

sich über keinen längeren Zeitraum hinweg als widerspruchs-
frei[7].

In einer Anmerkung zu Krugs Artikel stellte die Redaktion
der Zeitschrift, in der Krugs Artikel erschien, eine »Stellungnahme von psychoanalytischer Seite zu Krugs Kritik und Echt-
heitsanzweiflung« in Aussicht. Doch offensichtlich fand sich
auch bei dieser Seite niemand mehr, der nun noch die Authentizität des vorher vielgelobten Buches verteidigen wollte.

Statt dessen erschien im *Börsenblatt des Deutschen Buch-
handels* vom 27. März 1927 ein ganzseitiges Inserat des *Internationalen Psychoanalytischen Verlages Ges.m.b.H.*, das
den Rückzug des Buches aus dem Buchhandel anzeigte: Es
seien Zweifel an der Echtheit des *Tagebuchs* aufgetreten. Leider könne die Tagebuchschreiberin nicht zur Aufklärung herangezogen werden, da sie schon vor der Veröffentlichung ge-
storben sei. »Ebensowenig die Herausgeberin, die bekanntlich
einem verbrecherischen Anschlag zum Opfer fiel«, heißt es in
diesem Inserat.

»Wer Frau Dr. Hug-Hellmuth gekannt hat, ihren Charakter,
ihre Gewissenhaftigkeit, neigt kaum zur Annahme, daß sie es
war, die an dem ihr von der Urheberin überlassenen Schrift-
stück willkürlich mehr geändert hat, als ihr zur Unkenntlich-
machung der Tagebuchschreiberin unbedingt notwendig
dünkte.

Einem Rätsel gegenüberstehend, muß man also zunächst die
näherliegende Möglichkeit in Erwägung ziehen, ob nicht die
anonyme Tagebuchschreiberin selbst einzelne Stellen nicht in
ihrer »halbwüchsigen Zeit« . . ., sondern im 15. bis 19. Lebensjahre – vor Übergabe des . . .Tagebuchs an Frau Dr. Hug-Hellmuth – eingefügt habe.«

Der Zynismus dieser Erklärung der – anonymen – Verlags-
leute ist kaum zu überbieten: »Wer Frau Dr. Hug-Hellmuth gekannt hat« – wie Freud und alle anderen Leute aus dem Verlag –, der hätte es wirklich wissen müssen, der hätte nicht »vor
einem Rätsel stehen« müssen. Selbst alle diejenigen, die Hermine Hug-Hellmuth nicht persönlich gekannt haben, sondern

nur ihre autobiographischen und autoanalytischen Arbeiten in
den psychoanalytischen Zeitschriften gelesen hatten, selbst
diejenigen hätten es wissen müssen; denn mehr als jeder andere Psychoanalytiker hatte sie sich in diesen Arbeiten persönlich preisgegeben.

Schon allein die äußere Grundstruktur der *Tagebuch*-Hand-
lung hat eine überdeutliche Entsprechung in den autobiographischen Angaben ihrer ersten größeren Arbeit »Über Farbenhören«[8]: Wie Hermine Hug in dieser Arbeit von sich selbst
berichtet, wächst auch die Tagebuchschreiberin in einem »vor-
nehm-bürgerlichen« Milieu auf, das von einer konservativ-mi-
litaristischen Gesinnung geprägt ist; wie Hermine Hug hat
auch die Tagebuchschreiberin eine um zwei Jahre ältere
Schwester, zu der sie in einem ausgesprochenen Eifersuchts-
verhältnis steht; wie die Mutter Hermine Hugs, so erkrankt
auch die Mutter der Tagebuchschreiberin in deren frühen Pu-
bertätsjahren und stirbt schließlich nach langer Bettlägrigkeit;
und wie Hermine Hug hat auch die Tagebuchschreiberin eine
Tante, die mit der Familie im gemeinsamen Haushalt lebt. Und
wer Hermine Hug-Hellmuth auch nur etwas genauer kannte
oder auch nur die autobiographischen Details in ihren kinder-
analytischen Büchern und Artikeln genauer zur Kenntnis genommen hatte und dazu auch nur andeutungsweise mit ihren
privaten Verhältnissen vertraut war – wie man es wohl von
Freud annehmen konnte –, der mußte wohl zwangsläufig zur
Erkenntnis gekommen sein, daß es sich beim *Tagebuch eines
halbwüchsigen Mädchens* um einen eigentlichen Schlüsselro-
man Hermine Hug-Hellmuths handelte, in dem alle Personen
ihrer realen Biographie und alle Aspekte ihres emotionalen
Lebens in mehr oder weniger verschlüsselter Form zum Ausdruck kommen.

Da ist zum Beispiel im *Tagebuch* noch ein älterer Bruder der
Schreiberin, der zwar wenig in Erscheinung tritt, weil er nicht
zu Hause wohnt; er scheint keine direkte Entsprechung in
Hermine Hug-Hellmuths Biographie zu haben, doch trägt er
unverwechselbare Züge der Schwester und von deren Sohn.

8 Hug-Hellmuth, H., Über Farbenhören. Imago 1, 1912

Da ist die geliebte Lehrerin, »dieser süße Engel«, die den
Schuldienst quittiert, um gegen den Willen ihrer Eltern den
»grausamen« jüdischen Professor Th. zu heiraten. In der Realität war Hermine Hug-Hellmuth Lehrerin und hatte 1910,
39jährig, den Schuldienst quittiert, um sich in Arbeitsgemein-
schaft mit ihrem jüdischen Analytiker Dr. Isidor Sadger fortan
ganz der Psychoanalyse zu widmen. Der Hang dieses Analyti-
kers zum Grausamen und Brutalen war damals unter seinen
Kollegen bekannt und unbestritten; und Hermine Hug-Hellmuths enges und äußerst problematisches Verhältnis zu ihm
dürfte wohl keinem aufmerksamen Kollegen entgangen sein.
Und wem schließlich auch Hermine Hug-Hellmuths zwiespäl-
tige, eher negative Einstellung zu Kindern im allgemeinen und
zum Sohn ihrer Schwester im besonderen aufgefallen war,
dem fiel es auch nicht schwer, die Spuren dieser Gefühle auch
im Tagebuch zu finden. Da hütet die Schwester zum Beispiel
mit Freude einen kleinen Knaben aus der Nachbarschaft, was
die Tagebuchschreiberin überhaupt nicht verstehen kann:
». . .sie schleppt ihn herum und vorgestern hat er sie ganz naß
gemacht, das habe ich ihr vergönnt. Denn das hat ihr dann
doch sehr gegraust, denn er hat sie ange . . . Hoffentlich ist sie
jetzt kuriert.«

Auch wer nur etwas genauer über die Personaldaten Hermine Hug-Hellmuths Bescheid wußte, wäre wohl wegen der
merkwürdigen Ähnlichkeiten mit den Daten der Tagebuchschreiberin argwöhnisch geworden: Hermine von Hug-Hellmuth hat am 30. August Geburtstag, die Tagebuchschreiberin
am 30. Juli. Die Tagebuchschreiberin heißt Grete Lainer; *Lei-
ner* ist der Mädchenname von Hermine Hug-Hellmuths Mutter;
»Grete Lainers« Vater kaufte den Adelstitel zurück, so daß die
Töchter dann »Lainer, Edle von Lainsheim« hießen. Hermine
von Hug-Hellmuth hieß eigentlich Hermine Hug, Edle Hug von
Hugenstein; unter diesem Namen war sie auch zunächst in den
Protokollen der Wiener Psychoanalytischen Vereinigung ver-
merkt. Hermine Hug-Hellmuths Vater, Ritter Hugo Hug von
Hugenstein, starb an einem 30. Januar, »Grete Lainers« Vater
an einem 29. Januar. Im *Tagebuch* ist der Tod des Vaters der
dramatische und logische Schlußpunkt. – Man kann sich jedoch
sehr gut vorstellen, daß Hermine Hug-Hellmuth beim realen

Tod ihrers Vaters im Alter von 67 Jahren – sie selbst war damals etwas mehr als 26jährig – diesen Tod ganz ähnlich empfand, wie sie es als »Herausgeberin« des *Tagebuchs* formulierte:

»Mit rauher Hand griff das Schicksal in das Leben der Geschwister ein. Am 29. Jänner brachte die Rettungsgesellschaft den Vater, vom Schlage getroffen, seinen ahnungslosen Töchtern ins Haus...«

In ihrer autobiographischen Arbeit »Über Farbenhören« schildert Hermine Hug die sexuellen Attacken eines alten, in ihrem Hause wohnenden Stabsarztes, die sie verwirrten und belasteten; und sie schildert das heimliche Getuschel mit Freundinnen über sexuelle Dinge – diesen so unheimlichen, geheimnisvollen, streng verheimlichten und doch offensichtlich so zentralen Teil des Lebens. Das *Tagebuch eines halbwüchsigen Mädchens* dient nun ganz offensichtlich der Absicht, dieses Mädchengetuschel einmal laut werden zu lassen. Das Entscheidende daran ist nur, daß dieses Mädchengetuschel dem abgegriffensten Klischee der Männer entspricht, es ist an Dümmlichkeit nicht zu überbieten; es führt nie zu Erkenntnissen, so aufregend und erregend der Inhalt auch ist; es führt nicht zu einer allmählichen echten Aufklärung und Verarbeitung der sexuellen Erlebnisse der Mädchen, sondern im Gegenteil zu einer immer größeren Verwirrung, sowohl was das Sachwissen als auch was die Gefühle betrifft.

»Jetzt weiß ich alles!!!« schreibt »Grete Lainer« zu Beginn ihres ersten Tagebuchjahres (»von 11 bis 12 Jahren«): »Also daher kommen die kleinen Kinder ... Nein, das tue ich nie, ich heirate einfach nicht. Denn dann muß man es tun; es tut furchtbar weh und doch muß man ... Und neun Monate dauert es, bis man das Kind kriegt und dabei sterben viele Frauen. O, das ist gräßlich.« (9. Okt.)

Doch schon am nächsten Tag kommt eine völlig neue Information, die das Mädchen erschüttert: »Das ist gräßlich mit der P.(eriode). Ich kann's gar nicht weiter schreiben ... Und wie das sein muß. Da muß man doch immer Angst haben. *Ströme von Blut* sagt die Hella. Aber da wird ja alles bl ... Und darum hat die Inspee (Schwester) immer das Licht abgedreht ... Pfui

Teufel, ich hätte auf gar keinen Fall hingeschaut. Mit 14 bekommt man es und es dauert bis 20 Jahre.«

Und wiederum zehn Tage später berichtet »Grete Lainer« von der verwirrenden Information einer Schulfreundin, die sagt, »wenn man blaue Ringe hat, hat man *es*, und wenn man ein Kind bekommt, hat man es nicht mehr, bis man wieder eines bekommt. Und sie hat mir auch erzählt, wie man es bekommt, aber das glaube ich nicht recht.«

Und weiter notiert sie in ihrem Tagebuch für ihre Freundin Hella: »Das von Mann und Frau, versteh' ich nicht recht. Sie sagt, es muß jeden Abend geschehen, sonst bekommen sie kein Kind. Und darum stehen die Betten ganz nebeneinander. Und das nennt man *Ehebetten*!! Und es tut so weh, daß man es kaum aushalten kann. Aber man muß, denn der Mann kann einen dazu zwingen... Und die Männer haben *es* auch, aber nur selten.« (21. Okt.)

Und schließlich kommt da noch ein völlig überraschender Aspekt, der sie von neuem erschüttert: »Ich weiß immer noch nicht alles... Die Mali, unser neues Dienstmädchen... hat uns etwas Gräßliches gesagt... Nämlich alle Juden müssen als ganz kleiner eine furchtbar gefährliche Operation durchmachen; es tut schrecklich weh und davon sind sie so grausam. Sie müssen das tun, damit sie mehr Kinder bekommen.« (2. Nov.)

Im zweiten Jahr des *Tagebuchs* wird die Verwirrung noch um eine Drehung weitergetrieben. Einen Anlaß hierzu bietet zum Beispiel ein Erlebnis der Tagebuchschreiberin mit einem Exhibitionisten: »Heute ist der Dora und mir etwas Gräßliches passiert«, beginnt der entsprechende (über 500 Wörter umfassende) Tagebucheintrag. »Ich kann es gar nicht niederschreiben...« Die Schwester sei »sehr nett« gewesen und habe ihr erzählt, daß ihr schon einmal so etwas passiert sei und daß so etwas jedem Mädchen wenigstens einmal passiere; sie selbst habe nach dem ersten Mal einen ganzen Monat nicht mehr schlafen können. Sie habe auch gesagt, solche Männer seien *»nicht normal«*. »Ich weiß nicht recht, was das heißt, aber fragen wollt' ich doch nicht«, berichtet »Grete Lainer« weiter. Überhaupt habe sie auch gar nicht richtig hingeschaut bei dem Mann, im Gegensatz zur Schwester. »Aber die Dora (Schwe-

ster) hat sich geschüttelt und hat gesagt: ›Und *das* muß man
ertragen.‹«

»Und dann sagte sie zu mir im Gespräch, daß die Mama
davon krank ist und weil sie fünf Kinder gehabt hat.«

Und da sei sie (»Grete«) nun so dumm gewesen und habe
gefragt: »›Ja, wieso *davon*? Davon kriegt man doch nicht die
Kinder?‹ ›Natürlich‹, habe die Schwester gesagt, ›ich habe ge-
glaubt, du weißt es schon‹.«

Da sei sie wieder sehr dumm gewesen, »das heißt schon
blöd«. Statt zu sagen, was sie wirklich wisse, habe sie gesagt:
»Jawohl, ich weiß alles, nur das nicht.« Da habe die Schwester
natürlich gelacht und habe gesagt: »Na, da ist es mit euren
Kenntnissen nicht weit her« und habe endlich »*ein paar An-
deutungen*« gemacht. Und wenn das nun wirklich so sei, wie
sie gesagt habe, dann habe sie wohl recht damit, daß man
besser nicht heirate. Doch wisse die Schwester selbst nicht,
was das eigentlich *in dieser Hinsicht* bedeute, »nicht normal«.
»Wir nehmen es jetzt als Zeichen für etwas Greuliches.« Die
Freundin bestätigte die Erklärungen der Schwester: »Die
Hella weiß das auch, daß man *davon* die Kinder bekommt. Sie
hat mir alles erklärt, und jetzt kann ich's wohl begreifen, daß
man davon krank werden muß.« Hella habe ihr gesagt, daß *das*
die Erbsünde sei, die Adam und Eva begangen hätten; dies
hätte »Grete« nun gar nicht vermutet. (26. März)

Auch im dritten Jahr des *Tagebuchs* (»von 13 bis 14 Jahren«)
bildet das Thema Sexualität immer noch – und immer noch
mehr – einen unentwirrbaren Knäuel mit den Themen Krankheit, Sünde, Schuld, Leben und Lust. Sexualität ist immer noch
– und immer mehr – etwas, was sich jedem Begriff und jedem
Begreifen entzieht. Doch erklärtermaßen verwirrt, verunsi-
chert oder in tieferem Sinne ergriffen oder suchend zeigt sich
die Tagebuchschreiberin an keiner Stelle. Es scheint sie nicht
zu stören, daß sich ihre immer neuen »Kenntnisse« nie zu einer
wirklichen Erkenntnis vertiefen. Unbekümmert stolpert sie
immer weiter, von einer neuen »Meinung« zur anderen, immer
darauf gefaßt, das nächste »Gräßliche« zu erfahren und sogleich aufzuschreiben. Die Einbettung ihrer »Erfahrungen« in
das vornehme Offiziersmilieu gibt den Aufzeichnungen des
»halbwüchsigen Mädchens« doch etwas von einer gewissen

»Nettigkeit«, die alles »Gräßliche« etwas zu übertünchen vermag.

Wiederum sticht im dritten *Tagebuch*jahr ein Eintrag quantitativ (mit mehr als 700 Wörtern) besonders hervor. »Grete« beschreibt in diesem Eintrag einen Ausflug, den sie mit dem Vater ihrer Freundin, einem Offizier, unternahm; da sie nicht radfahren konnte wie ihre Kameraden, legte sie die entsprechende Strecke mit ihm per Bahn zurück. Sie schwärmt, wie »großartig« es gewesen sei, mit einem Offizier zu fahren: »Alle Stationsvorstände grüßten, und die Kondukteure wissen gar nicht, was sie machen sollen vor Respekt.« Auch beim Abendessen im Restaurant »kamen gleich alle Kellner angestürzt«. Unvermittelt berichtet die Tagebuchschreiberin von einem Gespräch mit der Freundin am Vorabend. Die Hella habe ihr erzählt, daß ein Cousin, ein angehender Offizier, schon »etwas angesteckt« sei, »es gibt keinen Offizier, der nicht geschlechtskrank ist, und das macht sie eben so interessant . . .«

»Jeder Offizier hat wahnsinnig *gelebt*, so sagt man nämlich in der Umschreibung von geschlechtskrank, und sie würde nie einen Mann heiraten, der nicht vorher *gelebt* hätte.«

Und ebenso unvermittelt fährt die Tagebuchschreiberin wieder fort: »Der Papa von der Hella findet mich *reizend*, er ist übrigens auch großartig nett.« »Reizend« ist hervorgehoben, so daß man annehmen muß, es komme genau auf diesen Wortlaut an.

»Reizend« (zumindest in dieser einen bestimmten Hinsicht) hat auch der Großonkel der Freundin die beiden dreizehnjährigen Mädchen gefunden, so läßt sich weiter aus dem *Tagebuch* entnehmen. Der Großonkel scheint zwar das genaue Gegenteil von Hellas Vater zu sein; er ist kein strammer und angesehener Offizier, er ist krank, im Rollstuhl, doch nicht eigentlich gelähmt, er gehörte eigentlich ins Irrenhaus und ist nur nicht dort, weil es »in Ungarn keine feineren gibt«. Dieser Großonkel nun *stellte* den Freundinnen *nach*. Er stand aus seinem Rollstuhl auf und schaute durch das Parterrefenster, um zu beobachten, wie die Freundinnen aus dem Bett aufstanden und sich wuschen. Es kam gerade noch der Vater der Freundin hinzu und machte natürlich »einen riesigen Skandal«. Und vor dem Essen hörten die Freundinnen gerade noch, wie er zur

Tante Olga sagte: »Das wären gerade schöne Bissen für den alten Schweinigel, solche unschuldigen Kinder, die kämen schön zum Handkuß.« Damit hatte sich Hellas Vater bei »Grete« aber total lächerlich gemacht: »*Wir* und *unschuldige Kinder!!!*«, notiert »Grete« da in das *Tagebuch*. »Beim Essen durften wir uns gar nicht anschauen, sonst wären wir direkt herausgeplatzt mit Lachen!« Es gibt natürlich solche »unschuldigen Kinder«, die Cousine Marina zum Beispiel, »diese falsche Person«, die auch noch am 27. Dezember, am »Tag der unschuldigen Kinder«, Geburtstag hat. Da haben die Freundinnen ihr aber einmal einen Brief geschrieben mit der Anrede »Unschuldiges Kind« und dabei so ein schlechtes K gemacht, daß es aussah wie ein R...« (9. Sept.)

Auch im letzten Halbjahr des *Tagebuchs* (»von 14 bis 14$\frac{1}{2}$ Jahren«) macht die sexuelle Aufklärung der »Grete Lainer« eher Rückschritte als Fortschritte. Wieder berichtet sie von »Gräßlichem« und »Skandalen«, wie beispielsweise von der späten Schwangerschaft der Mutter zweier Freundinnen (»Ich kann nur nicht begreifen, wie so etwas überhaupt sein kann, wenn man schon so alt ist«). Oder sie berichtet von einem Gespräch zwischen zwei Frauen, das sie heimlich belauschte: »Ein Wort nämlich, das sie... 2mal sagten, nämlich *segsuel*, weiß ich nicht... Sie sagte etwas von *segsuellen Verhältnissen*; also wenn etwas von *Verhältnissen* geredet wird, weiß man ja schon, daß es eine Bedeutung hat, aber *segsuel* das ist die Frage...« (9. Aug.)

Da scheint nun keine Steigerung mädchenhafter Dümmlichkeit mehr möglich. Und das *Tagebuch* endet auch bald danach abrupt. Die »Herausgeberin« informiert die Leser über den plötzlichen Schicksalsschlag, der »Grete Lainer« traf:

»Mit rauher Hand griff das Schicksal in das Leben der Geschwister ein. Am 29. Jänner brachte die Rettungsgesellschaft den Vater... seinen ahnungslosen Töchtern ins Haus...

Aus der sorgenden, liebewarmen Atmosphäre der Familie herausgerissen, von der Freundin getrennt, rang... das entsetzte Seelchen der jungen Waise um seinen Frieden...«

Das »entsetzte Seelchen« der jungen Waise »Grete Lainer«/ Hermine Hug rang um seinen Frieden. Doch zweifellos zeigt das *Tagebuch* eher das Ringen darum, ein »Seelchen« zu bleiben, »reizend«, unwissend, verwirrt und hilflos. Hilflos und verwirrt, von ihren Erlebnissen »entsetzt«, war Hermine von Hug-Hellmuth sowohl vor wie nach ihrer Begegnung mit Freud und der Psychoanalyse gewesen. Dabei hatte sie sicher, wie viele Frauen vor ihr, ihre Hoffnung darauf gesetzt, bei Freud beziehungsweise mit Hilfe seiner Psychoanalyse zu ihrem Seelenfrieden finden zu können.

Freud hatte seine Laufbahn mit den »Studien zur Hysterie« (1895) begonnen, die er zusammen mit dem befreundeten älteren Arzt Josef Breuer verfaßt hatte. Freud schildert in diesem Buch die Krankengeschichten von vier allesamt verwirrten und verängstigten jungen Frauen. Der Fall »Katharina« zum Beispiel. Sie war von Freud nicht eigentlich behandelt worden. Die junge Frau, eine Wirtstochter in einem abgelegenen Berggasthof, hatte Freud anläßlich seines Besuches im Gasthof um Rat gefragt, weil sie wußte, daß er Arzt war; denn sie litt an unerträglichen Angstanfällen. Freud hatte damals im Gespräch sehr bald herausgefunden, daß die Angstanfälle »sexueller Natur« waren; sie waren, so stellte er fest, »eine Folge des Grausens..., das ein virginales Gemüt befällt, wenn sich zuerst die Welt der Sexualität vor ihm auftut«[9]. Freud hatte sehr viel Verständnis für dieses »Grausen«, erzählte ihm die junge Frau doch, daß die Anfälle zum erstenmal aufgetreten waren, als sie das Verhältnis ihres Vaters zu einer jungen Verwandten entdeckte und in der Folge die Erinnerung an ihre eigene sexuelle Verführung durch ihren Vater in der frühen Pubertätszeit, die dadurch wieder wach geworden war, abzuwehren versuchte. Am Schluß seines Berichts äußert Freud die Hoffnung, die »Aussprache« mit ihm habe »dem in seinem sexuellen Empfinden so frühzeitig verletzten Mädchen« wohlgetan. Einige Zeilen vorher hatte er noch von der »Beichte« der jungen Frau gesprochen und damit einen Akzent gesetzt, der seine Zwiespältigkeit gegenüber dem Sachverhalt dokumentiert: Sosehr Freud auch wahrnahm, daß das Mädchen durch die sexuelle Annäherung seitens ihres Vaters »in seinem

9 Freud, S., Breuer, J., Studien zur Hysterie, 1895
   vgl. auch Fichtner, G., Freuds »Katharina«, in: Psyche 1985

sexuellen Empfinden frühzeitig verletzt« worden war, so mußte er doch auch gleichzeitig zum Ausdruck bringen, daß das Mädchen etwas zu »beichten« hatte. Damit entsprach er ganz dem Trend seiner Zeit, der Jahrhundertwende, in der die Frau als »geborene Verführerin«, als »Verkörperung der Sünde«, als »reines Sexualwesen«[10] und als »physiologisch schwachsinnig«[11] definiert wurde.

Freud hatte zwar immer gewisse Vorbehalte gegenüber diesen damals populären frauenfeindlichen Lehren, doch mochte er sich offensichtlich ihren »Argumenten« nicht ganz verschließen und entschloß sich, zumindest was die sexuelle Ausbeutung betrifft, schließlich für eine »Schuld« des ausgebeuteten Mädchens.

Natürlich glaubte er gute – wissenschaftliche – Gründe zu haben, ja Gründe, die seine Haltung geradezu als heldenhaft erscheinen ließen: In seinem Essay *Zur Geschichte der psychoanalytischen Bewegung* berichtet er, daß es ihm zunächst so erschienen sei, daß er alle neurotischen Phänomene »auf passive sexuelle Erlebnisse in den ersten Kinderjahren« zurückführen könne. Doch:

»Als diese Ätiologie an ihrer eigenen Unwahrscheinlichkeit und an dem Widerspruche gegen sicher festzustellende Verhältnisse zusammenbrach, war ein Stadium völliger Ratlosigkeit das nächste Ergebnis.«[12]

Gerne hätte er damals seine Arbeit überhaupt abgebrochen, schreibt er weiter, wie so manche andere Forscher, die bei unerwünschten Ergebnissen von weiteren Forschungen absähen. Aber nein: Bald kam die »Besinnung, daß man kein Recht zum Verzagen« habe: »Wenn die Hysteriker ihre Symptome auf erfundene Traumen zurückführen, so ist eben die neue Tatsache, daß sie solche Szenen phantasieren.«

»Es folgt bald die Einsicht, daß diese Phantasien dazu bestimmt seien, die autoerotische Betätigung der ersten Kinderjahre zu verdecken, zu beschönigen und auf eine höhere Stufe

---

10 Weiniger, O., Geschlecht und Charakter, Wien 1940
11 Möbius, P.J., Über den physiologischen Schwachsinn des Weibes, Halle 1919
12 Freud, S., Zur Geschichte der psychoanalytischen Bewegung, in: Selbstdarstellung, 1914

zu heben, und nun kam hinter diesen Phantasien das Sexualleben des Kindes in seinem ganzen Umfang zum Vorschein.«

Hermine von Hug-Hellmuth hatte die sexuelle Ausbeutung in ihrer Kindheit sicherlich nicht phantasiert; denn zu häufig kommt sie in ihrer autobiographischen Arbeit *Über Farbenhören* auf entsprechende Szenen zu sprechen: Zuerst erwähnt sie einen »alte(n) Stabsarzt, der sich arg gegen das kaum sechsjährige Kind (Hermine) verging«.

Das zweite Mal berichtet sie:

»In die Zeit..., in mein siebtes Lebensjahr, fielen auch die ersten Angriffe des schon erwähnten Stabsarztes. Nun erinnere ich mich eines Vorfalls im Estrich, der mich die Verschiedenheit der männlichen und weiblichen Genitalien ahnen ließ, indem ich aus der o-förmigen Öffnung seiner Hand plötzlich etwas Rotes lugen sah. Wenn mir auch der richtige Zusammenhang fehlte, da ich keinen Bruder hatte und auch sonst in der Familie kein einziger Knabe verkehrte, so fühlte ich instinktiv, daß es sich hier um etwas handle, ›was man niemandem sagen dürfe‹.«

Und an dritter Stelle:

»Ein einziges Mal versuchte er, die Hand des Kindes (Hermine) an seinem Membrum entlang gleiten zu lassen... Ich weiß, daß mir noch lange nachher das Ausklingen einer Glocke und Gläserklingen jene Szene ins Gedächtnis zurückrief. Vielleicht hat die Kristallschale geklirrt, als ich mich losreißen wollte...«

Und so widersprüchlich und unklar diese drei Stellen in bezug auf den äußeren »Sachverhalt« sind, so schildern sie doch gerade dadurch das Erleben eines Kindes, das durch ein Erlebnis verwirrt wird: Das Kind, das noch nicht einmal über den Geschlechtsunterschied Bescheid weiß und von einem erwachsenen, älteren Mann Nähe und Schutz und allenfalls Süßigkeiten erwartet, erfährt, daß der Mann etwas *von ihm* will, das es nicht einschätzen kann und als Bedrohung empfindet. Seine Orientierung fällt plötzlich zusammen, dies um so mehr, als es »instinktiv empfindet«, daß es etwas erlebt, »was es niemanden sagen darf«. »Das Kind erfährt sich als Geheimnisträger, dem die ganze Welt zum Feind wird«, schildert Ur-

sula Baumgardt das Grundempfinden des sexuell ausgebeuteten Kindes[13].

Doch offensichtlich getraute sich Hermine von Hug-Hellmuth nicht ganz, ihre Erlebnisse mit dem alten Stabsarzt so
darzustellen bzw. so stehen zu lassen und zu ihnen zu stehen:
Pflichtbewußt Freuds Theorie der infantilen Sexualität verpflichtet, fühlt sie sich zum »Beichten« gedrängt und überlegt
sich, inwiefern sie die »Täterin« war. Und so fügt sie an die
zuerst erwähnte Stelle die Überlegung an:

»Ob ich nun des Zuckerwerkes halber, das wir auch zu
Hause oft genug bekamen, mich bei ihm einfand, oder ob mich
sein Tun, das über eine gewisse ängstliche Grenze nicht hin-
ausging, lockte. Ich kann mich dessen nicht mehr entsin-
nen...«

Natürlich spreche wohl einiges dafür: Genau aus dieser Zeit
datierten ihre »ersten onanistischen Akte – Klettern an glatten
Baumstämmen«. Und gerade damals versteckte sie sich gerne
unter dem Klavier, wenn ihre Mutter spielte:

»Das Verbergen unter demselben mag wohl eine Symbol-
handlung für den heimlichen Aufenthalt in der Veranda gewesen sein, und wie ich dort mit roten Wangen herauskroch, so
dürft' ich ebenso vom Stabsarzte zu Mama zurückgekommen
sein.«

So konnte Hermine von Hug-Hellmuth weder als Kind noch
als Erwachsene das tatsächlich Geschehene jemandem verständlich machen noch es selbst verstehen. Das Trauma des
Kindes Hermine: Verwirrung, Angst und Einsamkeit verstärk-
ten und verhärteten sich. »Aggression gegen sich selbst und
suizidale Tendenzen werden stärker und gewinnen die Ober-
hand«, schreibt Ursula Baumgardt über die sexuell Ausgebeuteten, denen in einer »Therapie« beigebracht wird, ihre traumatischen Erlebnisse seien das Produkt ihrer eigenen sexuellen Phantasien gewesen. Indem Hermine Hug ihre eigenen
Gefühle immer mehr verriet und die Sichtweise ihrer männlichen psychoanalytischen »Meister« zu ihrer eigenen machte,
verlor sie das Gefühl für sich selbst und fügte sich ganz in eine

13 Baumgardt, U., Sexuelle Ausbeutung von Kindern und Jugendlichen. Überlegungen einer Psychoanalytikerin, in: Pro Juventute, Zürich 1988

patriarchale Ordnung, in der sie sich als Frau vom Mann her zu
definieren hatte.

Während Hermine von Hug-Hellmuth 1912 in ihrer »Selbst-
analyse« *Über Farbenhören* noch leichte Zweifel äußerte, ob
wirklich sie selbst es war, die den alten Stabsarzt »verführte«,
so war sie 1915 (der vermutlichen Entstehungszeit des *Tagebuchs*) offensichtlich schon so weit, daß sie die mögliche »Unschuld« der Mädchen bei der sexuellen Annäherung des Groß-
onkels absolut »zum Lachen« fand. Zwar könnte man noch einwenden, daß die Einstellung der »Grete« aus dem *Tagebuch*
nicht unbedingt Hermine von Hug-Hellmuths Einstellung entsprechen müsse. Ihre 1921 veröffentlichten »*Psychoanalytischen Erkenntnisse über die Frau*«[14] sprechen da jedoch eine
klare Sprache. In diesem Artikel schildert sie die »psychoanalytische Auffassung« der weiblichen Entwicklung: Eine »rein
männliche Periode des weiblichen Kindes«, die sich bei manchen Individuen bis ins dritte, vierte Lebensjahr ausdehne,
werde »durch einen mächtigen Verdrängungsschub der Reifezeit« beendet.

»*Das Mädchen verzichtet auf die männliche Aktivität zugunsten des Mannes*, dessen Aggression im Weibe gerade die
Passivität sucht und hochschätzt« (Hervorhebung HHH).

Das Verhalten des kleinen Mädchens sei das »des in seiner
Passivität und durch sie lockenden Weibes zum Mann«. Und sie
fährt fort:

»Schwäche und Hilflosigkeit sind ihr die geeigneten Mittel,
dem Vater und später dem Vaterabbild ein Feld zur Betätigung
seiner ›männlichen‹ Qualitäten zu öffnen. Und diese Einstellung zum anderen Geschlecht behält die Frau bewußt oder
unbewußt ihr ganzes Leben, sie wirbt geradezu durch ihre
geistige Inferiorität, ja sie läßt sich, wenn sie liebt, auch dort
belehren, wo sie überlegen ist.«

Und wehe, wenn die Frau nicht »liebt«: Dann, so Hug-Hell-
muth, kehre der Sexualneid, der »Männlichkeitskomplex« der
Kinderjahre zurück und nehme bald die »groteske Form des
Männerhasses« an.

14 Hug-Hellmuth, H., Psychoanalytische Erkenntnisse über die Frau, in: Archiv
   für Frauenkunde und Eugenik, 1921

»Und dann bietet sich das häßliche Schauspiel, wie die Frau sich gegen ihre als Minderwertigkeit gefühlte Weiblichkeit aufbäumt.«

Das Ringen der Frau um Gleichberechtigung sei aus ihrer wirtschaftlichen Not nicht restlos zu erklären:

»Zumindest strömt ihr in diesem Kampf aus den *unbewußten* Neidregungen gegen den Mann immer neue Nahrung zu, und auch das Frauenstudium wurzelt zum großen Teil im wiederbelebten *unbewußten* Sexualneid des kleinen Mädchens gegen den Knaben.«

Und Hermine Hug schreckt nicht davor zurück, auch noch hervorzuheben, »daß die Analysen der männlichen Psyche sich im allgemeinen viel komplizierter, interessanter gestalten als die der weiblichen. Die männlichen Analysanden liefern viel reicheres und tieferes Material, verschiedenartigere Verknüpfungen der Ich-Interessen mit den sozialen. Dieser Umstand berechtigt zu dem Schlusse, daß das Binnenleben der Frau, wenn auch in unterdrückter Form, oder vielleicht eben deshalb, weit stärker und ausschließlicher um das Sexualinteresse gravitiert als das des Mannes ...«

Wie sollte sich Hermine von Hug-Hellmuth als alleinstehende, berufstätige und studierte Frau mit diesem Selbstbild wohl fühlen können? Wo sich doch alles in ihrem »Binnenleben« um das »Sexualinteresse« drehte, wo sie doch nur durch den »Besitz« eines Mannes den bitter erlebten Mangel an Männlichkeit hätte ausgleichen können, wo ihr doch nur die Wahl zwischen Selbstaufgabe und Männerhaß blieb?

»Wer so etwas nicht selbst erlebt hat, weiß nicht, wie das alles einen Menschen elend macht. Schließlich steht man vor dem Ende, weil es das einzige Befreiende ist«, las Isidor Sadger aus an ihn gerichteten tagebuchartigen Aufzeichnungen Hermine Hug-Hellmuths im März 1924 im Mordprozeß gegen ihren Neffen vor. Es ging Sadger darum, dem Gericht aufzuzeigen, in welche Verfassung die arme Tante durch das Verhalten ihres ungeratenen jugendlichen Neffen geraten sei.

Isidor Sadger, ein zwar nicht sehr beliebter, doch immer anerkannter Schüler Freuds, war nicht nur der »Freund« und Analytiker Hermine von Hug-Hellmuths, sondern auch der

Vormund ihres Neffen. Vor Gericht plädierte er für die »angeborene moralische Minderwertigkeit« des Achtzehnjährigen, die dieser wohl »von seinem unehelichen Vater« ererbt habe. – Der Neffe war in seinem 9. Lebensjahr verwaist und gegen den ausdrücklichen letzten Wunsch seiner Mutter seitdem der Sorgepflicht seiner Tante Hermine von Hug-Hellmuth unterstellt. – Sadger schilderte dem Gericht, wie der Neffe schon als Fünfjähriger gestohlen habe, wie er quasi ab diesem Zeitpunkt seiner Tante, der Kinderanalytikerin Hermine Hug, das Leben zur Hölle gemacht habe. Ihre – wie man sehe – berechtigten »Vorahnungen« hätten sich nun erfüllt . . .

»Es ist geschehen, wie ein Unglück geschieht«, hatte der Neffe selbst damals vor den Gerichtspsychiatern ausgesagt. »Wenn sich alles wiederholen würde, würde es wieder denselben Abschluß geben; das Ganze war zwangsläufig.«

Die Gerichtspsychiater (und mit ihnen das Gericht) schlossen aus dieser Aussage auf eine außerordentliche Gefühlskälte des Jugendlichen, die die These seines Vormunds Sadger stütze. Man verurteilte den Jugendlichen wegen Mordes zu zwölf Jahren schweren Kerkers, verbunden mit Dunkelhaft und hartem Lager an den Jahrestagen der Tat.

Vor Gericht war das Mitleid auf seiten Hermine Hug-Hellmuths, des Opfers, nicht auf seiten des Täters, des jungen verwaisten und gänzlich schutzlosen Neffen.

Doch auch posthum, vor Gericht, erfuhr Hermine von Hug-Hellmuth nur Mitleid, nicht Verständnis. Wäre es je zur Tat des Neffen gekommen, wenn sie in der Psycholanalytischen Vereinigung Verständnis gefunden hätte? Wenn man ihr dort aus ihrer Verzweiflung heraus zu einem starken weiblichen Selbstbewußtsein verholfen hätte? Hätte alles so zwangsläufig verlaufen müssen, wenn sie ihrem Neffen als starke, selbstsichere und unabhängige Person hätte begegnen können?

Die »psychoanalytische Bewegung« hat ihre erste Psychoanalytikerin Hermine von Hug-Hellmuth heute weitgehend aus ihrer Geschichte ausgeschlossen. Hermine von Hug-Hellmuth hatte alle männlichen Vorurteile über Frauen gespiegelt, ja sich selbst bedingungslos nach diesen Vorurteilen definiert. Unwillentlich und zwangsläufig wurde sie dabei zu einer Kari-

katur ihrer selbst, ein Bild des Schreckens und der Verzweiflung. Das nun hatten die Herren Psychoanalytiker auch nicht
gewollt und wandten sich mit Schrecken ab.

Wir Frauen heute jedoch sollten das Spiegelbild Hermine
von Hug-Hellmuths genau betrachten. Wir sollten hinter ihrer
Maske des dümmlichen kleinen, sexversessenen Mädchens
und der braven »Musterschülerin« Freuds das kleine, verwirrte und ausgebeutete Mädchen erkennen, dem niemand
dabei half, die eigene weibliche Identität zu entwickeln, zu
wahren und zu verteidigen.

Hermine von Hug-Hellmuths *Tagebuch eines halbwüchsigen Mädchens* wurde 1987 im Suhrkamp-Verlag wieder aufge-
legt, neu herausgegeben von Hanne Kulessa. Die Verlags-Wer-
bung benutzt immer noch den Brief Freuds an die »Herausgeberin«: »Das Tagebuch ist ein kleines Juwel ... Ich meine, Sie
sind verpflichtet, das Tagebuch der Öffentlichkeit zu übergeben. Meine Leser werden Ihnen dankbar sein.«

Und im Vorwort zur Neuausgabe schwärmt niemand anders
als Alice Miller, die Analytikerin, die in ihren vielbeachteten
theoriekritischen Büchern den sexuellen Mißbrauch von Kindern zu ihrem Spezialthema und zu einem allgemeinen Diskus-
sionsthema machte, über die Tagebuchschreiberin:

»Die Direktheit, Echtheit, Wärme dieses Mädchens teilt sich
dem Leser in jeder beschriebenen Situation mit, weil sich dieses Kind noch nicht verstecken muß ... Sie war ein geliebtes
Kind, durfte daher liebesfähig werden und durfte sprechen ...«

Hat sich also – aller Aufklärung zum Trotz – in der Wahrnehmung und im Bewußtsein führender Analytikerinnen in den
letzten 60 Jahren eigentlich gar nichts verändert?

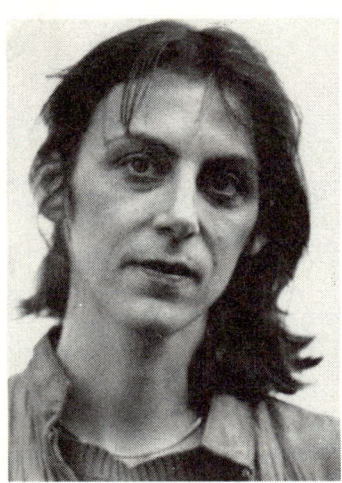

Angela Graf-Nold

geboren 1948 in Freiburg/Br.,
Dr. phil., Studium der Psychologie
in Zürich.
Wissenschaftliche Mitarbeiterin an
der Psychiatrischen Universitäts-
klinik Zürich. 3 Kinder.

Publikationen:
Der Fall Hermine Hug-Hellmuth.
Eine Geschichte der frühen Kinder-
Psychoanalyse. Verlag Internatio-
nale Psychoanalyse, München 1988.
Weiblichkeit in Wissenschaft und
Wissenschaftspolitik am Beispiel
der frühen Kontroverse über das
Medizinstudium der Frauen in
Zürich 1872, in: »Ebenso neu als
kühn«. 120 Jahre Frauenstudium in
Zürich. Efef-Verlag Zürich 1988.

Sonja Rüttner-Cova

Das Sieben-Schwaben-Syndrom

Das Grimm-Märchen »Die Sieben Schwaben« handelt von sieben Männern, die gemeinsam ausziehen, um die Welt zu erobern, und dabei jämmerlich sterben müssen. Erlebnisse und Taten dieser Antihelden eignen sich zur Illustrierung infantiler Ichabwehren, auf die vor allem Männer fixiert sind. Ich stütze mich dabei auf die Ichtriebtheorie Szondis. Im Ichtrieb unterscheidet Szondi zwischen zwei Hauptstrebungen, zwischen Seinsmacht und Habmacht. Diese Machtstrebungen, die sich vielgestaltig manifestieren können, wirken als Schutz- und Abwehrhaltung im Dienst der Selbsterhaltung.

In diesen kurzen Ausführungen versuche ich skizzenhaft einige Ursachen für Fixierungen von unbewußten Ichabwehren bei Knaben und Männern darzustellen. Mir ist aufgefallen, wie gehäuft einzelne Abwehrformen die Psychodynamik von Männern bestimmen und an der Unterdrückung und Entwertung der Frau mitwirken. Ich möchte besonders auf die Ichabwehren: Projektion, Verbrüderung und Idealisierung des Mannes, die ich als »Sieben-Schwaben-Syndrom« bezeichne, hinweisen.

Zuerst will ich einige Situationen in der Ichentwicklung des Kindes hervorheben, die später bei Knaben zum »Sieben-Schwaben-Syndrom« führen können. Im weiteren werde ich mit diesem Märchen, das auch als atypischer Heldenmythos betrachtet werden kann, die Vernetzung von persönlichen Konflikten mit kollektiven Taten aufzeigen. Der Einblick in die unbewußte Verarbeitung individueller, persönlicher Mythen, die in der Kindheit rund um die Mutter entstehen, zeigt, daß alles, was einmal von individueller Bedeutung war, auch Bedeutung im Kollektiv erlangen kann.

Sowohl die persönlichen als auch die kollektiven Mythen
kreisen um Macht und Ohnmacht, um Sein oder Nichtsein, sie
geben dem Grenzenlosen eine Gestalt, dem suchenden, angst-
schweren Ich einen Halt. Mythen helfen von innen nach außen,
sie passen das Außen dem Innen an. Mythen können sehr
hilfreich sein, sie begleiten zuerst das Individuum, dann die
Gruppe in die unbekannte, ungewisse Weite der Zukunft. Mythen können aber auch regressive Ichkräfte fördern und die
Ich- und Gesellschaftsentwicklung hemmen.

Der primäre persönliche Mythos zentriert sich um die Mutter, um kindlich verarbeitete Erlebnisse und Erfahrungen mit
der Mutter. Die Mutterimago gibt dem Chaos unserer infantilen
Trieb- und Gefühlswelt eine erste Ordnung, einen dürftigen
Halt. Aufwachend aus dem symbiotischen Dasein, erlebt sich
das Kleinkind an der Mutter, es macht an ihr, mit ihr die ersten
Erfahrungen von Ich und Du. Es erlebt Macht und Ohnmacht,
Lust und Schmerz im Dialog mit der Mutter. Die Mutter ist das
erste Liebesobjekt, sie ist auch die erste Gesetzgeberin. An ihr
erfährt das Kind Himmel und Hölle, die Qual von Grenzen und
Glück wie Qual der Grenzenlosigkeit.

In den ersten Lebensjahren erschafft sich das Kind eine
innere Bilderwelt, in der das Objekt Mutter noch kaum eine
eigene Wirklichkeit besitzt. Die Mutter wird subjektiv verein-
nahmt. Die allmächtig gestaltete Mutter ist real und irreal zugleich. Real, weil das Kind schutzlos und ausgeliefert ist, irreal,
weil die Mutter als Person mit Eigenleben nicht berücksichtigt
wird. Auf diesen frühen Ichstufen entstehen archaische Mut-
tergestalten, Leitbilder, Bilder der Angst und der Sehnsucht,
die, weil meistens abgewehrt und unbewußt, zu folgenschweren Mißverständnissen führen und am späteren Rollenverhal-
ten mitwirken.

In seinem Wunsch nach Autonomie entwickelt das abhän-
gige Kind verschiedene Ichfunktionen, die es zur Bewältigung
innerer und äußerer Forderungen einsetzt. Eine der frühen
hilfreichen Ichleistungen ist die Identifikation. Aus der Entwicklungspsychologie wissen wir, daß Knaben und Mädchen
eine mutteridentifizierte Phase durchlaufen. Normale Frustra-
tionserlebnisse durch die Mutter fördern im Kind das Gefühl
von Abhängigkeit und Ohnmacht. Aus dieser Not sucht es sich

zu retten, indem es sich mit der »kraftspendenden Mutter«
(s. Puppenspiel) identifiziert. Es glaubt dann beides, Mutter
und Kind, zu sein. Diese im frühen Kindesalter notwendige
Illusion schützt das schwache Ich und dient dem Bedürfnis
nach Selbsterhaltung. Durch die Identifikation mit der Mutter
erlebt das Kind ein Gefühl von Macht und Autonomie.

Doch eines Tages wird dem kleinen Knaben bewußt, daß er
nicht beides, Mutter und Kind, sein kann, ja daß er nie Frau
sein wird. Dies bedeutet, daß er nach den Rangordnungsvor-
stellungen seiner ersten Lebensjahre nie die oberste Stufe
einnehmen kann, daß er nie so mächtig wie die Mutter sein
wird. Diese Erkenntnis wird zur Kränkung, sie löst starke
Neid- und Ohnmachtsgefühle aus, gegen die er sich mit verschiedenen unbewußten Ichabwehren zur Wehr setzen wird.
Der Verlust der Identifikation als Abwehr der Muttermacht
treibt den Knaben auf die Suche nach neuen Vorbildern, er
schafft sich seinen Gegenmythos, den Mythos vom Mann. Die
Ratlosigkeit über sein eigenes Geschlecht läßt ihn die Rolle
der inneren Mutter verdrängen und treibt in der Folge Buben
in Bubenhorden und Männer in Männerbünde.

Die Soziologin und Psychoanalytikerin Ulrike Schmauch
machte während ihrer Arbeit in einer Krabbelstube aufschluß-
reiche Beobachtungen von Angstabwehr bei kleinen Knaben.
Die Ängste vor »weiblicher Übermacht« dominierten das Spiel-
geschehen. »Als Abwehr dieser Ängste sind mir bei den Jungen verschiedene Formen aufgefallen: die aktive Wendung ins
Gegenteil, also aggressives und beherrschendes Agieren in
der Kindergruppe: vorübergehend ausgeprägte Spaltung in
gute und böse Frauenbilder... die Bildung einer ›Brüder-
horde‹, also der langzeitige Zusammenschluß von Jungen, der
Mädchen nahezu hermetisch vom Mitspielen ausschließt.«[1]

Schmauch beschreibt, wie sich die kleinen Knaben im Spiel
gegen die Dominanz der Mutter, der Frauen wehren. »Sie
spielten bestimmende, mächtige und kontrollierende Männer:
Polizei, Feuerwehr, Indianer, die Arbeiter, den Mann, der
etwas macht, dann auch Tiere, zum Beispiel den Wolf, den
Bären (Anm. der Bär gilt als sogenanntes weibliches Symbol,

---

1 Schmauch, U., Anatomie und Schicksal, Frankfurt 1987

kann aber je nach Lebensgeschichte auch männlich sein). Sie
spielten also männliche Gestalten, die Stärke und Macht ver-
körperten, draußen, in der Stadt, in der Ferne und in der Natur.
Je weniger die wirklichen Männer ihnen erfahrbar und nahe
waren, desto enger verbanden sich die kleinen Jungen in der
Gruppe miteinander, zum Teil mit einem Grad von Abhängigkeit, wie ich ihn so ausgeprägt zwischen Mädchen nicht beobachtet habe.«[2]

Diese Spiele und Beziehungsmuster kleiner Knaben, ihre
Ichabwehren wie Verbrüderung, Idealisierung des Mannes,
Entwertung und Entmachtung der Mütter/Frauen, die Spaltung
in gute und böse Frauenbilder machen deutlich, wie sich Knaben auf ihre Geschlechtsrolle vorbereiten. Sie schaffen sich
eine Illusion vom »starken Mann«, sie verschieben gleichzeitig
auch Teile ihrer Mutterimago auf diesen »Mann« und laufen
fortan einem Idealbild nach, das natürlich nie erreicht werden
kann, entsprechend viel psychische Energie verbraucht und
immer größere Leistungen fordert.

So wie in archaischen Kulturen Knaben durch Initiationsriten aus ihren mutteridentifizierten Bildern gerissen werden
mußten (s. Margaret Mead, *Mann und Weib*; Bruno Bettelheim,
Die symbolischen Wunden), so werden auch heute noch Knaben zu Männern gemacht. Was früher nach tradierten Gesetzen
und Riten verlief, entwickelt sich heute entlang unbewußter
individueller Mythen und Ichabwehren, die sich mit der Verbrüderung, mit der Bildung von Männerbünden kollektiv auswirken. Spätestens mit Schulbeginn wird das spielerisch Ein-
geübte aus der Krabbelstube zu einem allgemeinen Verhalten,
das die patriarchale Gesellschaft fördert und legitimiert.

Ich möchte an die Schulzeit erinnern, an die ersten Schul-
jahre, an die Erlebnisse auf dem Pausenplatz, auf dem Schul-
weg. Bestimmt werden Bilder wach, Bilder von Knaben, von
lärmenden Gruppen, die uns Mädchen foppten, schikanierten,
ausstießen oder einfach ignorierten (auf die Rolle von Knaben
als Außenseiter gehe ich in meinem Buch »Der Matriarch« sehr
eingehend ein). Die Tendenz zur Aufspaltung in eine Knaben-
und eine Mädchenwelt, in Bruderhorden und Mädchengrup-

2 ebd.

pen, ging und geht von den Knaben aus. Die Mädchen als
zukünftige Frauen/Mütter werden für die Knaben zu Abbil-
dern des unerreichbaren mütterlichen Vorbilds und wecken
damit deren latente Minderwertigkeitsgefühle. Während diese
an den Mädchen offen ausgelebt werden können, ist es den
Knaben nicht möglich, sie auch an ihren Müttern auszuleben,
einerseits aus Liebe, andererseits aus Abhängigkeit. Die Knaben projizieren zuerst in Mädchen, später ganz allgemein in
Frauen Bilder aus der verdrängten inneren Muttervergangenheit, um sie bald zu bekämpfen, bald voll Sehnsucht zu suchen.

Ich möchte vor allem die Rolle der Verbrüderung hervorheben, weil mit dieser Ichleistung Männer seit Jahrhunderten im
Sog einer Kollektivneurose ihre individuellen Komplexe aus-
agieren können. Das Märchen von den »Sieben Schwaben«
vermittelt ein Stimmungsbild für die Folgen von Verbrüderun-
gen, es widerspiegelt patriarchale Verhaltensmuster:

Da tun sich sieben Männer zusammen, um gemeinsam Abenteuer zu suchen und große Taten zu vollbringen. Zu ihrer Si-
cherheit lassen sie sich einen »recht langen und starken Spieß«
anfertigen, den alle zusammen anfassen können. »Der kühnste
und männlichste« der Sieben wird zum Anführer gewählt und
muß vorn gehen. Der Schwabenbund gerät in verschiedene
Abenteuer, immer sind es harmlose Situationen, die projektiv
verkannt werden. Das Brummeln einer Hornisse wird zum
Kriegslärm, ein gefährliches Ungeheuer entpuppt sich als
harmloser Hase. Am Schluß folgen die Männer ihrem Anführer
in die Mosel und ertrinken.

Das Märchen macht deutlich, wie durch die Verbrüderung,
die der Ichabwehr dient, die Affektivität des einzelnen gestei-
gert und der Intellekt gehemmt wird. Die Führergläubigkeit
führt zu Verdummung, zu projektivem Agieren, bei den
»Sieben Schwaben« sogar zum Tod. Der »lange, starke Spieß«,
der hier als Symbol für eine idealisierte Männlichkeit steht,
schweißt die Männer zusammen, macht den einzelnen aber
blind. Die starke projektive Neigung der Männer, auf die übrigens auch Margarete Mitscherlich hinweist und der die Sieben
Schwaben unterliegen, erklärt sich bestimmt auch aus dem
allgemeinen Verdrängungsverhalten gegenüber der Mutterdo-
minanz. Die vielgestaltige Mutterimago wirkt in der Tiefe des

Unbewußten weiter und nährt den Drang, Feindbilder zu
schaffen. Was ursprünglich unbewußt abgewiesen wurde, übt
in allen Angstsituationen eine Sogwirkung aus.

Die Verbrüderung hat zur Folge, daß sich der einzelne nicht
realistisch mit der eigenen Geschlechtsrolle auseinandersetzt.
Sie überdeckt die unverarbeitete Muttervergangenheit, das
psychische Matriarchat und ermöglicht das Weiterwirken infantiler Ichabwehren wie die Spaltung der Frau in gut und bös
und die Idealisierung des Mannes. Das »Sieben-Schwaben-
Syndrom« beeinflußt seit Jahrhunderten die patriarchalen Kul-
turleistungen und erklärt historische Ereignisse wie zum Beispiel die Hexenverfolgung (Spaltung und Dämonisierung des
Frauenbildes, s. *Frau Holle – Die gestürzte Göttin*); es bildet
auch die Grundlage vieler Philosophien, Religionsvorstellun-
gen und psychologischer Theorien.

Nach Freud ist die Kulturarbeit Sache der Männer, weil
dabei Triebsublimierungen gefordert werden, denen Frauen
kaum gewachsen seien. Wenn wir diese »männliche Kulturarbeit« auf die Ichabwehren Verbrüderung, Idealisierung des
Mannes und projektives Verhalten (Abwehr der Frau) hin
untersuchen, so läßt sich feststellen, daß hauptsächlich agiert
und nur wenig sublimiert worden ist. Der aktuelle Zustand
unserer Gesellschaft lehrt, daß aus dem Spiel in der Krabbelstube bitterer Ernst geworden ist.

Literatur

Bettelheim, B., Die symbolischen Wunden, München 1975
Freud, S., Das Unbehagen in der Kultur, Ges. Werke, Bd. 14, Frankfurt/M.
Brüder Grimm, Kinder- und Hausmärchen
Mead, M., Mann und Weib, Hamburg 1958
Mitscherlich, M., Die friedfertige Frau, Frankfurt/M. 1985
Rüttner-Cova, S., Frau Holle – Die gestürzte Göttin, Basel 1986
Rüttner-Cova, S., Der Matriarch, Basel 1988

Sonja Rüttner-Cova

geboren 1938.
Studium der Tiefenpsychologie am
Lehr- und Forschungsinstitut
Szondi, Zürich.
Diplomierte Tiefenpsychologin
SGST.
Lehr- und Kontrollanalytikerin.
Eigene psychotherapeutische
Praxis.
Seit Jahren intensive Matriarchats-
forschungen.
Zahlreiche Frauen-Workshops,
Kurse, Vorträge, Publikationen.
Bücher: Frau Holle, die gestürzte
Göttin, Basel 1986; Der Matriarch,
Basel 1988

Agnes Wild-Missong

Feministische Psychotherapie mit sexuell traumatisierten Frauen

Als ich vor zehn Jahren von amerikanischen Psychotherapeutinnen erfuhr, wie häufig sie dem Problem des Inzests in ihrer Arbeit begegneten, war ich im ersten Moment äußerst überrascht. Ich kannte das Problem aus meiner eigenen Praxis, aber die Häufigkeit, mit der es angeblich auftritt, war mir neu. Gespräche mit Kolleginnen und Kollegen ergaben das gleiche Bild. Man kannte das Phänomen, aber es war randständig. Erst etwas später setzte dann bei uns ein intensiver Bewußtwerdungsprozeß ein, der durch die Bücher von Alice Miller breite Streuung erreichte.

Heute wird die Problematik öffentlich diskutiert. Man sucht nach neuen Definitionen. Wenn man früher unter Inzest nur den vollzogenen Geschlechtsverkehr zwischen Blutsverwandten verstand, so wird heute auch von inzestuösen Beziehungen gesprochen, wenn es sich um Inzest auf der emotionalen Ebene handelt. Man rechnet jede sexuelle Handlung zwischen einem älteren oder erwachsenen Familienmitglied – oder einer anderen engen Bezugsperson – und einem Kind dazu, wobei der Erwachsene Macht über das Kind ausnützt und es zur Geheimhaltung zwingt. Unter dem sexuellen Trauma versteht man die psychische Verletzung, die durch Inzesterlebnisse entsteht. Das Kind mußte die ausgelösten Gefühle verdrängen.

Über die Häufigkeit des sexuellen Traumas liegen heute Zahlen vor. So weiß man, daß sexueller Mißbrauch in allen sozialen Schichten vorkommt. Russell (1983) führte eine repräsentative Untersuchung an 930 Frauen in San Francisco durch. Sie stellte fest, daß 28 Prozent vor ihrem 14. Altersjahr

sexuell mißbraucht worden waren und 38 Prozent vor ihrem
18. Altersjahr. Herman/Hirschman (1981) berichten von einer
Befragung unter Psychotherapeutinnen und -therapeuten in
den USA, die ergeben habe, daß zwei bis 20 Prozent der hilfe-
suchenden Frauen Inzesterlebnisse gehabt hätten. Seit ich die
große Wahrscheinlichkeit eines sexuellen Traumas im Auge
habe, begegne ich ihm in der Therapie und in der Supervi-
sionsarbeit sehr viel häufiger. Man kann heute davon ausgehen, daß jede dritte Frau in ihrer Kindheit oder Jugend dieses
Trauma erfahren hat und heute noch an dessen Folgen leidet.

(Die veröffentlichten Zahlen hängen davon ab, seit wann
das sexuelle Trauma untersucht wird. Da es derart verheim-
licht wird, kommt der ganze Umfang erst langsam ans Tageslicht. So melden die USA und Holland höhere Prozentzahlen
als noch vor zehn Jahren, als sie anfingen, das Problem zu
untersuchen. Die »kinag« [Schweizerische Kindernachrichten-
agentur] redet von 40 000 bis 45 000 sexuell mißbrauchten Kindern jährlich in der Schweiz.)

Die sexuelle Traumatisierung versteckt sich in vielerlei Ge-
wand, die Erscheinungsform ist oft unspezifisch (Gil, 1983).
Die Symptome, die sich aus dem sexuellen Trauma entwickeln,
müssen nämlich nicht unbedingt Bezug zur Sexualität haben.
Würde man/frau sogleich auf sexuellen Mißbrauch tippen,
wenn eine Bekannte erzählt, sie habe Angst, allein zu Hause zu
sein, oder sie habe das Gefühl, nie erwachsen zu werden? Eine
andere klagt zum Beispiel, sie sei extrem mißtrauisch, oder sie
könne nicht glauben, daß andere es gut mit ihr meinen. Wohl-
verstanden, alle diese Probleme können alle Menschen haben,
aber sexuell Traumatisierte leiden extrem darunter. Besonders häufig klagen betroffene Frauen auch über folgende Probleme:
– Sie haben das Gefühl, nichts wert zu sein.
– Böse und schlecht zu sein.
– Sie leiden darunter, keine Freunde/-innen zu finden.
– Oder wenn sie welche haben, haben sie das Gefühl, ausge-
nützt und wieder verlassen zu werden.
– Viele klagen auch, daß sie geschlagen werden.

Viele dieser Frauen haben extrem schlechte Beziehungen zu
ihren Eltern. Das wird verständlich, weil 75 Prozent der sexu-

ell Traumatisierten von nahestehenden Menschen mißbraucht wurden (Russell, 1983). Sie sind also Inzestopfer.

Viele leiden auch unter Eß- oder Trinkproblemen.

80 Prozent der drogensüchtigen Frauen in den USA sind nachgewiesenermaßen sexuell traumatisierte Kinder (Rush, 1982).

Bei sexuellen Problemen liegt die Vermutung des frühen sexuellen Mißbrauchs natürlich nahe – bei Frigidität oder Scheidenkrämpfen beispielsweise. Aber auch Frauen, die über sexuelle Probleme klagen, haben oft keine Ahnung von dem sexuellen Mißbrauch, der ihnen widerfahren ist. Es ist das am tiefsten verdrängte Trauma.

Viele Frauen wissen aber sehr wohl Bescheid. Sie hüten ihr Geheimnis krampfhaft, bis sie endlich jemanden finden, dem sie es anzuvertrauen wagen. Am Anfang der Therapie schildern Frauen ihre Geschichte oft so, wie wir es in der Brigitte-Dokumentation (1983) nachlesen können. Dazu einige Auszüge:

»Von meinem 5. bis zu meinem 12. Lebensjahr bin ich von meinem Vater sexuell mißbraucht worden. Das so einfach hinzuschreiben, kostet mich eine Anstrengung, die nicht zu beschreiben ist. Ohne in die unappetitlichen Einzelheiten zu gehen, will ich ganz ruhig versuchen, zu beschreiben, was er aus mir gemacht hat. 1. Ich bin wahrscheinlich (bestimmt!) schwer verhaltensgestört. Man könnte sagen, ich lebe ohne jeden menschlichen Kontakt außer durch meinen Beruf. Ich gehe nie von mir aus unter Menschen. Ich habe Angst davor. Meinen ersten sexuellen Kontakt hatte ich mit 25 Jahren. Auch das war keine Offenbarung; überhaupt scheine ich vor allem auf verheiratete Männer anziehend zu wirken – weiß der Teufel warum. 2. Ich rauche sehr stark (gesundheitsgefährdend), allerdings erst seit 16 Jahren, bis dahin habe ich Daumen gelutscht. 3. Ich trinke viel zu viel (regelmäßig $^2/_4$ Wein). 4. Ich reagiere unverhältnismäßig stark auf alles, was ich als Angriff oder Gegnerschaft empfinde. Ich vertraue keinem Menschen und warte eigentlich nur darauf, daß mir etwas angetan wird. 5. Ich habe einen Selbstmordversuch hinter mir. Danach versuchte ein Neurologe, ein Gespräch mit mir zu führen. Ich habe ihn hinters Licht geführt. Er hat nichts von mir erfahren. Ich

wundere mich überhaupt – ich glaube, alle Frauen, Mädchen,
Kinder wie ich entwickeln zu ihrem Schutz eine sagenhafte
schauspielerische Begabung. Soviel ich weiß, ist nie einem
meiner Lehrer oder sonst wem irgend etwas an mir aufgefallen, obwohl ich bei überdurchschnittlicher – so ist es mir gesagt worden – Intelligenz nicht einmal die mittlere Reife ge-
schafft habe und große Schulschwierigkeiten hatte. Als mein
Vater starb, war ich zwölf Jahre alt. Bei der Beerdigung weinte
ich bitterlich! Es war die schiere Erleichterung, als ich den
Sarg sah und wußte: er kommt nie wieder.

Das schlimmste ist das Gefühl, nicht der Mensch geworden
zu sein, der man eigentlich sein sollte. Ein furchtbarer Alptraum liegt über einem. Als Kind hatte ich immer den gleichen
Traum: Etwas Dunkles, Schmutziges, Unförmiges legt sich
über mich und droht mich zu ersticken. Davon bin ich oft
schreiend aufgewacht. Ich habe nie gelebt wie andere. Manchmal habe ich das Gefühl, ich lebe gar nicht richtig, ich schaue
nur zu, wie die andern leben. Ich fürchte mich manchmal in den
Spiegel zu blicken, weil ich denke, ich sehe dort nur einen
fahlen Fleck. Die Furcht, mich jemandem anzuvertrauen, ist
unbeschreiblich.«

Wir hören also hier von ganz abgrundtiefem Haß, von feh-
lendem Vertrauen, von Suchtverhalten. Folgendes Beispiel
(Brigitte-Dokumentation) erinnert an die frühen Fälle von hy-
sterischen Patientinnen Freuds. Es werden rein somatische
Beschwerden geschildert, begleitet von panischen Ängsten:

»Ich weiß nicht mehr, wie ich weiterleben soll – ich bin mit
meinen 37 Jahren wirklich fast am Ende. Seit nunmehr elf
Jahren konsultiere ich Ärzte wie am Fließband und suche
Hilfe. In all diesen Jahren bekam ich regelmäßig zu hören:
›Vegetative Dystonie – organisch gesund‹. Alles fing 1970 mit
einem Tetanieanfall an, unter alles meine ich meine Kranken-
geschichte, die Todesangst bei mir auslöste. Kurz darauf er-
folgte eine Schilddrüsenoperation und im Anschluß daran zwei
weitere Tetanieanfälle. Seit dieser Zeit lebe ich in beständiger
Regelmäßigkeit mit dieser Todesangst, Herzjagen, Herzversa-
gensangst, Herzstolpern, ständigem Schwindel. Seit einigen
Wochen habe ich in Intervallen Taubheitsgefühle und Läh-
mungserscheinungen im Gesicht – und immer die Angst, ent-

weder stündlich einen Herzinfarkt oder einen Schlaganfall zu bekommen: die ständige Wahnsinnsangst, zu sterben. Meine Nerven unter der Kopfhaut spüre ich wie durchlaufende Fernsehwellen. In all diesen Jahren habe ich bei den vielen verschiedenen Ärzten, die mich immer wieder von Kopf bis Fuß untersuchten, so ziemlich alle Psychopharmaka durchprobiert, die es gibt. Sie sind meine treuen Wegbegleiter geworden – ich wage keinen Schritt aus dem Haus, ohne Tabletten bei mir zu haben. Aber mein Zustand wird zunehmend schlechter. Ich kann mit der Angst, vor Angst bald sterben zu müssen, nicht mehr leben.«

Das letzte Beispiel gibt schon einige Hinweise auf therapeutische Kleinarbeit und eine bleibende Narbe:

»Nachts die Alpträume. Im Schlafzimmer meiner Eltern. Dort mußte ich zuhören, wie meine Mutter darunter litt, wenn sie mit Vater schlief. Angst – und noch einmal Angst. Mit 19 habe ich geheiratet. Unsere sexuellen Schwierigkeiten waren perfekt. Nach sieben Jahren Ehe entschloß ich mich zu einer Psychotherapie. Die Jahre davor waren ein Alptraum für mich und meinen Mann und für die Kinder. Depressionen – Selbstmordversuche – Aggressionen: Ich war am Ende. Erst durch mühevolle Kleinarbeit in der Therapie kamen diese Kindheitserlebnisse wieder ans Tageslicht. Ich hatte sie total verdrängt. Ich habe mit meinem Therapeuten diese Situation durchgespielt, sie gezeichnet, die Rollen immer wieder verteilt gespielt. Das tat weh wie ein Rühren in einer eitrigen Wunde. Die Wunde ist nicht mehr eitrig. Aber eine Narbe bleibt. Und die bringe ich nicht mehr weg. Ich bin und bleibe der Mensch mit diesen Erfahrungen.«

Bevor ich konkret auf die therapeutische Arbeit mit sexuell traumatisierten Frauen eingehe, will ich einen theoretischen Exkurs machen, der psychologisch erklären soll, wieso es überhaupt zu Inzest kommt (Wild, 1983). Als klientenzentrierte Therapeutin gehe ich von den von Rogers beschriebenen Wachstumsbedingungen aus: Echtheit, bedingungslose Liebe, einfühlendes Verstehen. Wenn Eltern diese Idealbedingungen bieten könnten, würden Menschen nicht therapiebedürftig, weil sie ihr Selbst frei entwickeln könnten. Das ist leider meist Utopie. Denn Erziehung in unserer Kultur ist Fremdbestim-

mung – ein »falsches« Selbst wird dem jungen, noch nicht
entfalteten Selbst aufoktroyiert. Eltern, die ihr eigenes, falsches Selbst nicht losgeworden sind, geben ihre eigene Traumatisierung durch den unbewußten Wiederholungszwang an
die Kinder weiter. Nur vom Eltern-Selbst abgetrennte Menschen, die ihre eigene Identität gefunden haben, die abgegrenzt sind, werden Eltern sein, die keine »Grenzüberschreitungen« dem Kind gegenüber begehen. Der persönliche und
besonders der intime Raum des Kindes muß respektiert werden, damit das junge Selbst sich bilden kann. Für das gesunde
Wachstum des Selbst ist es auch nötig, daß das Selbst den
Körper in Besitz nehmen darf. Dies wird nicht ermöglicht,
wenn Eltern oder andere mächtige Personen keinen Respekt
vor dem Körper des Kindes haben, sondern eben diesen Körper als Besitz betrachten und für eigene Zwecke mißbrauchen.
Was geschieht da erlebnismäßig für das betroffene Kind? Die
Integration von Selbst und Körper wird verunmöglicht, indem
der Körper geraubt wird. Körper und Gefühle werden gewaltsam getrennt. Die Gefühle, die diese Beraubung auslöst, sind
so unerträglich, daß sie abgespalten bleiben müssen. Das Kind,
welches das erleben muß, gerät »außer sich«, es verläßt seinen
Körper. Das Selbst rutscht ihm weg. Es hat sich verloren. Oder
es erlebt etwas, was es zum Beispiel so beschreibt: »Etwas
wurde mir herausgerissen« (»mein Selbst«). Menschen, die das
erlitten haben, halten Körper und Selbst mühsam zusammen.
Die leiseste Erschütterung – also alles, was erlebnismäßig in
die Nähe dieses Traumas kommt – vermittelt wieder das Gefühl des Sichverlierens, des Auseinanderfallens, Außersichge-
ratens. Diese Menschen halten sich selbst kaum aus, sie müssen aus dem Körper heraus. Sie leben also neben sich oder
müssen diese grauenhaften Gefühle immer von neuem betäu-
ben. Hinzu kommt, daß der sexuelle Mißbrauch immer im Verborgenen und ohne Zeugen stattfindet. Wenn das Kind dann
noch all den Drohungen, Vernebelungen und Verdrehungen
der Wahrheit ausgesetzt ist, gerät es in totale Verwirrung.
Seine Wahrnehmungsfähigkeit wird ihm genommen. Seine
Wahrheit wird als Lüge gebrandmarkt. Seine Welt wird ins
Reich der Irrealität verrückt. Wen wundert es da, wenn es
dann tatsächlich irgendwann »verrückt« wird? Was ist ge-

wöhnlich die Vorgeschichte des Inzests? Lustig u. a. (1966) untersuchten die Familienkonstellation von sechs Inzestfamilien. Sie kommen zu dem Ergebnis, daß Inzest in gestörten Familien entsteht, um bestehende Spannungen abzuwehren und die Integrität des Familienverbandes aufrechtzuerhalten. So passiert der Inzest also oft als Rettungsversuch in einer Familie, die am Zerbrechen ist. Maisch (1972) weist darauf hin, daß Väter, die sich des Inzests schuldig machten, allgemein dazu tendieren, ihre Autorität zu mißbrauchen – und sie versuchen, ihre dominante Position in der Familie aufrechtzuerhalten und die Familienmitglieder zu isolieren. Diese Väter versuchen, eine Form primitiver »Familienordnung« herzustellen. Sie sind absolutistische patriarchalische Väter, die ihre Kinder als persönlichen Besitz betrachten. Die genauere Analyse dieser Väter ergibt, daß sie selbst Menschen sind, die sich nicht in andere einfühlen können, weil sie auch ein gespaltenes Selbst haben. Das heißt, daß ihre sexuellen Empfindungen von der ganzen Person abgespalten sind. Die Mütter in diesen Familien sind meist sehr distanziert, die Väter kümmern sich daher liebevoll um das Baby. Das Kind ist auf die Liebe angewiesen und nimmt Zuwendung dankbar entgegen. Im Zuge der liebevollen Pflege entwickelt der Vater vielleicht sexuelle Phantasien in bezug auf sein Kind. Sein Blick wird verklärt, abwesend. Das Kind, das Grenzen und Energiefelder empfindet, spürt die Inkongruenz seines Vaters. Es spürt, daß die Handlung und die Gefühle des Vaters nicht übereinstimmen; es gerät in Konfusion. Präziser kann es nicht wahrnehmen, was mit ihm geschieht. Sein Körper aber speichert die Wahrheit. Das Kind spürt also, wenn der Vater in seinen Raum eindringt. Andererseits hat das Kind noch kein Gespür für den Raum eines anderen. Es tappt also gelegentlich in den Raum des Erwachsenen. In diesem Fall wird der sicher abgegrenzte Erwachsene seine eigene Grenze deutlich machen. Der nicht Abgegrenzte wird das Kind zum Beispiel an sich auch sexuell hantieren lassen und später behaupten, das Kind habe ihn verführt. Er mißachtet dadurch sträflich seine Pflicht, seinem Kind zu ermöglichen, einen klaren Raum für sein Selbst zu bilden. Und damit kommen wir jetzt zu den therapeutischen Aspekten. Therapie des frühen sexuellen Traumas erfordert:

– Das Selbst muß wieder in den Körper integriert werden. Die Abspaltung der unerträglichen Gefühle wird langsam überwunden werden. Die Person wird wieder ganz, eine Narbe wird meist bleiben.

– Nur eine Therapiemethode, die den Körper ganz bewußt einbezieht, schafft die Heilung dieses Traumas.

– Nur eine Therapeutin (ein Therapeut), die (der) gut abgegrenzt ist, die (der) keine »Grenzüberschreitungen« begeht, kann einer sexuell traumatisierten Klientin hilfreich sein.

Wenn feministische Psychotherapie gefordert wird, dann mit Fug und Recht für sexuell traumatisierte Frauen. Die Unterdrückung der Frauen in allen Lebensbereichen ist Thema der feministischen Psychotherapie. Im frühen sexuellen Mißbrauch wird das weibliche Selbst nicht nur unterdrückt, es wird zerstört, gebrochen oder wenigstens schwer verletzt. Eine Frau, die in ihrem tiefsten intimen Kern von einem Mann verletzt wurde, läuft bei einem männlichen Therapeuten aus verschiedenen Gründen Gefahr, wieder verletzt zu werden, wie Herman (1981) ausführt. Männliche Therapeuten geraten beim Thema Inzest oft in besondere Probleme. Sie haben Tendenz, sich mit dem Täter zu identifizieren. Es fällt ihnen schwer, die Wut der Klientin zu dulden. Oft stellen sie unpassende Fragen nach der Komplizenschaft der Frau oder fragen sie gar, ob sie nicht doch Gefallen am Geschehen gefunden hat. Aus ihrer eigenen sexuellen Erregung interessieren sie sich für sexuelle Details und verlieren die Seite der Frau und deren Schutzbedürfnis aus den Augen. Diese gängigen Fehler männlicher Therapeuten sind nicht nur dazu angetan, die Frau anzuklagen, und ihr Schuldgefühle zu machen, sondern sie sind eine direkte Wiederholung der inzestuösen Situation: Wieder steht die Frau in Beziehung zu einem machtvollen Mann, der ihr Beschützer sein soll, wieder wird sie verantwortlich gemacht. Männliche Therapeuten müssen große Anstrengungen unternehmen, um sich nicht mit dem Täter, mit der männlichen Rolle zu identifizieren. Tatsächlich tun sie dies aber sehr oft. Sie betrachten die Frauen als schon korrupt und gehen davon aus, ihnen kein neuerliches Leid zuzufügen. Die Klientinnen ihrerseits haben gelernt, Männern gefallen zu müssen – sich brauchen zu lassen, damit sie Zuwendung erfahren. Und dieses

Gebaren kann der Therapeut leicht als Einladung zur sexuellen Verführung mißverstehen. Bezahlte Liebe im Therapiezimmer! Sexuelle Beziehungen mit dem Therapeuten sind für Klientinnen immer verheerend, auch wenn die betreffenden männlichen Therapeuten ihr Handeln als Wohltat für die Frau rationalisieren. Betrug, Enttäuschung, Scham, Wut und Verzweiflung und oft noch totale Hoffnungslosigkeit, je von diesem Trauma befreit zu werden, sind die Folgen. Ohne sichere Abgrenzung ist keine Therapie zu leisten. Der therapeutische Alltag sieht leider völlig anders aus. Sexueller Mißbrauch in der Psychotherapie kommt sehr häufig vor (Freudenberger, 1978). Aus den erwähnten Gründen sind Therapeutinnen zweifelsohne die sicherere Hilfe für sexuell traumatisierte Frauen. Wichtig ist aber, daß sie sich selbst mit dem Problem auseinandergesetzt haben, denn sonst reagieren sie vielleicht mit Abwehr, weil sie selbst eigene Traumatisierungen noch nicht verarbeitet haben, oder sie geraten in Hilflosigkeit und Verzweiflung, sie lassen sich also von eigenen Gefühlen überschwemmen. Therapeutinnen müssen die gute Distanz zum sexuellen Trauma haben: nahe genug sein, um mitzufühlen, distanziert genug, um nicht emotional überwältigt zu werden.

Lassen Sie mich nun auf den Therapieverlauf sexuell traumatisierter Frauen eingehen. Entweder ist der sexuelle Mißbrauch der Klientin bewußt, oder sie kommt mit einem der erwähnten Symptome in Therapie. Das sexuelle Trauma ist in diesem Fall anfänglich total unbewußt, verdrängt. Im Laufe der Therapie mag es bewußt werden – oder auch nicht. Mit der Focusing-Methode ist es möglich, am sexuellen Trauma heilend zu arbeiten, ohne daß die Klientin das Trauma in seinem faktischen Ablauf voll erkennt. Darüber später mehr. Betrachten wir zuerst spezielle Momente, die bei der Bearbeitung des sexuellen Traumas auftreten können. Auch Klientinnen, denen das sexuelle Trauma voll bewußt ist, können oft nur bruchstückartig davon sprechen. Sie erstarren, werden plötzlich sprachlos oder geraten in Panik. Wir als Therapeutinnen sind in diesen Fällen einfach mitfühlend da, warten, drängen nicht, dulden auch Umwege oder einen eventuellen Themawechsel. Wir wissen um die Notwendigkeit des portionenweisen Verarbeitens. Das gilt übrigens für alle Therapien. Häufig minimali-

sieren Klientinnen ihr sexuelles Trauma anfänglich. Sie meinen etwa, es wäre nicht so schlimm gewesen. Damit tragen sie
noch den Schutz, der ihnen als Kind das Überleben ermöglichte. Langsam, Schritt für Schritt, werden sie die verschiedenen Aspekte ihres Traumas ansehen und zulassen können. Das
ist gut so; man kann das nicht alles auf einmal fühlen. Weil es
unerträglich ist, mußte man den Körper ja unempfindlich machen und das Selbst quasi herausnehmen.

Rationalisierungen – etwa: »Wir waren so viele Kinder, da
passierte eben allerlei« – haben die gleiche Funktion. Als Therapeutinnen dürfen wir diese Rationalisierungen nicht als stö-
rende Widerstände verstehen und zu brechen versuchen. Wir
müssen diese Widerstände als Regulatoren verstehen, die
genau so viel Einsicht zulassen, wie gleichzeitig verarbeitet
und integriert werden kann. Wenn wir diese Widerstände prin-
zipiell akzeptieren, können wir im Laufe der Therapie vielleicht zarte Versuche starten, näher ans Thema heranzugehen.
Ein solches Angebot könnte zum Beispiel lauten: »So sehen Sie
es mit erwachsenen Augen. Wollen wir es gemeinsam mit den
Augen des kleinen Mädchens ansehen?« Wir lassen uns dann
vielleicht Szenen schildern und folgen als liebevolle Begleite-
rin. Ein ganz spezielles Problem sexuell traumatisierter
Frauen besteht darin, daß sie nicht vertrauen können. Schließlich wurde ja das Vertrauen zu ihren Nächsten mißbraucht. Das
bedeutet für uns als Therapeutinnen, wir müssen uns des Ver-
trauens würdig erweisen – mehr als in allen anderen Fällen.
Wegen der Angst, wieder ausgebeutet zu werden, brauchen
diese Frauen viel mehr Zeit, um eine vertrauensvolle Beziehung aufzubauen. Wir müssen wirklich untadelig sein, um die
letzte Hoffnung dieser Klientinnen nicht zu zerstören. Ein zentrales Ziel dieser Therapie ist der Aufbau der Fähigkeit, Vertrauen schenken zu können. Wir Therapeutinnen sind Garan-
ten, daß es wirklich Menschen gibt, denen man vertrauen kann.

Der sexuell traumatisierten Frau fehlt das Selbstwertgefühl.
Ihr Selbst wurde tatsächlich nicht wertgeschätzt, im Gegenteil,
es wurde zerstört, und damit wurde diese Frau in ihrem Kern
verletzt. In der Therapie muß dieser verletzte Kern so lange
Wertschätzung erhalten, bis die Klientin ihn selber auch erkennen und schätzen kann – bis sie sich selbst lieben kann.

Oft ist die Erinnerung ans Trauma selektiv. Ein Teil des Geschehens wird erinnert, ein anderer ist verdrängt. In diesen Fällen des halbbewußten Traumas mag es therapeutisch hilfreich sein, das stockende Gespräch mit Focusing weiterzuführen. Die Erinnerung stoppt, aber der Körper hält das nächste Erinnerungsstück gespeichert. Man kann also die Aufmerksamkeit in diesen Fällen auf die aktuelle Körperempfindung – den momentanen felt sense – richten und ihn sprechen lassen. Etwa mit der Anfrage: »Wie fühlt es sich jetzt körperlich für Sie an?« Die Entfaltung dieses felt sense wird in sanfter Weise den nächsten Schritt bringen.

Damit kommen wir zur Therapie des total verdrängten Traumas, bei dem nur Leidensdruck und Symptome vorliegen. In diesen Fällen scheint mir Focusing die Methode der Wahl zu sein, weil es ein natürliches, ganzheitliches Geschehen ist. Focusing ist der Prozeß der erlebten Bedeutungsfindung. Aus diffusen Körperempfindungen (felt sense), einer Art innerer Aura, entfalten sich durch spezifische Aufmerksamkeit Gefühle, Gedanken, Bilder und Erinnerungen in sanfter Weise. Die spürbare körperliche Resonanz vermittelt ein Gefühl von Evidenz, ein »Aha«-Erlebnis.

Focusing bietet folgendes:
– Es arbeitet an der Schaltstelle zwischen Körper und Seele und ermöglicht damit ganz direkt die Integration von Körper und Selbst. Das Erleben des Focusing-Prozesses ist Veränderung und damit ein Stück Heilung.
– Es ist sanft, tastet sich am Widerstand entlang, ohne schmerzhafte Durchbrüche zu provozieren.
– Sein Ablauf ist unsystematisch, oft unlogisch und nie chronologisch.

Damit ermöglicht Focusing eine Heilung ohne lückenlose Aufdeckung der Fakten und ohne Durchstehenmüssen des ganzen Grauens, sondern durch Neuerleben in ganzheitlicher organismischer Weise. In der Focusing-Therapie brechen oft »Erlebensfetzen« vom Trauma durch, die nicht unbedingt zugeordnet werden müssen. Focusing arbeitet »portionenweise« am Trauma. Es tritt so viel vom völlig verdrängten Trauma ins bewußte Erleben, wie gleichzeitig verarbeitet und integriert werden kann. Diese aufsteigenden Gefühle und Erinnerungs-

bruchstücke des Traumas sind nach dem Focusing durchge-
standen. Spürbare Erleichterung tritt ein. Focusing wählt seinen eigenen dynamischen Weg, um das Trauma zu verarbeiten
(Wild, 1983).

In manchen Therapien habe ich mich schon gewundert, wie
sehr das sexuelle Trauma unerkannt bleiben kann, während
ich als Therapeutin es mir aus den »Erlebensfetzen« schon
längst zusammenreimen konnte. Folgendes Beispiel (Wild,
1983) scheint mir ziemlich sicher mit einem sexuellen Trauma
zu tun zu haben. Diese »Erlebensfetzen« brachen nacheinander
durch, die Klientin stellte aber keinerlei Verbindung zu einem
konkreten Vorfall her: »Wie auf dem Sprung – wie im Bett
nebendran – Alarmbereitschaft – Davonrennenwollen – das
Gefühl, in die Enge getrieben zu werden – unter einem Druck
stehen – Wut!!! – wieso kann man mich nicht in Ruhe lassen? –
ich brauche Verständnis.« – Focusing ist ein sehr komplexes
Geschehen, bei dem sich zum Beispiel ein aktuelles Problem
mit einer Körperempfindung verbindet, gleichzeitig tritt ein
Bild von früher auf mit einem sehr bekannten Gefühl. Das alles
wird gleichzeitig ganzheitlich erlebt. Darin steckt unter anderem ein Element des Traumas, das auf diese Weise verarbeitet
wird. So kann das Trauma effektiv heilen, ohne daß es erkannt
wird. Kleindetails der Verletzung werden in Kombination mit
verschiedenen anderen Erlebniselementen verarbeitet, verändert, geheilt. Narben werden lebenslang bleiben. Aber es ist
möglich, die eigene Kraft zu entdecken und ein Leben in innerer Balance zu führen.

Agnes Wild-Missong

geboren 1931 in Wien.
Studium der Psychologie. Promotion 1955.
Ausbildung in Gesprächspsychotherapie, Gründungsmitglied der GwG und SGGT, Ausbilderin dieser beiden Therapieverbände.
Seit 1975 Beschäftigung mit Focusing, das sie im deutschsprachigen Raum bekanntmachte, u.a. durch ihr Buch »Neuer Weg zum Unbewußten. Focusing als Methode klientenzentrierter Psychoanalyse«. Otto Müller Verlag, 1983.

Literatur

Albrecht-Désirat, K., Pacharzina, K. (Hrsg.), Sexualität und Gewalt, Bensheim 1979

Armstrong, L., Kiss Daddy Goodnight, New York 1978

Baumann, M., Sexualität, Gewalt und die Folgen für das Opfer, Wiesbaden 1982

Dorpat, Ch., Welche Frau so geliebt wird wie du, Berlin 1982

Eichenbaum, L., Orbach, S., Feministische Psychotherapie, München 1984

Finkelhor, D., Child sexual abuse, New York/London 1984

Freudenberger, H., The male therapist as a returning patient, Psychiatric New, Oct. 20., page 40, 1978

Gardiner-Sirtl, A., Als Kind mißbraucht, München 1983

Gendlin, E.T., Focusing, Salzburg 1982

Giarretto, H., Integrated treatment of child sexual abuse, Science and Behavior Books, 1982

Gil, E., Outgrowing the pain, San Francisco 1983

Herman, J., Hirschman, L., Father-Daughter-Incest, Cambridge/Harvard 1981

Kardener, S.H., Fuller, M., Mensch, I.N., A survey of physicians' attitudes and practices regarding erotic and non-erotic contact with patients, American Journal of psychiatry, pages 1077–1080, 1973

Kauffman, I., The family constellation and overt incestous relations between father and daughter, in: Bell, N.W., Vogel, E. (eds.), The family, New York 1960

Kempe, R.S., Kempe, C.H. (eds.), Child abuse, London 1978

Leavitt, J., Timpson, J., Bibliography of sexual abuse, California 1979

Lustig, N., A family group survival pattern, Los Angeles 1966

Maisch, H., Incest, New York 1972

Miller, A., Am Anfang war Erziehung, Frankfurt/M. 1980

Miller, A., Du sollst nicht merken, Frankfurt/M. 1981

Miller, A., Die Töchter schweigen nicht mehr, 1982

Mrazek, P. B., Sexual abuse of children in the United Kingdom, pages 147–154, 1983

Porter, R., Child sexual abuse, London/New York 1984

Rush, F., Das bestgehütete Geheimnis, Berlin 1982

Russell, D., Incidence an prevalence of intrafamiliar and extrafamiliar sexual abuse of female children. Child abuse and neglect, pages 133–146, 1983

Sgroi, S.M., Handbook of Clinical Intervention in Child Sexual Abuse, Massachusetts 1982

Trube-Becker, E., Gewalt gegen das Kind, Heidelberg 1982

Weis, K., Die Vergewaltigung und ihr Opfer, Stuttgart 1982

Wild-Missong, A., Neuer Weg zum Unbewußten, Salzburg 1983

Psychologische Beratungsstelle für Frauen, Zürich

Sexualität und Gewalt:
Der Schreck in der Vergewaltigung

»Darf ich mich denn wehren?«

Ausschnitte aus der Paneldiskussion mit den Mitarbeiterinnen
der Psychologischen Beratungsstelle für Frauen, Zürich, Inka
Freye, Michaela Grüntzig, Maria Gubelmann, Maria Mögel,
Elisabeth Wandeler-Deck

Mit dem Panel hatten wir uns ein Werkstattgespräch vorge-
stellt, das einen Einblick in den Stand unser Diskussion
zum Thema Vergewaltigung vermittelt. Unsere theoretischen
Überlegungen und Auseinandersetzungen konzentrierten sich
während der letzten Zeit immer wieder auf diese Problematik.
Es zeigte sich nämlich, daß im Akt der Vergewaltigung schlag-
lichtartig die unlösbare Verquickung von gesellschaftlichen
Herrschafts- und Gewaltstrukturen und individuellem Erleben
und Handeln sichtbar wird.

Folgende These lag der Diskussion zugrunde und war im
Tagungsprogramm abgedruckt:

Wir gehen von einer Erfahrung in Interviews mit vergewaltigten Frauen aus, die den Mann im Moment der sexuellen und/
oder aggressiven Erregung in unheimlicher Weise als einen
Automaten[1], das heißt als mechanisch funktionierend und un-

---

[1] Automat in Anlehnung an Freud in »Das Unheimliche«: Eine mechanische
Puppe. Automat/Roboter/künstlicher Mensch. Dieses Bild umfaßt für uns ein-
drucksvoll viele Aspekte des psychischen Erlebens der Frauen während des
Gewaltakts.

beeinflußbar, erlebt haben. Das Bild des Automaten verweist darauf, daß in der Vergewaltigung auch eine Inszenierung des gesellschaftlichen und emotionalen Verhältnisses zwischen Männern und Frauen stattfindet; präziser gesagt: Bei einer Vergewaltigung fällt in Form eines Sexualaktes die Verwirklichung von Herrschaftsvorstellungen zum Geschlechterverhältnis mit individueller, aber entpersönlichter Gewalterfahrung zusammen. Sexualität und Gewalt erweisen sich da als austauschbar und dem Manne zugeordnet; den Frauen verbleiben Leiden, Schuld, Überwältigtsein und ein merkwürdiges Gefühl der Leere.

Für ein umfassendes Verständnis des Ereignisses Vergewaltigung ist folgendes zu berücksichtigen:
– die Tatsache eines Gewaltaktes
– die objektive oder gesellschaftliche Bedeutung des Geschehens
– die öffentliche Rezeption und Diskussion des Geschehens
– das Erleben der vergewaltigten Frau: Gedanken, Gefühle, Vorstellungen, Ängste, Alpträume
– die Verarbeitung dieses Erlebens durch die Frau
– die Verarbeitung durch die Umgebung
– das Erleben des vergewaltigenden Mannes

Für die Diskussion sind wir davon ausgegangen, *wie* in der wissenschaftlichen und politischen Öffentlichkeit über Vergewaltigung geredet wird. Wir haben uns auch daran erinnert, daß viele Frauen, die nicht vergewaltigt worden sind, Vergewaltigungsphantasien oder Vorstellungen von Vergewaltigungen haben. Dann haben wir angefangen, psychoanalytische Schriften zum Thema Sexualität und Gewalt zu lesen, sowohl Grundlagentexte von Freud selber und später Arbeiten von Analytikerinnen und Analytikern, die Freudsche Konzepte in Frage stellen.

Wenn das Wort Vergewaltigung ausgesprochen oder geschrieben erscheint, wird unausgesprochen ein Sexualakt mitgedacht. In der öffentlichen Rede im Falle von Vergewaltigung wird dann dieses Mitgedachte zum Vordergründigen. In Zeitungen und vor Gericht spricht man nur noch von aufreizendem Verhalten der Frau und sexueller Not des Mannes. Vergewaltigung verdreht sich so zu einer legitimen Form gelebter

Sexualität, ohne die es nicht geht. Es ist das Verdienst feministischer Analyse, unmißverständlich klargestellt zu haben, daß Vergewaltigung vor allem anderen ein Gewaltverbrechen ist, ein Angriff auf die körperliche und psychische Integrität der Frau, ein Versuch, die Dominanz des Mannes mit den Mitteln körperlicher Gewalt herzustellen bzw. wiederherzustellen.

Diese Erkenntnis behält ihre volle Gültigkeit, auch wenn unser Blickwinkel als Psychotherapeutinnen ein anderer ist. Unser Interesse konzentriert sich auf das subjektive Erleben der Frauen: Was spielt sich im Moment der Vergewaltigung in ihnen ab, und wie verarbeiten sie diese Erlebnisse? Auf dieser subjektiven Ebene hat Vergewaltigung doch wieder mit Sexualität zu tun. Wir werden deshalb auch der Frage nachgehen, wie und warum Vergewaltigung in den erotischen Phantasien von Frauen vorkommt und was dies zu bedeuten hat. Unser Bezugsrahmen ist die Psychoanalyse. Die psychoanalytische Begriffsbildung geht vom Individuum aus, und doch ist das Gesellschaftliche nicht ausgeklammert. Die psychische Struktur des einzelnen ist der Niederschlag des konkreten gesellschaftlichen Gefüges, in dem sich das Leben entfaltet. Mit anderen Worten: Im einzelnen zeigt sich immer auch schon das Allgemeine.

Im folgenden haben wir Ausschnitte aus der Diskussion zusammengestellt, die wir nachträglich überarbeitet haben. Den Charakter der gesprochenen Rede haben wir beibehalten.

...Es geht um Macht und Herrschaftsverhältnisse. Es wird Macht ausgeübt von einzelnen und von Gruppen. Diese Erfahrung haben wir alle gemacht. Es läuft darauf hinaus, ein ganz bestimmtes Verhalten anderer zu bewirken oder zu unterdrükken.

...Ein weiterer Gedanke fällt mir noch in diesem Zusammenhang dazu ein: Im Unterschied zur Gewalt ist die Macht etwas, was Zeit benötigt. Gewalt äußert sich unmittelbar, und das zeigt sich auch im Vergewaltigungsakt.

...Was das Entsetzliche beim Erleben von Gewalt ausmacht, ist das heftige und überschwemmende Gefühl, keinen Einfluß auf die gewaltausübende Person nehmen zu können: Der geht jetzt auf mich los, unbeirrbar, gefühllos.

I.

...Ich möchte folgendes aufgreifen, und zwar das Bild vom Automaten: etwas, was nicht beeinflußbar ist, etwas, was geschieht. Du wolltest ja dazu noch einige Gedanken formulieren.

...Ja also das Bild des Automaten. In diesem Bild kristallisiert sich ganz Unterschiedliches. Wenn ein Mensch in sexueller Erregung ist, kann das so erlebt werden, als ob er nicht mehr oder sie nicht mehr ansprechbar wäre, es ist wohl wie ein Wechsel des Aggregatzustandes, und im Moment der Vergewaltigung ist es die aggressive Erregung, die möglicherweise diesen Effekt des Erlebens bewirkt. Und es kann auch vermutet werden, daß in diesem Automaten nicht nur eine Ahnung des triebhaften Geschehens sichtbar wird, sondern auch des Automatischen, was das Gesellschaftliche anbelangt. Im Automaten laufen gespeicherte Prozesse ab. Also daß auch da Mechanismen, ohne daß sie direkt beeinflußbar sind, automatisch ablaufen in dieser Inszenierung, als die die Vergewaltigung auch verstanden werden kann. Als Inszenierung eines gesellschaftlichen Verhältnisses, das als Machtverhältnis verstanden werden muß. Das Geschlechterverhältnis ist immer ein Machtverhältnis. Das ist einmal eine Linie des Verständnisses des Automaten. Jemand, der einem als Automat erscheint, ist auch unheimlich. Das hat mit etwas Beängstigendem zu tun, das nicht passieren soll. Und das hat uns dann dazu geführt, zu schauen, was wird denn sonst noch alles möglicherweise in der Vergewaltigung inszeniert oder überstülpt sich dieser Szene. Etwas, das eventuell auch aus dem inneren Erleben der Frau selbst kommt. Etwas aus ihrem inneren Erleben, aus ihrer inneren Bewegung kommt da also zugleich mit diesem äußeren Angriff auf sie zu.

...Das ist ja wie ein Schnittpunkt. Innere und äußere Realität vermischen sich. Es geht da um die Wahrnehmung der inneren und äußeren Realität und, so wie ich meine, um ihre wechselseitigen Beziehungen. Noch einmal anders gesagt: Die Wahrnehmung der äußeren Realität wird wesentlich durch den Zustand der inneren mitbestimmt. Im Moment des Schrecks können Phantasien mobilisiert werden. Sie können dazu dienen, die äußerst bedrohliche Situation in eine erträglichere umzugestalten. Ich denke da an eine Frau, der es gelang, sich während der Vergewaltigung als unbeteiligte Zuschauerin der Szene zu erleben. Trotz äußerer Passivität versucht sie auf innerlich aktive Weise das Geschehene zu bewältigen. Aber auch verdrängt gehaltene Konflikte können wiederbelebt weren.

...Ich selbst bin mir da aber gar nicht so sicher, ob das im Moment selber geschieht oder ob dieses Wiederbeleben von verdrängt gehaltenen Konflikten nicht doch erst später bei der Verarbeitung des Widerfahrenen sich zeigt.

...Mir kommt dazu in den Sinn, daß Frauen später auch oft von einem Gefühl der Leere sprechen. Könnte das nicht heißen: Ich will mich schützen? Es ist ja nicht so viel passiert, denn da ist ja ein Gefühl der Leere? Ja, das ist ein Dissoziationsprozeß, das heißt ein psychischer Mechanismus, mit dem es zunächst gelingt, alles von sich wegzurücken!... Wie in jedem Schockerlebnis. Das ist eine Möglichkeit, abzuwehren...

Ich möchte noch einmal darauf hinweisen, daß die gängigen Vorstellungen über Vergewaltigung, mit denen Frauen ja vertraut sind, auch nicht dazu beitragen, sie auf die reale Situation vorzubereiten. Die meisten Vergewaltigungen geschehen nicht an einem Ort, wie er in den Medien und damit auch in der Phantasie als zwingend angenommen wird. Die Akteure sind meistens nicht die Behaupteten.

So erweist sich der Gedanke an die Möglichkeit einer Vergewaltigung für den Moment des realen Eintreffens, im Sinne eines vorhergegangenen Probehandelns, meist als wirkungslos bezüglich einer Verringerung des Schreckmoments.

Es gibt ja eine umfangreiche Forschung darüber, was sich psychisch bei einem Menschen in solchen Ausnahmesituationen abspielt.

In einem Bericht über das auf den ersten Blick unverständliche Verhalten und Erleben von Geiseln bei einer Flugzeugentführung werden vier Phasen unterschieden und zusammen als »Stockholmsyndrom« bezeichnet:

1. Unglaube, Verleugnung, das heißt, man hält das schreckliche Geschehen so lange, wie es nur irgendwie geht, von der bewußten Wahrnehmung fern.

2. Danach kommt die Anerkennung der Realität und damit ein absolutes Sich-Konzentrieren auf das Überleben. Dazu werden psychische Mechanismen aktiviert, ohne daß man das bewußt will. In dieser Phase ist das eine Art Gelähmtheit, eine absolute Gefühllosigkeit.

3. In diesem Zusammenhang sprechen die Autoren von einem »psychischen Infantilismus«: Man macht sich völlig abhängig, und zwar innerlich von der Person, die einen in der Gewalt hat. Man klammert sich an die Person, man richtet alle Hoffnungen auf sie. Das kann so weit führen, daß alle, die von außen kommen und sich um die Freilassung der Opfer bemühen, als feindselig erlebt werden, daß man Angst vor ihnen hat. Der Geiselnehmer wird zu der Person, die einen verschont und einen rettet, weil sie die Macht hat zu töten.

4. Ein weiterer Mechanismus: die »pathologische Übertragung«. Das heißt, daß man alles, was negativ ist an diesem Terroristen, der einen in der Gewalt hat, ausklammert, wegschiebt und daß man Gutes an ihm wahrzunehmen beginnt. Das kann soweit führen, daß sich die Opfer in die Täter verlieben, sie sogar im Gefängnis besuchen und daß gleichzeitig alles, was man erwarten würde, nämlich Haß und Wut, unterdrückt wird und scheinbar verschwindet.

Nach der Befreiung treten häufig posttraumatische Streßsymptome auf. Der Terrorist wird weiterhin als allmächtig erlebt, auch wenn er im Gefängnis sitzt oder tot ist. Man lebt mit dem Gefühl, er könne jederzeit wiederkommen, sich rächen und einen in Gewalt nehmen. Dazu gehört ein übermäßig gesteigertes Gefühl der Hilflosigkeit, dazu gehören Angstanfälle, somatische Beschwerden und eine allgemein niedrige Selbstachtung. Von Frauenzentren wie zum Beispiel in Oslo, in dem sehr viel auch therapeutisch mit Frauen gearbeitet wird, die vergewaltigt wurden, ist bekannt, daß Frauen auf Vergewaltigungen in ähnlicher Weise reagieren. Viele Frauen schämen sich dann dafür, verurteilen sich selbst als masochistisch, schwach und hilflos.

...und damit entsprechen sie ja auch wieder einem gesellschaftlichen Bild von Frausein!

...Bei der Aufarbeitung und Integration dieser Erlebnisse ist es dann wichtig, daß die Frauen begreifen können, daß es sich bei ihrer Reaktion eben nicht um eine Art Masochismus handelt, daß sie verstehen können, daß es sich dabei um aktive Überlebensstrategien handelt, daß sie das tun, um zu überleben. Diese Einsicht trägt wesentlich dazu bei, daß die Frauen Gefühle der Hilflosigkeit überwinden können und daß so auch die Allgewalt des Täters überwunden werden kann. Und es ist ganz wichtig, daß die unterdrückte Wut, die die Frau im Moment der Vergewaltigung nicht merken kann und darf, nachher erkannt wird.

...Aber können wir sagen, daß da [bei einer Vergewaltigung] auch Inszenierungen ablaufen? Was passiert eigentlich genau? Es ist natürlich vorstellbar, daß diese Gefühle, die dann entstehen, die ja auch im Zusammenhang stehen mit der eigenen Geschichte, daß die auf Distanz gehalten werden müssen. Das ist durchaus vorstellbar, das wäre einmal eine Möglichkeit. Aber wir können einmal sehen, vielleicht finden wir doch noch andere Ansätze.

...Ich habe jetzt gerade eine Idee gehabt. Die Diskussion wird ja sehr komplex und schwierig. Aber ich möchte wieder ganz naiv, ausgehend von diesem Schamgefühl, fragen: Was wird denn den Frauen alles zugeschrieben? Also, zum Beispiel Ausdauer [im Sinn von alles aushalten müssen, was man ihnen auferlegt], dann eine Sexualität, die in ihnen nur erweckt wird, über die sie nicht selbst verfügen dürfen. Und die eigene Aggression muß sie vor sich selbst verstecken, weil die nicht zu ihr gehören darf! Wenn diese Bereiche in der Vergewaltigung tangiert werden, dann müssen Frauen sich [noch zusätzlich?] schämen, weil sie dann nicht mehr diesen aufoktroyierten Bildern entsprechen.

...Also, mir hat das sehr Eindruck gemacht, als ihr gesagt habt, daß in diesem Ereignis auch sichtbar wird, wie die Frau die Aggression und Lust auch sonst nicht selbst bestimmen kann.

II.

...Es stellt sich die Frage, warum Frauen oft Sexualität und Lust in den eigenen Phantasien mit Vergewaltigungsszenen verbinden, die in der Wirklichkeit mit Angst und Schrecken, also Unlust, verbunden sind. Vielleicht erscheint es anstößig, im Zusammenhang mit Vergewaltigung und realer Gewalt von Phantasien zu hören, die der erotischen Lust dienen? Solche Verknüpfung scheint dem gesellschaftlichen Vorurteil Vorschub zu leisten, daß Frauen vergewaltigt werden wollen!

...Eine Funktion solcher Phantasien ist zum Beispiel, daß sie nicht in sich, also nicht die Schlage- oder Vergewaltigungsphantasien selbst, schon die Lust produzieren, sondern daß sie eine Vorbedingung darstellen, um sexuelle Lust zulassen zu können. Eine Funktion wäre dann zum Beispiel, daß damit in der Phantasie Verantwortung abgegeben werden kann: Die Frau tut es dann nicht selbst, es wird ihr angetan, und so ist sie nicht dafür verantwortlich. Dann ist Sexualität – in unserem gesellschaftlichen Zusammenhang – für sie noch lebbar.

Die ganze Inszenierung in der Phantasie wäre also eine Form, in der etwas aufgehoben ist? Etwas, das in einer anderen Form vielleicht nicht erscheinen kann? Ja, ich vermute, daß Frauen ihre Bestrebungen, sich einer Sache oder einer Person zu bemächtigen, mächtig zu sein, Lust zu erleben, oft in diese Phantasien einfließen lassen. Denn in dieser Form sind sie quasi »erlaubt«, auch wenn diese Phantasien gerade wieder Anlaß zu Schuld- und Schamgefühlen sind.

...Psychoanalytisch betrachtet, heißt es, daß es eine bewußte Vorstellung und einen unbewußten Inhalt gibt. Die unbewußten Wünsche erfahren eine Verkleidung, und dazu werden gesellschaftlich vorgegebene Bilder wie Versatzstücke benützt, weil die Wünsche, die nicht ins Bewußtsein treten dürfen, anstößig sind. Vielleicht noch viel anstößiger als die Phantasievorstellung. Allerdings stellt sich die Frage: Warum wird gerade diese Verkleidung [die Vergewaltigungsphantasie] gewählt und keine andere?

...In diesem Zusammenhang sind wir auf den Begriff der »kolonisierten Phantasien« gekommen. Albert Memmi und Franz Fanon, zwei Befreiungskämpfer und Theoretiker gegen die koloniale Unterdrückung, beschreiben das Beispiel vom Schwarzen, der den Wunsch hat, weiß zu sein, und damit das begehrt, was der Mächtige und Unterdrücker hat: Selbstachtung, und was dem Unterdrückten aberkannt wird: Selbstbestimmung. Die Autoren zeigen, wie im Kolonialismus die Unterdrückung rassistisch legitimiert wird und daß unter diesen Bedingungen der Wunsch des Schwarzen, weiß zu sein, entstehen kann. Dem Unterdrückten wird also die Logik des Kolonialisten aufgezwungen, indem der Kolonisierte seine eigene Hautfarbe in Frage zu stellen beginnt und damit allmählich die Unterdrückung selbst aus dem Blickfeld gerät.

Wir stellen uns vor, daß etwas Ähnliches bei uns mit den Phantasieproduktionen von Frauen geschieht, das heißt, daß sie von außen, von den politischen Verhältnissen her, entscheidend mitbeeinflußt werden.

...Aber das hieße ja, daß Frauen überzeugt sein müssen oder daß es bereits in ihren Phantasien enthalten ist, daß das Erleben eigener Lust, Aktivität oder Macht verboten oder nur über den Umweg Mann oder die Unterwerfung unter einen Mann möglich ist – ganz gemäß der christlichen Maxime: »Wer sich selbst erniedrigt, wird erhöht werden!«

...Also ich glaube, die Allmacht der eigenen Phantasieproduktion ist ja noch größer, wenn sie über eine Unterwerfungsphantasie geht. Es kommt mir so vor, als wenn das Machtverhältnis da auch auf die Spitze getrieben wird.

...daß die Frau dann alle Puppen tanzen läßt, alle Marionetten an den Fäden hat.

...Aber wenn die Unterdrückung selbst inszeniert wird, dann ist sie ja eine doppelte...

...aber eben, wenigstens in der Phantasie, wieder aufgehoben. Aber draußen regnet es!

...Jetzt sprechen wir aber von den Phantasien...

...Ja, aber die Phantasie findet eben in der Realität statt, sie ist nicht abgetrennt davon, oder?

...Da hast du natürlich recht, das ist nicht losgetrennt, und in die Phantasie hakt immer auch ein Stück äußerer Realität ein. So wie wir das eben diskutiert haben, scheint mir das ein Versuch, das Spannungsverhältnis zwischen innerer und äußerer Realität in den Blick zu bekommen. Es wird deutlich, daß es das »private« Individuum gar nicht gibt, sondern daß das Gesellschaftliche schon immer im einzelnen, in der einzelnen drinsteckt; das gilt es aufzuspüren.

...Aber was wird denn aus den Wünschen, aus dem, was

mich treibt und drängt? Was passiert mit der Aggression, was mit der Lust? Das ist die Frage nach den Triebschicksalen, die hier im Moment gar nicht beantwortet werden kann. Aber es ist wichtig, diese Frage immer wieder zu stellen und dran zu bleiben.

III. Maria Goretti: Ein Exkurs ins Heilige

...14 Stiche hat sie bekommen, und im Garten blüht eine weiße Lilie, das gehört auch noch dazu. Die Maria Goretti ist das Mädchen, das Bauernmädchen, oder, ich weiß jetzt auch nicht mehr, ob sie die Magd ist. Sie hat im Haus zu tun. Da kommt der Knecht zurück, und er weiß, sie ist allein da, und jetzt versucht er sie zu packen, ich glaube das Wort Vergewaltigung wurde nicht gebraucht.

...Sicher nicht.

...Und sie wehrt sich, sie wehrt sich, so fest sie kann, und er wird wütend, und sie wehrt sich wieder, und er wird noch wütender, das geht ganz extrem so weiter. Und schlußendlich wird er so wütend, daß er mit dem Messer eben nach ihr sticht, und sie wehrt sich immer weiter, sie erhält dann eben diese 14 Stiche und stirbt. Dann kommt sie zu Tode, ob durch diese Messerstiche, das weiß ich nicht, das steht nicht in der Geschichte. Er bringt sie um, und dann erscheint sie ihm im Gefängnis, worauf er sich bekehrt und sie heiliggesprochen wird.

...Ich habe das Gefühl, das ist es: ohne verführt zu werden, einfach sanft und bewegungslos alles mit sich geschehen lassen, also angefangen von der Arbeit auf dem Bauernhof, und dann kommt der Knecht, und er bringt sie noch um. Für die Tugend, da darf sie dann aktiv werden. Körperlos, als Heilige kommt sie dann zurück, und er ist gerettet.

...Der Mann ist gerettet; seine Seele. Das ist ganz wichtig, das bedeutet doch, er hat eine Biographie, er hat eine Geschichte, und sie ist es, die stirbt.

...Geschichten werden in dieser Art erzählt, verkleidet, die Frau erscheint passiv.

...Mir fällt noch etwas anderes dazu ein: Geschichten solcher Art werden im Religionsunterricht vorgelesen, und dann ist es durchaus möglich, daß sexuelle Phantasien in Gang kommen. Es findet Erotisierung über eine Vergewaltigungsgeschichte statt. Und das geht gleichzeitig mit der Verteufelung der Sexualität einher.

...Ich denke, in dieser Situation drängen sich dann die eigenen Phantasien auf, und ich kann mir vorstellen, daß neben dem Lustvollen auch das Erschrecken über das Auftauchen solcher Phantasien wahrgenommen wird.

...Ja, das könnte zum Beispiel eines dieser Momente sein, wo auch die Kolonialisierung – von daher sind wir ja gekommen – sichtbar gemacht werden kann. Also es ist eine bestimmte Form von Mythos, Heiligengeschichte, die angeboten wird, die dann deine eigenen Phantasien in Gang setzt. Und diese Phantasien haben dann mit dieser Heiligengeschichte schon etwas zu tun.

...Ja, das weißt ja du nicht. Ich habe natürlich gar nichts Heiliges phantasiert.

...Da ist auch der kulturelle Rahmen, nämlich der Unterricht, die Schule, der Religionsunterricht in der Schule, ein erwachsener Mann mit halbwüchsigen Mädchen in einer Klasse. Das wäre dann ja auch eine gesellschaftliche Verdoppelung von vielleicht schon existierenden Phantasien.

...Die Neugier des Kindes, das ausgeschlossen ist, und die Phantasie, wie es die Eltern miteinander treiben. Ist das jetzt eine Vergewaltigung, oder ist es etwas anderes? Mir ist das jetzt im Anschluß an die Geschichte vom Religionslehrer und den Schülerinnen eingefallen.

IV.

Ausgangspunkt dieser Diskussion war für uns die Erfahrung, daß vergewaltigte Frauen den Mann im Moment der aggressiven sexuellen Erregung in unheimlicher Weise als Automaten erlebt haben, das heißt als automatisch funktionierend und unbeeinflußbar. Einerseits verstehen wir das als eine gelungene Abwehr einer bedrohlichen, überwältigenden Realität, andererseits erscheint es uns als ein verdichtetes Bild der gesellschaftlichen Rollen von Frau und Mann. Alle sexuelle und aggressive Erregung ist in diesem Bild oder in diesem

Erleben beim Mann. Die Frau empfindet sich als blockiert, passiv und dem männlichen Verlangen ausgeliefert. Im Schreck verknüpft sich alles und fällt alles auseinander. Das heißt, bewußte und unbewußte Schichten der eigenen Persönlichkeit werden durch die überwältigende äußere Realität mobilisiert. Der Vergewaltigungsakt erschreckt nicht nur durch die äußere Brutalität, sondern auch, weil psychisch Unbewußtes ins Bewußtsein drängt, weil sich Phantasie und Realität vermischen. Dementsprechend vielfältig und widersprüchlich sind auch die Reaktionen, die später bei den Frauen auftreten. Das Spektrum reicht von einem Gefühl der Leere über extreme Angst- und Hilflosigkeitsgefühle, Depression, Haß und Racheimpulse gegen den Vergewaltiger bis zu Schuld- und Schamgefühlen und einer tiefen Verunsicherung über die eigene Identität und Sexualität.

Daß es bei der Vergewaltigung nicht nur um direkte Bedrohung und Gewaltanwendung geht, sondern viel mehr im Spiel ist, wird durch folgende Episode illustriert, die eine von uns an der Beratungsstelle erlebte:

...Eine Frau schilderte aufgeregt und ängstlich am Telefon, ihr Mann habe sie schon mehrmals vergewaltigt und sie müsse weitere Gewaltausbrüche befürchten. Sie bat eindringlich um ein sofortiges Gespräch. Leider konnte ich ihrer Bitte nicht entsprechen und schlug einen späteren Termin vor, mit dem sie sich einverstanden erklären konnte. Ich verstand ihre Not und die Unausweichlichkeit der Situation, rief sie noch einmal an und teilte ihr eine Adresse mit, an die sie sich sofort wenden könne, wenn es notwendig sei. Sie war sehr verstört, ich spürte aber Erleichterung, und sie erzählte mir, daß sie wieder von ihrem Mann bedroht worden sei. Sie beendete ihre Schilderung mit der Frage: »Darf ich mich denn wehren?«

Sie verwirrte mich sehr mit dieser Frage. Gedanken schossen mir durch den Kopf wie »vielleicht lieber doch nicht«, »lieber lassen«. Unsicherheit engte den Blick ein. Ich versuchte wieder klar zu denken, überrannte mit aller Kraft innere Barrieren und rief ihr durch das Telefon zu, als müßte ich auch mich selbst überzeugen: »Natürlich, wehren Sie sich!«

Diese Episode läßt die Tragweite innerer Konflikte, ausgelöst durch Gewalt und Bedrohung, erahnen. Mutig und unerschrocken sollten wir den aufgeworfenen Fragen nachgehen, denn ist nicht schon die Auseinandersetzung mit dem Thema Vergewaltigung, das Erkennen von Zusammenhängen Ausdruck der vorstellbaren, möglichen inneren Haltung: Ich kann mich wehren!

Mitarbeiterinnen:

Inka Freye, Dr. phil. · *Michaela Grüntzig,* lic. phil. I · *Elisabeth Wandeler-Deck,* lic. phil. I
Die *Psychologische Beratungsstelle für Frauen Zürich* besteht in ihrer jetzigen Form seit April 1979. Sie wird vom Verein mit gleichem Namen getragen. Die Stelle selbst ist dadurch geprägt, daß die Mitarbeiterinnen von unterschiedlichen Richtungen her kommen (Soziologie, Architektur, Literaturwissenschaft, Ethnologie) – und zum anderen verschiedene therapeutische Richtungen vertreten: vier Beraterinnen sind Psychoanalytikerinnen, eine ist Gestalttherapeutin.

Literatur

Butzmühlen, R., Vergewaltigung. Die Unterdrückung des Opfers durch Vergewaltiger und Gesellschaft, Gießen 1978

Canetti, E., Masse und Macht, Frankfurt/M. 1980

Chasseguet-Smirgel, J., Zwei Bäume im Garten, München 1988

Devereux, G., Frau und Mythos, München 1986

Ehlert, M., Lorke, B., Zur Psychodynamik der traumatischen Reaktion, Psyche 42 (1988), S. 502–532

Fanon, F., Schwarze Haut, weiße Masken, Frankfurt/M. 1980

Freud, S., Der Dichter und das Phantasieren (1907), in: Gesammelte Werke, Bd. 7, Frankfurt/M.
   Über die allgemeinste Erniedrigung des Liebeslebens (1912), a.a.O., Bd. 8
   Das Tabu der Virginität (1917), a.a.O., Bd. 12
   Trauer und Melancholie (1917), a.a.O., Bd. 10
   Über die weibliche Sexualität (1931), a.a.O., Bd. 14
   Das Unheimliche (1919), a.a.O., Bd. 12
   Ein Kind wird geschlagen (1919), a.a.O., Bd. 12

Friday, N., Die sexuellen Phantasien der Frauen, Reinbek 1980

Graham, Dee L.R., Rawling, E., Rimini, N., Battered Women, Hostages, and the Stockholm Syndrome, Ohio. Unveröffentlichtes Manuskript

Heinrichs, J., Vergewaltigung. Die Opfer und die Täter, Braunschweig 1986

Jacoby, R., Soziale Amnesie, Frankfurt/M. 1978

Lawrenz, C., Orzogowski, P., Das kann ich keinem erzählen, Darmstadt 1988

Memmi, A., Der Kolonisator und der Konlonisierte, Frankfurt/M. 1980

Mitscherlich, M., Zur Psychoanalyse der Weiblichkeit, Psyche 42 (1988)

Sichtermann, B., Vergewaltigung und Sexualität, in: Weiblichkeit. Zur Politik des Privaten, Berlin 1983

Ulman, R.B., Brothers, D., The shattered self, New York 1988

Elisabeth Camenzind

Grundsätzliche Überlegungen zur sexuellen Kindesmißhandlung [1]

Inzest und sexuelle Mißhandlung von Kindern scheint zur Zeit *das* Thema zu sein. Zeitungsmeldungen, Publikationen, Schulungskurse, Tagungen sorgen dafür, daß ein breiter Kreis mit dem Thema konfrontiert und das Tabu gebrochen wird. Manche Menschen fühlen sich unbehaglich bei so viel Publizität angesichts eines so heiklen und komplexen Themas und wehren die Beschäftigung damit ab. Wir wollen hier nicht ausweichen.

I. Grundsätzliche Überlegungen zur sexuellen Mißhandlung
1. Definition und Begriffsdifferenzierung
2. Die Situation des Opfers
3. Inzest im Zusammenhang mit Familienbegriff und Sexualtheorien

II. Überlegungen zuhanden von (Amts-)Vormündern
4. Psychotherapie oder Strafe
5. Die rechtliche Situation von Täter und Opfer

1. Definition und Begriffsdifferenzierung

Für die sexuelle Mißhandlung werden auch die Begriffe: Gewalt, Übergriff, Zugriff, Mißbrauch, Ausbeutung und Inzest verwendet.

[1] Referat, gehalten anläßlich der Arbeitstagung der Schweizerischen Amtsvormündervereinigung am 17. November 1988, Regionalgruppe Ostschweiz.

Inzest wird definiert als sexuelle Handlungen zwischen einem Erwachsenen und einem Kind, wobei es keine Rolle spielt, ob die beiden miteinander verwandt sind. Wesentlich ist die *Autoritätsposition* des Täters (Carl Marquit). Nach Niels Ernst ist Inzest nicht nur eine sexuelle, sondern auch eine *aggressive* Handlung. Das Faktum der Aggressivität ist ein wesentliches Merkmal des Inzests. Übergriff, Mißbrauch, Gewalt, Mißhandlung, Ausbeutung bezeichnen verschiedene Grade der Aggressivität und der Gewalt. Von Gewaltanwendung des Erwachsenen wird gesprochen, weil das Kind oder der Jugendliche abhängig ist, die sexuellen Handlungen nicht voll verstehen kann und daher unfähig ist, seine bewußte Zustimmung zu geben. Das gilt auch für Fälle, bei denen das Kind sogenannt freiwillig in die sexuellen Handlungen einwilligt. Die Verantwortung liegt beim Erwachsenen.

Zum Begriff: *Sexueller Mißbrauch*, sagt Luise Pusch, der »Miß-Brauch« impliziere auch einen »richtigen« Gebrauch von Kindern. Sie rät zu Recht, den Begriff Mißbrauch möglichst zu vermeiden.

2. Die Situation des Opfers

Vorkommen

Laut eines Zirkulars der Kantonspolizei Zürich (1982) sind es jährlich 10000 Kinder, die Opfer von Sittlichkeitsdelikten werden. *40000–45000 Kinder* sind es total in der Schweiz nach Hochrechnungen der Kindernachrichten-Agentur (Kinag AG Bern). Die *Dunkelziffer* ist also hoch. Inzest kommt in allen sozialen *Schichten* vor. Er ist nicht auf Randgruppen beschränkt.

Beide Geschlechter sind als Opfer betroffen, allerdings zu über 90 Prozent Mädchen. *Die Täter* sind in der Regel Männer (über 95 Prozent). *Schon Säuglinge* werden Opfer von sexuellen Vergehen, doch ist es für Inzest typisch, daß er im Alter von ca. acht Jahren (beim Kind) beginnt und sich mit Älterwerden des Kindes bis zum Geschlechtsverkehr steigert (Schweizerischer Kinderschutzbund). Untersuchungen an erwachsenen Frauen ergaben, daß jede dritte oder vierte in der Kindheit sexuell belästigt worden war. Diese Zahlen wären von geringer Bedeutung, wenn der sexuelle Kontakt in der Kindheit als etwas Positives erlebt worden wäre (Mindy Mitnick). Er wurde aber negativ erlebt.

Phantasie oder Wirklichkeit

Als ich solche Zahlen erstmals hörte, war ich nicht nur entsetzt, sondern fragte ungläubig, ob das wirklich möglich sei. Als ich aber begann, die Fälle aus der eigenen Praxis zusammenzuzählen, auch jene, die trotz Verdachts seinerzeit aus Tabugründen nicht angesprochen werden konnten, änderte sich mein Bild. Schließlich wurde mir beim gründlichen Studium von Freuds Arbeit über Hysterie bewußt, daß er den Verdacht über die Häufigkeit des Inzests vor fast 100 Jahren (1896) schon glaubwürdig dargelegt hat. Als Sigmund Freud den Skandal des Inzests aufzudecken versuchte, erlebte er eine Überraschung. Seine Kollegen im Verein für Psychiatrie und Neurologie reagierten auf seinen sorgfältig aufgebauten Vortrag »eisig«. Hinter Freuds Rücken setzte ein Ausstoßungsprozeß ein. Freud schrieb an seinen Freund Fliess: »Ein Vortrag über die Ätiologie der Hysterie im Psychiatrischen Verein fand bei den Eseln eine *eisige* Aufnahme.« Und später: »*Isoliert* bin ich... Es sind irgendwelche Parolen ausgegeben worden, mich zu verlassen, denn *alles fällt ringsum von mir ab*.« Ein paar Monate später ließ Freud seine Erkenntnis fallen, obgleich er überzeugt gewesen war, die Lösung eines »*Jahrtausendproblems*« gefunden zu haben. Eine bittere Erfahrung für Freud, der für seine Arbeit akademische Lorbeeren und einen Lehrstuhl erhofft hatte.

Das Beispiel Sigmund Freud ist instruktiv. An ihm läßt sich verständlich machen, warum die Angst vor der Aufdeckung des Inzests bis heute fortdauert. Die Diplom-Psychologin Helga Saller vom »Deutschen Kinderschutzbund« schreibt: »Ängste hindern Professionelle, sexuelle Ausbeutung als Realität zu sehen, zu benennen und Hilfsangebote zu machen.« Sie nennt unter anderem die Angst, selbst *stigmatisiert* zu werden durch die Beschäftigung mit diesem Thema.

Erkennen und Folgen von Inzest

Der Schweizerische Kinderschutzbund unterscheidet langfristige Folgen und unmittelbare Symptome. Diese lassen sich verschiedenen Kategorien zuordnen. Ich nenne *sieben Kategorien:*

Körperliche Symptome, soziale Auffälligkeiten, Lernstörungen, Verweigerung, Depression, Persönlichkeitsveränderungen, verändertes Sexualverhalten. Ich will von den zahlreichen einzelnen Symptomen einige aufzählen.

Bei den *körperlichen Symptomen* können vaginale und rektale Entzündungen, Verletzungen, Vaginalerweiterung, vaginaler Ausfluß, Unterleibsschmerzen, chronische Blaseninfektionen, Hautkrankheiten, Einnässen, Einkoten, Ekelgefühle beim Essen, Erbrechen, Nahrungsverweigerung, Magerkeit, Eßsucht oder auch Asthma und Schwindelanfälle auf Inzest hinweisen, sofern die Symptome gehäuft auftreten.

Bei den *sozialen Symptomen* können distanzloses, aggressives oder aber überangepaßtes, ängstliches Verhalten vorkommen oder Mißtrauen und Rückzug bis zur Isolation. Manche Kinder können Nähe und Berührung nicht mehr ertragen. Es kommt später zu schwerwiegenden zwischenmenschlichen und sexuellen Problemen.

Auffällig ist oft die *Weigerung,* allein zu bleiben und sich vor anderen auszuziehen (Turnen, Arzt). Manche Kinder reißen von zu Hause aus.

Zur *Depression* gehören: Schlafstörungen, Appetitlosigkeit, Desinteresse, Selbstmordgedanken oder -versuche.

Bei den *Persönlichkeitsstörungen* sehen wir: verletztes Selbstwertgefühl, Schuld- und Schamgefühle, Selbstentfremdung.

Beim *Sexualverhalten* kann es entweder zu einer Steigerung des Interesses am Sexuellen kommen oder aber zur totalen Ablehnung. Manche Kinder fordern andere zu sexuellen Spielen auf oder erzwingen sie sogar. Im Spiel mit Puppen kommt es zu Körperzerstückelungs-Phantasien oder -Handlungen.

3. Inzest, Familienbegriff und Sexualtheorien

Inzest und Familienbegriff

In den Diskussionen und Stellungnahmen zum Inzest sind mindestens vier verschiedene Blickwinkel und Standorte festzustellen: der familiäre bzw. systemische, der individualpsychologische, der sexualtheoretische und der strafrechtliche. Aber einer fehlt in der Diskussion meistens: der historische.

Mich selbst interessiert der historische Blickwinkel, weil er den Blick schärft für die übrigen. Mich interessiert zum Beispiel der historische Hintergrund des Systems Familie. Erst recht, da die Systemtheorie den Inzest als Störung des Familien-Systems auffaßt. Der geschichtliche Hintergrund ist mir auch im Zusammenhang mit einer Gruppe wichtig, die den straffreien sexuellen Verkehr mit eigenen und fremden Kindern fordert, den *Pädosexuellen.* Im Buch »Väter als Täter« ist über diese Gruppe folgendes zu erfahren: »*Die Pädosexuellen...* sind Erwachsene, deren sexuelles Interesse sich ausschließlich auf Kinder richtet. In der Regel sind es Männer. Die Pädosexuellen präsentieren sich selbst als eine zu Unrecht diskriminierte und sozial und strafrechtlich verfolgte Randgruppe, die um ihr Recht kämpft, ähnlich wie die Homosexuellen.«

Mein kleiner historischer Rückblick richtet sich auf den Ursprung des Systems Familie; ein erschreckender Ursprung! Sie erinnern sich, daß nach ältestem römischen Recht der »pater familias« die absolute Herrschaft über Leib und Leben seiner Familie hatte. Es lag in seiner Macht, zu töten, zu verstümmeln, den Leib seiner Leute – auch sexuell – zu benützen, sei er männlich oder weiblich. Das Wort *Familie* ist vom lateinischen »famulus« abgeleitet. Famulus ist der Diener. Die Familie war das sklavische Dienstpersonal des römischen Feudalherrn, bestehend aus einem großen Clan von Männern, Frauen und ihren Kindern. Von dieser ältesten der paternalischen, feudalen Herrschaft haben sich die Menschen glücklicherweise befreit. Auf der anderen Seite müssen wir uns fragen, ob die Familie die Spuren ihrer Herkunft bis heute nicht losgeworden ist, indem manche Männer die Klein-Familie, insbesondere die Kinder, als ihr Eigentum betrachten, wobei Inzest dann als rechtmäßig erscheint. Die Auffassungen der Pädosexuellen gehen eigentlich in diese Richtung. Sigmund Freud hat offenbar recht, wenn er den Inzest als ein in Angriff zu nehmendes *Jahrtausendproblem* sah.

In der heutigen Zeit kommt etwas Neues dazu. Vor hundert Jahren war Sexualität verpönt und wurde ins Heimliche abgedrängt. Seit der »sexuellen Revolution« ist sie zum vermarktbaren Konsumgut geworden, wobei das weibliche Geschlecht vermarktet wird. Der schweizerische Ringier-Verlag verschickt in die hinterste Alphütte Werbeprospekte für sexualsadistische Filme. Selbst Kinder werden im Namen der sexuellen Befreiung verführerisch aufgemacht und den Männern als leicht zugängliches Konsumgut dargeboten. Dies provoziert die Vorstellung, Kinder, speziell Mädchen, seien für Väter sexuell bereit. Wie einfach für Pädosexuelle also, sich die neuen Werbeträger (Video/Film) und die neuen Theorien nutzbar zu machen, zum Beispiel die Theorie von der Befreiung der kindlichen Sexualität, um das eigene Tun zu rechtfertigen und alte Herrschaftsansprüche anzumelden. *Pädosexuelle* verteilen sich heute auf alle Schichten. *Im Januar 1988* war in der Zeitung folgendes zu lesen: »Kinder mißbraucht«. »Vor dem Brüsseler Strafgericht [müssen] sich 14 Personen wegen schweren sexuellen *Mißbrauchs* von zahlreichen Kindern im Alter zwischen fünf und 14 Jahren, wegen Handels mit pornographischen Fotos und Filmen, die mit Kindern gemacht wurden, und wegen damit zusammenhängender *Greueltaten* verantworten.« Dieser Bericht ist ganz besonders brisant, denn die sexuellen Greueltaten wurden in einem sich »wissenschaftlich« gebärdenden Sexualinstitut begangen. Es ist das »Forschungs- und Informationszentrum über Kindheit und Sexualität« in Brüssel. Hier betätigen sich zweifelsohne Pädosexuelle unter dem Deckmäntelchen von Sexualwissenschaft. In den Skandal sind Leute aus vielen Ländern verstrickt, aus den Niederlanden, Frankreich, Großbritannien, der Bundesrepublik Deutschland sowie aus der Schweiz. Darunter über 400 Empfänger von Kinder-Pornofotos, -filmen und -heften. Zahlreiche Kinder seien von den eigenen Eltern gegen Entgelt für sexuellen Mißbrauch regelrecht verliehen worden, heißt es in der Anklageschrift.

Besonders erschreckend an diesem Fall ist die Tatsache, daß Eltern ihre Kinder gegen Entgelt für sexuelle Ausbeutung zur Verfügung stellen und sogar sexuelle Greueltaten in Kauf nehmen, die bei der Herstellung von Pornographie mit Kindern passieren. Diese Leute glauben ein Recht zu haben auf die Körper ihrer eigenen und fremder Kinder, das bis zur sexuellen Versklavung geht. Es liegt bei uns allen, solchen Auffassungen einen Riegel vorzuschieben.

Pädosexualität konkret
Für das Kind ergeben sich zweifellos Probleme, wenn ein Pädosexueller es zum Sexualpartner macht. Bei der Beurteilung der Pädosexualität sind folgende Punkte zu berücksichtigen:

Die *kindliche Abhängigkeit* führt zu einem Machtgefälle. Der Mann kann seine eigenen Wünsche durchsetzen, ohne auf die Gefühle des Kindes Rücksicht zu nehmen. Der Erwachsene will seine Sexualität beim und durch das Kind befriedigen. Daraus geht die Egozentrik des Pädosexuellen und der Ausbeutungs-Charakter dieses Arrangements hervor.

Kinder haben kein Bedürfnis nach Sexualität mit Erwachsenen. Das sexuelle Interesse des Kindes gilt den erogenen Zonen des eigenen Köpers oder denen gleichaltriger Kinder. Die Schau- und Zeigelust beim »Doktorspiel« ist bekannt. Dies darf auf keinen Fall mit der Sexualität des Erwachsenen verwechselt werden.

Kinder haben Ekelgefühle vor den Sexualorganen erwachsener Menschen. In ihren Augen haben diese ein lächerliches Aussehen: Größe, Behaarung, Färbung. Die meisten Kinder empfinden geschlechtsreife Menschen bereits als »alt«. Deren Ausscheidungen (Sperma, Speichel, Zungenkuß) empfinden sie als ekelerregend. Das ist leicht verständlich, sind sie doch nicht im erregten Zustand und dazu ja auch noch nicht fähig. Erst recht schlimm und ekelerregend wird es für ein Kind, wenn von ihm *orale und anale Praktiken* gefordert werden.

Kinder haben Angst vor der sexuellen Erregung, der sexuellen Gier, dem lüsternen Blick des Mannes. Auch die Starre des Gesichts, die fremdartigen Handlungen, die seltsamen Körperbewegungen, das heftige Atmen, die Heimlichkeit des Geschehens machen dem Kinde angst.

Das Kind fühlt sich als Sexualobjekt, es wird zum Gebrauchsgegenstand gemacht. An seinem Körper wird herumgefummelt, ein Mann sucht seine Befriedigung, ungeachtet dessen, ob das Kind es will.

Das *Größenverhältnis* der Körper ist allzu unterschiedlich. Hier ein winziger Mund, ein kindlicher After, eine kleine Vagina. Dort ein erigierter Penis. Der Unterschied der Körpergröße müßte als Warnung vor sexuellem Verkehr bereits ausreichen. Verletzungen sind vorprogrammiert.

Pädosexuelle verstecken ihre Praktiken wie alle anderen Täter. Statt dessen wird das Kind als lügenhaft dargestellt. Wenn dem Kind zudem eingeredet wird, seine Erlebnisse seien »Phantasien«, verliert es die Orientierung. Statt Nähe erlebt es Isolation und Ablehnung: »Alle verlassen mich.«

Bei der Pädosexualität ist das Kind in einer *Notwehrsituation:* Es ist genötigt, Abwehrmechanismen zu entwickeln, um psychisch zu überleben.

Zusammenfassung und Schlußfolgerung: Gegen den Anspruch der Pädosexuellen auf kindliche Körper sprechen alle aufgelisteten Fakten: Das Kind wünscht keine Sexualität mit dem Erwachsenen. Das Kind ängstigt und ekelt sich vor der sexuellen Gier und vor den Ausscheidungen des erregten Mannes. Die Signale des Kindes werden übergangen. Pädosexualität ist eine Grenzüberschreitung. Die sexuelle Selbstbestimmung des Kindes wird übergangen. Pädosexualität ist also Ausdruck von Egozentrik und Eigennutz von Erwachsenen.

Psychologische Theorien zum Inzest
Bekanntlich erklärt Sigmund Freud den Inzest mit dem sogenannten Ödipuskomplex, wobei die Verführung angeblich vom Kind, dem Opfer, ausgeht, da das Kind den gegengeschlechtlichen Elternteil liebt. Leider wird diese einseitige Lehre häufig zur Entlastung des Täters, zur *Verharmlosung* des Inzests, zur *Verwischung* von Phantasie und Wirklichkeit und zur Verwischung der unterschiedlichen Situation von Täter und Opfer mißbraucht. In einem Sonderheft, das dem Thema der sexuellen Ausbeutung von Kindern und Jugendlichen gewidmet ist, geht ein Psychoanalytiker schließlich so weit, den Täter zum armen Kind hochzustilisieren, das möglicherweise von seiner

Mutter »zu eng geliebt« worden ist, während das wirkliche Opfer sowohl aus seinen Überlegungen als auch aus seinem Mitgefühl herausfällt. Und dies, obgleich der Autor seinen Artikel unter den umfassenden Titel: »Inzest-Verbot und Motivation des Inzestes« stellt (Sonderheft »projuventute« 1–88). Nach Widmer handelt es sich beim Inzest »um eine Art Vollkommenheits-Fantasma«. Der Vater sei vielleicht eifersüchtig, weil das Kind eine große Rolle spielt. »Die kindliche Unschuld, die Vollkommenheit, das Wehrlose« können seiner Meinung nach »provozieren und Lust verursachen«. Der Vater sucht etwas beim Kind: Gerade die inzestuöse Beziehung Vater – Tochter zeige, »daß auch der Mann beim Kind etwas sucht, was ihm fehlt«. Die Deutung des Inzests lediglich aus dem Gesichtspunkt des Vaters, des Täters, verharmlost den Inzest und vergißt die Folgen für das Opfer. Selbst wenn solche Gründe für den Täter zutreffen, dürfen sie niemals als Entschuldigung oder zum Abschieben der Verantwortung benutzt werden.

Widmer verwischt auch den Unterschied zwischen *Phantasie* und *Wirklichkeit*. Und wieder betrachtet er das Problem lediglich aus dem Blickwinkel des Täters: »Wenn in der Analyse das Inzest-Thema auftaucht, ist die Frage sekundär, ob es tatsächlich passiert ist oder nicht. Es ist eine psychische Realität.« An einer anderen Stelle sagt er weiter: »Im Falle des Inzests geht es nicht so sehr um die Tatsächlichkeit körperlichen Mißbrauchs, sondern um dessen Bedeutung für das Leben der Betroffenen ... Es kommt dazu, daß Realität nicht grundsätzlicher ist als Phantasie; zum Beispiel steht am Anfang des Inzestes, wie vor Handlungen überhaupt, eine Phantasie (z.B. von Vollkommenheit).«

Zorn überkommt mich angesichts solcher fahrlässiger Argumentation. Für das Kind, das Opfer, besteht sehr wohl ein Unterschied, ob der Vater den Inzest lediglich phantasiert oder tatsächlich ausgeübt hat. Freud selbst macht einen deutlichen Unterschied zwischen Denken und Handeln, wenn er sagt, daß man kühn und frei in den Gedanken sein soll, aber sehr vorsichtig in den Handlungen. Er sagt dies im Zusammenhang mit der Analyse-Situation. Dies gilt aber auch grundsätzlich.

Eine *Verwischung von Täter/Opfer* wird bei Widmer im folgenden Text deutlich: »Meiner Meinung nach nützt es nichts,

den Täter vor Gericht zu bringen. Er hatte bestimmte, meist
sehr komplexe Motive für die Tat, und Einsperren ändert
daran gar nichts.« Auch bei dieser Stellungnahme steht ausschließlich der Täter im Blickfeld. Keine Frage, ob es vielleicht
für das Opfer, für das Kind, wichtig sein könnte, den Täter vor
Gericht zu bringen, um zu einer klaren Abklärung des Sachverhaltes und zu einer Therapie zu kommen. Der Täter gerät statt
dessen zum Kind, das möglicherweise von seiner Mutter see-
lisch zu »eng« geliebt worden ist.

Ein *Beispiel für die Folgen der Verwischung von Täter/
Opfer:* Ein Kind ist von seinem Vater sexuell mißhandelt worden. Auch zur Strafe fügte er dem Kind Schmerzen am Genitale
zu. Der Sachverhalt der sexuellen Vorkommnisse ist unbestritten. Das Kind ängstigt sich verständlicherweise vor dem Vater
und haßt ihn. Ungeachtet dieser Tatsachen hält sich der Vormund an die verkehrte Theorie, es bestehe *kein Unterschied
zwischem realem und phantasiertem Inzest.* Er bedrängt
daher die Mutter mit der Behauptung, es hänge lediglich von
ihrem guten »Willen« ab, ob das Kind den Vater ablehne oder
liebe. Er behauptet, es liege in der Macht der Mutter, dem
Kinde zu »vermitteln«, ein »beglückendes Familienleben (sei)
möglich und daher anzustreben«, ohne daß der Vater gericht-
lich belangt werde. Der Vormund versucht sogar, das Kind
gegen seinen Willen aus der Einzeltherapie herauszunehmen
und es einer Familientherapie zuzuführen, die den Vater einbezieht. Eine solche Therapie bezeichnet der Vormund als »po-
sitiv-orientierte« Familientherapie.

Dieses Beispiel zeigt, wohin es führt, wenn die Theorie auf
den Unterschied von Opfer/Täter verzichtet. Die »Vollkommenheits-Fantasma« sind beim erwähnten Vater zweifellos
vorhanden. Er bestürmt nämlich den Vormund, er möchte als
Vater wieder eine »befriedigende Beziehung« zu seinem Kinde
aufnehmen. Es ist nur die Frage, wessen Befriedigung er im
Auge hat. Der sexuelle Übergriff hatte sich nämlich bei einem
Besuch wiederholt. Das Kind will den Vater nicht sehen, es
fühlt sich von ihm an Leib und Leben bedroht. Zur Erklärung
der Situation des Vaters: Der Vater wurde seinerzeit von seinem Vater ebenfalls sexuell mißhandelt.

4. Psychotherapie oder Strafe?

Wenn wir von Psychotherapie bei Inzest reden, müssen wir klar zwischen Opfer und Täter unterscheiden. Namens der Ödipus- und Täter/Opfer-Theorie wird diese wichtige Unterscheidung leider häufig unterlassen, wie ich bereits dargelegt habe. Das wirkliche Opfer des Inzests, das Kind, wird dabei vergessen. Daher sollten Amtsvormünder speziell auf das Wohl der Inzestopfer achten. Wie ich höre, sind die Täter, sofern sie gefaßt werden, bestens versorgt mit Hilfen aller Art.

Möglichkeiten und Grenzen von Psychotherapie
Das Kind als Opfer von Inzest benötigt in jedem Falle eine Psychotherapie. Die Heilungschancen sind recht groß. Jedes Inzestopfer sollte Anspruch auf Psychotherapie haben. Es ist die einzige Möglichkeit, das Trauma aufzuarbeiten und eine relativ gesunde Persönlichkeitsentwicklung nachzuholen.

Beim Täter sieht es etwas anders aus. Psychotherapie kann bei einer bestimmten Tätergruppe sinnvoll sein: wenn der Täter Einsicht zeigt, die Vorfälle wirklich bedauert und sich als therapiefähig erweist.

Nicht angebracht ist Psychotherapie bei Pädosexuellen. Denn sie glauben, ein Anrecht auf Sexualität mit Kindern zu haben. Auch bei Tätern mit irreversiblen psychischen Schäden ist Psychotherapie fehl am Platz.

Nicht jede Therapie ist für Inzestopfer geeignet
Falsche Theorien bezüglich Inzest führen zu falschen Therapien und falschen Therapiezielen. Um die Ziele von Psychotherapie bei Inzest formulieren zu können, muß zunächst ans Grundsätzliche erinnert werden. Das grundsätzliche Ziel aller psychotherapeutischen Konzepte ist die Wiederherstellung der psychischen Gesundheit bei der einzelnen Patientin, beim einzelnen Patienten. Damit verbunden ist das ethische Bekenntnis, sich von keinem System vereinnahmen zu lassen. Sobald ein Therapiekonzept diesen Grundsatz verläßt, begeht es Verrat an der allgemeinen therapeutischen Ethik.

Ziel-Verrat begehen demnach jene Therapeuten, die dem System »Familie« einzelne Mitglieder opfern, um das System aufrechtzuerhalten. Ich spreche hier von der Tendenz mancher Therapeuten, den Täter in den Mittelpunkt der sogenannten Familien-Therapie zu stellen und das Inzestopfer, das Kind, in den Hintergrund zu rücken. Nicht selten wird vom Kind verlangt, daß es die eigenen Therapiebedürfnisse vernachlässigt zugunsten des angeblich armen, kranken Vaters, des Ernährers. *Beim Ziel-Verrat* wird die Familie namens der Systemtheorie kurzum zum Ort der Entstehung des Inzests erklärt, um daraus die Notwendigkeit einer Therapie des Täters innerhalb dieses Systems abzuleiten, und zwar ungeachtet dessen, ob Kind und Ehefrau sich dazu in der Lage fühlen. Die Frage, ob es vielleicht notwendig sei, das krankmachende System aufzubrechen, um aus dem Teufelskreis herauszukommen, wird aus Ideologiegründen nicht einmal gestellt. In diesem Fall handelt es sich um *Mißbrauch der Systemtherapie,* denn die Intention der Systemtherapie ist in ihr Gegenteil verkehrt. Dem Kind wird nicht geholfen, es wird im Gegenteil ein zweites Mal dem Wohlbefinden seines Vaters geopfert. Für die Therapie des Kindes muß daher ganz deutlich ein Therapiekonzept verlangt werden, das *seine* Heilung und *seine* Persönlichkeitsentwicklung im Auge hat und nicht die Erhaltung des Systems Familie auf seine Kosten. Vormünder tun also gut daran, sich nach geeigneten Therapien und Therapeuten zu erkundigen. Nur in Ausnahmefällen sollten Männer als Therapeuten herangezogen werden.

5. Die rechtliche Situation von Täter und Opfer

Die rechtliche Situation betrachte ich aus dem psychologischen Blickwinkel, nicht aus dem juristischen[1]. Der Inzest bringt den Täter mit dem Strafgesetz in Berührung und führt zu Konsequenzen.

Artikel 191, Unzucht mit Kindern
»1. Wer ein Kind unter 16 Jahren zum Beischlaf oder zu einer ähnlichen Handlung mißbraucht, wird mit Zuchthaus oder mit Gefängnis nicht unter sechs Monaten bestraft.

---

[1] Alle folgenden Angaben beziehen sich auf das schweizerische Recht.

Ist das Kind der Schüler, Zögling, Lehrling, Dienstbote oder das Kind, Großkind, Adoptivkind, Stiefkind, Mündel oder Pflegekind des Täters, so ist die Strafe Zuchthaus nicht unter zwei Jahren.«

Die Gesetzgebung behandelt Inzest und den sexuellen Übergriff auf Kinder unmißverständlich und zu Recht als Delikt. Die Verantwortung liegt beim erwachsenen Täter, nicht beim Kind. Dieser Sachverhalt führt immer wieder zur Frage nach dem Sinn einer Tat-Anzeige und der Bestrafung des Täters.

Anklage und Strafe
Es ist falsch, Anklage und Strafe als Einheit zu behandeln und von vornherein auf Anklage zu verzichten in der Meinung, die Strafe nütze dem Täter nichts. In Wirklichkeit besteht der Vorgang aus mehreren Schritten und Stufen:

1. Die Anklage
2. Die Untersuchung
3. Das Urteil

4. Die Verurteilung
5. Die Strafart
6. Das Strafmaß

Die erste Stufe ist die Anzeige. Diese *Anklage* leitet lediglich die *Untersuchung* des Falles ein. Es ist wichtig, daß der Inzest ans Licht gezogen wird, was noch viel zuwenig der Fall ist (Dunkelziffer). Nach der *Abklärung* des Falles in der Untersuchung kommt es dann zur *Beurteilung* des Sachverhaltes im *Urteil*. Der Mann wird je nachdem als unschuldig oder als schuldig erklärt. Es kommt zum *Freispruch* oder zur *Verurteilung*. Die Verurteilung wiederum sagt noch nichts aus über die *Strafart* oder über das Strafmaß. Schlußendlich wird noch über das *Strafmaß* entschieden. Gefängnisstrafen können von sechs Monaten bis zu zwei Jahren angesetzt werden.

Therapie oder Strafe? Die Frage, ob der Täter therapiert oder bestraft werden soll, habe ich bereits als falsch bezeichnet. Es ist falsch, zur Schonung des Täters die Streichung des Artikels 191 zu fordern, denn damit fällt der Schutz des Kindes vor sexuellen Übergriffen unter den Tisch. Vergessen wir nicht die Pädosexuellen, die ihre sexuellen Praktiken mit Kindern als »Menschenrecht« fordern. Am Delikt-Charakter des Inzests im Strafrecht muß unter allen Umständen festgehalten werden.

Dies schließt eine humane Behandlung des Täters nicht aus.
Oft ist die strafrechtliche Verfolgung der einzige Weg, um den
Täter von Wiederholungstaten abzuhalten oder einer Psychotherapie zuzuführen, zu der er sich freiwillig niemals begeben
würde. Wer die Anklage nur unter dem *Nutzen für den Täter*
betrachtet, geht am eigentlichen Problem vorbei. Es geht nämlich nicht um die Frage, ob es dem Täter nützt, ihn vors Gericht
zu bringen. Vom Inzestopfer her gesehen kann es ungeheuer
wichtig sein, daß die Tat vor Gericht ans Licht gebracht und als
Realität anerkannt wird, damit das Kind vom Verdacht der
Phantasterei oder gar der Lüge entlastet und von der Präsenz
eines uneinsichtigen, zwängerischen Täters befreit wird.

Neuformulierung von Artikel 191: Ein neuformulierter Artikel 191 muß den sexuellen Übergriff auf Kinder weiterhin klar
und unmißverständlich als Delikt bezeichnen, denn es kann
kein »Menschenrecht« auf sexuelle Ausbeutung von Kindern
geben. Außerdem müßte festgelegt werden, daß je nach der
Persönlichkeit des Täters und der Sachlage entweder eine Psychotherapie, Verwahrung, Gefängnis oder andere Maßnahmen
angeordnet werden können. Für Pädosexuelle könnten hohe
Bußen angebracht sein, erst recht, wenn es sich um professionelle Kinderausbeuter handelt. (Weiterhin bei Pornoherstel-
lern zum Beispiel Schließung der »Firma«, Beschlagnahmung
der Filme und Unterlagen.)

Unterscheidung von drei Tätergruppen
Aus meinen Ausführungen geht hervor, daß die Inzest-Täter in
drei Gruppen eingeteilt werden können:
    1. Die Pädosexuellen
    2. Die Leichtgläubigen
    3. Die Infantilen

Die Pädosexuellen halten den Sexualverkehr mit Kindern für
»normal« und für ein »Menschenrecht«. Sie haben sich zu einer
Vereinigung zusammengeschlossen, um ihre Forderung nach
Straflosigkeit der Pädosexualität durchzusetzen. Sie fühlen
sich weder schuldig noch therapiebedürftig. Daraus ergibt
sich, daß diese Gruppe nur durch Strafverfolgung und Bestra-

fung von sexuellen Vergehen an Kindern abgehalten werden kann. Psychotherapie ist nicht angebracht.

Die Leichtgläubigen. Als Leichtgläubige bezeichne ich jene Täter, die einfach bestimmten Vorstellungen folgen. Ich denke an die Ideologie der »sexuellen Befreiung« der Kinder, wobei Eltern und Väter ihre Kinder durch Einbezug in sexuelle Handlungen »sexuell frei machen« sollen. Es gibt daher Eltern, die vor ihren Kindern den Geschlechtsakt ausführen in der Vorstellung, im Sinne der sexuellen Revolution zu handeln. Sie glauben, ihren Kindern mit sexuellen Berührungen »Liebe zeigen« oder sie vor außerfamiliären Triebtätern bewahren zu können.

Achtung: Zu unterschieden sind die *echten* Leichtgläubigen von den unechten. Die echten Leichtgläubigen zeichnen sich dadurch aus, daß sie fähig sind, von den sexuellen Praktiken mit Kindern *sofort* Abstand zu nehmen, nachdem sie über die verheerenden Auswirkungen Kenntnis bekommen haben. Sie sind auch bereit zu Wiedergutmachung und Therapie. Sobald Täter aber die Tat verharmlosen und an ihrer Auffassung festhalten, handelt es sich um verkappte Pädosexuelle.

Die Infantilen. Als Infantile bezeichne ich jene Inzest-Täter, die sich selbst als die »armen Opfer« darstellen, die beim Kind mittels sexueller Handlungen »nur« Liebe, Geborgenheit und Wärme suchen. Unter dieser Gruppe befinden sich nicht nur Alkoholiker, die eine weinerliche bis erpresserische Anklammerung zeigen, sondern auch jene, die mit Eifersucht auf die Mutter-Kind-Beziehung reagieren und um die Aufmerksamkeit der »Mutter« konkurrieren. Diese Tätergruppe ist emotional unreif geblieben. Die »Generationengrenze« wird hier überschritten, weil diese Menschen zur eigentlichen Vaterschaft noch gar nicht fähig sind. Bei der Gruppe der Infantilen kann die Persönlichkeits-Struktur »kindlich-lieb« sein, oder aber das Gegenteil, nämlich quälerisch-sadistisch. Zweifellos haben sich manche Infantile den Pädosexuellen angeschlossen. Bei dieser Gruppe kann nur eine gründliche Abklärung darüber entscheiden, ob durch Therapie eine Nachreifung prognostiziert werden kann oder Sanktionen angebracht sind.

Zusammenfassung

In meinem Referat für (Amts-)Vormünder habe ich aufzuzeigen versucht, daß Inzest ein häufig vorkommendes Faktum ist, dessen gesellschaftliche und theoretische Hintergründe ebenso zur Kenntnis zu nehmen sind wie die individualpsychologischen. Insbesondere sind die Symptome und die Spätfolgen von Inzest beim Opfer zu beachten und mutige Vorkehrungen an die Hand zu nehmen. Bei Psychotherapie für das Opfer ist besonders darauf zu achten, daß das Kind wirklich zu einer Einzeltherapie kommt, in der *seine* Heilung und Entwicklung im Zentrum steht. Denn zu leicht wird heute das Kind aus Ideologiegründen in der Familien- oder Systemtherapie ein zweites Mal dem Wohlbefinden des Vaters und der Rettung des Systems »Familie« geopfert. Amtsvormünder dürfen auch vor einer eventuellen Anklage nicht zurückschrecken, wenn diese im Sinne einer Abklärung oder zum Schutze des Kindes nötig sein sollte. Beim Täter gilt es insbesondere festzustellen, ob es sich um einen Pädosexuellen (Inzest-Befürworter), um einen Leichtgläubigen (Sexualität ist schön), um einen Infantilen (lieb-anklammernd oder quälerisch festhaltend) handelt. Die Unterscheidung von Opfer und Täter, Phantasie und Wirklichkeit muß von behördlicher Seite immer ganz klar und in allen Bereichen vorgenommen und die von gewissen Psychoanalytikern vorgenommene Verwischung in aller Deutlichkeit zurückgewiesen werden.

Literatur

Bake, L., Sexueller Mißbrauch von Kindern und Jugendlichen in der Familie, Köln 1986

Galey, I., Ich weinte nicht, als Vater starb, Gümligen 1988

Kavemann, B., Väter als Täter, Hamburg 1984

Kazis, C., Dem Schweigen ein Ende, Basel 1988

Pro Juventute (Hrsg.), Sexuelle Ausbeutung von Kindern und Jugendlichen, Zürich 1988

Rijnaarts, J., Lots Töchter. Über den Vater-Tochter-Inzest, Düsseldorf 1988

Rush, F., Das bestgehütete Geheimnis: Sexueller Kindsmißbrauch, Berlin 1984

Wachter, O., Heimlich ist mir unheimlich, Einsiedeln

Charlotte Rutz

Einige Reflexionen zum Umgang mit Gewalt und Aggression in einer feministischen Therapie

Ich beschränke mich auf *einen* Aspekt der ganzen Gewaltproblematik: auf den Umgang mit erlittener Gewalt und den damit verbundenen Gefühlen in einer feministischen Therapie.

Die Gewalt trifft uns alle: Klientinnen und Therapeutinnen. In der patriarchalen Gesellschaft ist jede von uns alltäglicher Gewalt ausgesetzt. Nur die Erscheinungsform variiert: von subtiler, kaum mehr wahrgenommener Gewalt bis zu offener, brutaler physischer und psychischer Gewalt.

In meinen Thesen denke ich besonders an die in ihrer Kindheit sexuell mißbrauchten Frauen. Grundlage meiner Reflexionen sind meine eigenen Erfahrungen mit Gewalt und mit ihrer Verarbeitung sowie die Gespräche mit Frauen und Männern, die sich mit der Problematik auseinandersetzen.

Die erlittene Gewalt verschwindet sehr schnell aus dem Bewußtsein von uns Frauen, aber sie verschwindet nicht aus unserem Leben. Das »Vergessen« der Gewalt und der damit verbundenen Gefühle hat eine lange Geschichte, nachzulesen zum Beispiel in dem Artikel »Haßverbot« von Christina Thürmer-Rohr in ihrem Buch *Vagabundinnen*.

Die erlittene Gewalt erzeugt primär Angst, Ekel, Schmerz, aber auch Wut, Haß, Aggressionen, Rachegefühle und Zerstörungswut. Diese starken Gefühle können in den meisten Fällen nicht direkt ausgedrückt werden, weil Frauen und Männer in der patriarchalen Gesellschaft – auch unsere nächsten Bezugspersonen – noch nicht bereit sind,die Tatsache anzuerkennen, daß Frauen der Gewalt ausgesetzt sind.

So verschwinden die Gefühle aus unserem Bewußtsein, oft zusammen mit der Erinnerung an die Gewalttat. Ohnmachtsgefühle, Schuldgefühle, Verzweiflung und innere Leere machen sich breit. Autoaggression, Krankheit, Depression können weitere Folgen der Verdrängung sein.

Aber auch das Gegenteil ist der Fall: Die verdrängten Haß- und Wutgefühle kommen gegen unseren Willen als Gewalttätigkeit gegen Schwächere, etwa gegen Kinder, wieder zum Vorschein.

In der Therapie kann die erlittene Gewalt wieder bewußt werden, sofern beide Partnerinnen der Therapie bereit sind, sie anzusehen.

Ist die Therapeutin für die verschiedenen Formen von Gewalt gegen Frauen sensibilisiert und kennt sie die gesellschaftlichen Hintergründe der Verleugnung der Gewalt und der damit verbundenen Gefühle, kann sie dieses Wissen der Klientin weitervermitteln, die ihre Situation dann nicht mehr als eine individuelle, selbstverschuldete sehen muß. Vielleicht beginnt die Klientin erst dadurch, die Gewalt in ihrem Leben wahrzunehmen. Sehr hilfreich ist es, wenn die Klientin selber ihr Wissen über Gewalt gegen Frauen erweitert, zum Beispiel durch Teilnahme an Frauengruppen zum Thema.

Ein weiterer Schritt in der Konfrontation mit Gewalterfahrungen kann erst stattfinden, wenn die Klientin sich stark genug fühlt, um von der Erkenntnisebene auf die Erlebnisebene überzugehen.

Die erlittene Gewalt kann nur wiedererlebt werden, wenn die damit verbundenen Gefühle von Angst, Schmerz, Trauer, aber auch die Wut, der Haß, die Aggressionen, die Rachegefühle und die Zerstörungswut in ihrem oft angstmachenden Ausdruck in der Therapie voll akzeptiert werden.

Mit Gefühlen von Angst, Schmerz, Trauer können wir Frauen umgehen. Auf einer kognitiven Ebene ist vielen von uns klar, daß die für uns Frauen bisher tabuisierten Gefühle von Wut, Haß, Rache nicht nur erlaubt, sondern lebenswichtig sind. Der Umgang mit diesen Gefühlen jedoch ist noch für viele Frauen, auch für Therapeutinnen, mit sehr viel Angst und Abwehr verbunden.

Ich möchte auf einige Bedingungen hinweisen, die meiner Meinung nach beachtet werden müssen, wenn die Gewalt gegen Frauen als ein zentrales Thema feministischer Therapie anerkannt wird.

Dabei kann es nicht um das Ziel gehen, die »perfekte« Therapeutin darzustellen. Es geht darum, daß die Therapeutin sich ihrer Grenzen bewußt ist und daß sie wissen will, was diese Grenzen für die Klientin bedeuten, so daß sie daran arbeiten kann, diese Grenzen allmählich zu erweitern. Wir dürfen aber nicht vergessen, wie schwierig es ist, mit dem Thema Gewalt umzugehen.

Die erfahrene destruktive Gewalt muß in der Therapie als solche geäußert werden können. Es ist nämlich nicht möglich, die enorme Energie, die in den verdrängten Gefühlen von Wut, Haß oder Rache steckt, nur in konstruktive Formen zu zwingen.

Oft brechen diese starken Gefühle unvermittelt, scheinbar ohne Grund, hervor. Die Klientin muß wissen, daß die Gefühle mit dem Wiedererleben der erlittenen Gewalt verbunden sind. Sie muß von der Therapeutin immer wieder hören, daß ihre Wut, ihr Haß, ihre Rache- und Zerstörungswünsche erlaubt und notwendig sind, auch wenn sie zunächst bei beiden Therapiepartnerinnen Angst auslösen. Nur so können die sehr starken Schuldgefühle, die für Frauen oft mit dem Ausdruck von destruktiven Gefühlen verbunden sind, abgebaut werden.

Es ist notwendig, daß die Therapeutin in ihrer Ausbildung mit ihren eigenen Gewalterfahrungen konfrontiert wird, daß sie ihre eigene Wut, ihren Haß, ihre Aggressionen kennenlernt, ausdrücken lernt und integrieren kann.

Es bedeutet einen langen Lernprozeß für die Therapeutin, diese Gefühle bei sich selber und dann auch bei andern Frauen zuzulassen. Die Arbeit mit den Therapiepartnerinnen und die Teilnahme an Supervisionsgruppen sind weitere Schritte auf diesem Weg.

Es ist von Vorteil, wenn die Therapeutin verschiedene Therapieformen kennengelernt hat (z.B. Körperarbeit, Arbeit mit dem Atem, Schreitherapie, Psychodrama), so daß sie die vielfältigen Ausdrucksbedürfnisse der Klientin besser aufnehmen kann.

Grundlage für die Verarbeitung der erlittenen Gewalt ist die liebevolle, tragfähige, nicht hierarchische Beziehung zwischen den beiden Therapiepartnerinnen.

Die Klientin hat im therapeutischen Prozeß gelernt, »nein« zu sagen, sie hat aber auch gelernt, mitzuteilen, was sie braucht. Das bedeutet, daß sie die entstehende Beziehung aktiv mitgestaltet. Sie hat auch gelernt, Konflikte mit der Therapeutin auszuhalten und Lösungsstrategien zu entwerfen. Sie erlebt Konflikte nicht mehr als Bedrohung, sondern als wichtigen Teil des Therapieprozesses. Diese Voraussetzungen ermöglichen das Wachsen einer liebevollen Beziehung zwischen den beiden Therapiepartnerinnen, die nicht zudeckend und harmonisierend sein wird.

Die liebevolle Beziehung ist der Boden, auf dem es erst möglich wird, die tiefen Verletzungen aus Gewalterfahrungen wiederzubeleben und zu heilen. Die Liebe beider Therapiepartnerinnen ist notwendig. Für die Klientin geht der Weg zur Verwirklichung von Liebe oft über das Wiedererleben der Gewalterfahrungen und der damit verbundenen Gefühle. Sie muß erfahren können, daß der Ausdruck von Wut, Haß, Aggression, Rache und Zerstörungswünschen keine negativen Auswirkungen auf die Beziehung hat.

Wenn die Gewalt in der frühen Kindheit erlebt wurde – wie meist im Falle von sexuellem Mißbrauch –, wird die Klientin in diese Lebensphase zurückgehen müssen. Das kann sie nur, wenn die Therapeutin bereit ist, vorübergehend die Mutterrolle zu übernehmen; wenn sie spürt, daß die Therapeutin das verletzte, vergewaltigte, aber auch das wütende und haßerfüllte kleine Mädchen mit viel Liebe aufnimmt und trägt.

Für das Wiedererleben der Gewalterfahrungen und der damit verbundenen destruktiven Gefühle müssen auch die notwendigen äußeren Bedingungen geschaffen werden. Dies ist unumgänglich, wenn die Bedürfnisse der Klientin ernst genommen werden.

Die Wege, um die mit Gewalterfahrungen verbundenen Gefühle von Wut, Haß, Aggression, Zerstörung auszudrücken, sind noch kaum erkundet. Es ist notwendig, daß die entsprechenden Vorschläge so weit wie möglich von der Klientin kommen, weil nur sie spürt, welche Ausdrucksmöglichkeiten ihren Gefühlen in einer bestimmten Phase am ehesten entsprechen. Die Therapeutin kann Angebote machen, aber sie ist in dieser Situation grundsätzlich die Unterstützende und die Lernende. Unumgänglich ist dabei, daß die Therapiepartnerinnen im voraus klare Abmachungen treffen.

Wichtige Möglichkeiten, die Frauen gefunden haben, um ihre Gefühle auszudrücken, sind (neben Malen, Modellieren, Tanzen) verbale Aggressionen, Schreien, Zerstören von Objekten bis hin zu Kampfsituationen.

Die Verwirklichung dieser Ausdrucksmöglichkeiten in der Therapie ist in der Schweiz noch mit großen Schwierigkeiten verbunden. Voraussetzung dazu wären schallisolierte Räume mit besonderer Ausstattung und Sitzungen von mehr als einer Stunde Dauer.

Es gibt wohl zunehmend Therapiegruppen, bei denen diese äußeren Bedingungen gegeben sind. Aber für die Frau, die in Einzeltherapie ist, ist das selten der Fall.

Die Frau, die mitten im Wiedererleben steht, muß ihre Gefühle dort ausdrücken können, wo sie sich am sichersten fühlt, und in dem Moment, wenn die Gefühle da sind, das heißt auch in der Einzeltherapie.

Die Aggressionen, der Haß, die Zerstörungswut der Klientin wenden sich oft gegen die Therapeutin als Vertreterin der gewalttätigen Personen in der Vergangenheit oder in der Gegenwart.

Ist die Klientin einmal so weit, daß sie auch ihre destruktiven Gefühle zulassen kann, ist es wichtig, daß die Therapeutin den Prozeß nicht blockiert, indem sie die Klientin sofort darauf hinweist, daß sie mit ihrem Haß und mit ihrer Wut wohl jemand anderen meint.

Oft ist der Auslöser für heftigste Äußerungen von Wut und Haß tatsächlich ein bestimmtes Verhalten der Therapeutin, aber damit sind unzählige Erinnerungen an Verletzungen aus Gewaltsituationen verbunden, die dadurch wieder ins Bewußtsein kommen.

Für das Wiedererleben der Klientin ist es wichtig, daß die Therapeutin lernt, diese Gefühle anzunehmen. Nachträglich

müssen beide Therapiepartnerinnen nach dem Hintergrund
dieser Gefühle fragen und Integrationsarbeit leisten.

Die Klientin kann zeitweise nicht auseinanderhalten, was an
negativen Gefühlen aus der Interaktion mit der Therapeutin
und was von früher kommt. Zeitweise verfügt sie aber über
eine außerordentliche Sensibilität in bezug auf die unaus-
gesprochenen Gefühle der Therapeutin. Wenn die Klientin die
Therapeutin darauf anspricht, ist es sehr wichtig, daß sie die
Wahrnehmungen der Klientin – sofern sie zutreffen – bestäti-
gen kann und sie nicht abwehren muß.

Es ist möglich, daß in einer Therapiephase für die Klientin
nur die Wut, der Haß, die Aggressionen, die Rachegefühle
spürbar sind. Es ist aber auch möglich, daß diese Gefühle verbunden mit dem starken Bedürfnis, Liebe zu geben und Liebe
zu bekommen, erlebt werden. Dies ist vor allem dann der Fall,
wenn die ursprünglichen Gewaltsituationen mit einer geliebten Bezugsperson erlebt wurden. Der Ausdruck von Haß, Wut,
Aggression ist dann der einzige Weg, um wieder an die ver-
schütteten Gefühle von Nähe, Sanftheit und Zärtlichkeit heran-
zukommen.

Es erfordert viel Einfühlungsvermögen und innere Sicher-
heit von der Therapeutin, um sich in ein und derselben Sitzung
diesen sehr starken gegensätzlichen Gefühlen öffnen und sie
aufnehmen zu können. Für die Klientin ist dies in dieser Phase
aber von größter Bedeutung.

Schließlich ist zu bedenken, daß das einmalige Ausleben von
Wut, Haß, Aggression zwar kathartische Wirkung hat. In der
Tiefe geschieht die Umwandlung der zerstörerischen und
selbstzerstörerischen Kräfte zu Leben gebenden Kräften aber
erst durch wiederkehrende Gelegenheiten, diese Gefühle in
ihrem ganzen Ausmaß an Gewalt und in ihrem ganzen Zerstö-
rungspotential auszudrücken, vielleicht über Jahre hinweg.

Alle erwähnten Bedingungen stellen große Anforderungen
an die Therapeutin: großes Durchhaltevermögen, weitgehende
Angstfreiheit, Engagement für eine Frau über lange Zeit, Mit-
verantwortung für die Frau besonders in Regressionsphasen,
Eingehen auf die wechselnden Bedürfnisse der Klientin, Ein-
satz von mehr Zeit und Energie als üblich.

Folge des Ausdrucks und der Integration der Gefühle von Haß und Wut ist die Freisetzung enormer Energien, weil die aufgestaute Gewalt nicht mehr zurückgehalten bzw. nicht mehr gegen die eigene Person gewendet werden muß.

Durch den Ausdruck der Gefühle können wir Frauen erleben, wie stark wir sind. Wir fühlen uns nicht länger schwach und hilflos und leer. Die neu gewonnenen Energien wirken sich im Alltag aus: Wir sind selbstsicher, können Forderungen stellen und durchsetzen, wir können uns klar abgrenzen. Wir können lieben.

Die Verarbeitung der Gewalterlebnisse kann jedoch nie die »endgültige Befreiung« von Haß und Wut mit sich bringen. Dazu ist die patriarchale Gesellschaft zu gewalttätig.

Neu wird aber sein, daß es nicht mehr blinder Haß ist, den wir ausdrücken. Wir können jetzt wahrnehmen, wo Gewalt ausgeübt wird in unseren Beziehungen, an unserem Arbeitsplatz, in der Öffentlichkeit. Mit den neu gewonnenen Energien können wir uns gegen das wehren, was uns selber, was unsere Mitmenschen, was unsere Umwelt kaputt macht. Die Zeit der Ohnmacht und der Anpassung ist vorbei.

Charlotte Rutz

geboren 1936. Lic. phil., Ethnologin. Arbeit als Ethnologin bei der »Erklärung von Bern« und bei Unicef bis 1983. Seit 1972 Arbeit mit Ausländerkindern an der Primarschule in Zürich. Mitbegründerin des Vereins PRISMA Zürich, Verein gegen sexuellen Mißbrauch von Kindern und Jugendlichen.

Literatur

Burgard, R., Warum brauchen wir feministische Therapie? in: Neue Heimat
    Therapie, Köln 1986
Eichenbaum, L., Orbach, S., Feministische Psychotherapie, München 1984
Kavemann, B., Lohstöter, J., Väter als Täter, Hamburg 1984
Scheffler, S., Feministische Therapie, in: Neue Heimat Therapie, Köln 1986
Thürmer-Rohr, Ch., Vagabundinnen, Berlin 1987

Lilly Dür-Gademann

Frausein zwischen den Bergen

Eine der Geschichten, die Frauen von Frauen in einem Enga-
diner Bergdorf erzählen, ist die folgende:
Der Pfarrer des Dorfes hatte die Angewohnheit, bereits im
Morgengrauen durch das Dorf zu spazieren. Auf einem dieser
Spaziergänge bemerkte er in einem Stall Licht; neugierig, wer
schon so früh bei der Arbeit sei, trat er ein. Zu seinem großen
Erstaunen traf er die Frau, von der er um Mitternacht erfahren
hatte, daß sie ein Kind zur Welt gebracht hatte. »Aber gute
Frau, was macht Ihr so früh bereits im Stall, habt Ihr nicht
diese Nacht ein Kind geboren?« »Ja, ja«, meinte die Frau, »ich
habe ein Kind geboren, und mein Mann mußte mir helfen. Der
ist aber jetzt so mitgenommen von der Geburt, daß er sich
ausruhen muß, und so übernehme ich heute die Arbeit im
Stall.«

Identität und Rollenaufteilung

Ein wesentlicher Bestandteil des Identitätsgefühls von Bergbäuerinnen ist ihre Stärke, ihre körperliche Kraft, ihre Freude
an der manuellen Arbeit. Sie arbeiten gerne auf dem Feld, im
Stall und auf den Wiesen. Neben diesen Arbeitsgebieten, die
sie meist mit ihrem Mann teilt, obliegen der Bäuerin noch
weitere vielfältige Arbeiten, wie die Arbeit im Garten, die
Kleintierhaltung (Hühner, Kaninchen, Schafe), der Verkauf
von Produkten auf dem Markt oder im Einzelhandel, die Be-
triebsbuchhaltung, die Herstellung von Milchprodukten wie
Butter, Quark und Käse und schließlich noch die Hausarbeit,
die neben den üblichen Putz- und Kocharbeiten auch Weben,
Sticken, Stricken, Färben von Wolle und anderes als Möglich-

keiten einschließen kann. Diese vielfältigen Arbeitsbereiche
können viele Interessengebiete einer Frau abdecken. Bedeutsam an diesen Arbeiten ist aber, daß es sich dabei um selbständige Bereiche handelt: Die Frau entscheidet alleine oder im
Familienverband darüber, wie und wann sie diese Arbeiten
ausführen will. Die Frau hat also eigene Arbeitsbereiche, und
ihre Mithilfe auf dem Hof ist unerläßlich. Ohne sie funktioniert
der Betrieb nicht. Dies gibt ihr Selbstbewußtsein und Stärke.

Die Rolle der Frau ist nicht primär dadurch bestimmt, daß
sie Kinder hat und wie sie diese aufzieht; die Frau ist nicht in
erster Linie für den Gefühlsbereich zuständig, sondern ihre
Arbeit ist ein wesentlicher Bestandteil ihrer Identität. Für die
Erziehung der Kinder sind neben der Mutter auch Großeltern,
Tanten oder ältere Geschwister und Verwandte verantwortlich; sie helfen mit, daß die Bäuerin – trotz Mutterschaft –
weiterhin ihre Arbeiten ausführen kann.

Im weiteren ist die Rollenaufteilung zwischen der Bäuerin
und ihrem Mann nicht starr. Bereiche des Mannes sind Ackerbau, Viehzucht, Politik und Gemeindearbeit, aber es ist auch
durchaus möglich, daß der Mann der Frau bei ihren Arbeiten
hilft. Auch er beteiligt sich an der Erziehung der Kinder, da ihn
die Kinder schon sehr früh bei seinen Arbeiten begleiten. Andererseits sind aber die Möglichkeiten der Frau, Arbeitsbereiche des Mannes zu übernehmen, eher beschränkt. Es kommt
zwar vor, daß Frauen zusätzliche Arbeiten im Stall oder auf
dem Feld übernehmen, aber das sind doch eher Ausnahmen.
Die Frau kann einzelne Arbeiten, die vor allem physische
Kräfte erfordern, nur schwer ausführen, wie beispielsweise
das Mistladen und -führen.

Fast gänzlich undenkbar blieb es bis heute, daß Frauen sich
im politischen Bereich einsetzen – es gibt eine Art Tabu, das
der Frau verbietet, sich in die Politik einzumischen. Diese ist
ein Bereich, den die Männer für sich beanspruchen. Wenn jüngere Bäuerinnen gegen diese Sanktion rebellieren, führt dies
oft zu Schwierigkeiten in ihren Familien.

In der Begegnung mit der Kultur der Bergbevölkerung faszi-
niert mich die Eigenständigkeit dieser Frauen, ihre körperliche Präsenz, ihre Freude an der Arbeit, ihr Selbstbewußtsein,
das sie aus ihren Tätigkeiten schöpfen, und nicht zuletzt ihr

Nicht-fixiert-Sein auf den gefühlsmäßigen Bereich. Ihr Frausein findet seinen Ausdruck in ihrer Arbeit als Bäuerin. Was für mich dabei unverständlich war und bleibt, ist das Schweigen der Frau im politischen Bereich. Frauen fehlen oft ganz in den Gemeindeversammlungen. Gerade diese Bäuerinnen, die sonst so klar wissen, was gut und nötig ist, überlassen den öffentlichen Bereich fast vollkommen dem Mann und lassen damit natürlich auch massiv über sich bestimmen.

Im weiteren wird die Autonomie der Bäuerin durch die fehlende Ausbildung eingeschränkt. Gerade Frauen der mittleren Generation verfügen meist nicht über eine eigene Berufsausbildung, die sie vom Bauernbetrieb unabhängig machen könnte. Sie haben wohl die Bäuerinnenschule besucht, sind damit aber für ihr Leben an den Bauernbetrieb gebunden.

Aktivitäten im außerhäuslichen Bereich

Ein tragendes Element im Leben der Bergbäuerinnen sind die Frauenfreundschaften. Frauen suchen sich, treffen sich, tauschen sich aus und finden sich zu gemeinsamen Aktivitäten. Neben den konventionellen Frauenorganisationen, bei deren Veranstaltungen es um gefühlsmäßigen Austausch, um Abwechslung vom Alltag und Zusammensein geht, gibt es bäuerliche Frauenorganisationen, die Bildung und Hebung des Selbstbewußtseins der Bäuerin zum Ziel haben. Während der Wintermonate gibt es – ausgesprochen für Frauen – ein reichhaltiges Angebot an Vorträgen und Kursen. Dieses Bildungsangebot geht aber inhaltlich nur wenig über die bereits fixierten Bereiche der Bäuerin wie Garten- und Feldarbeit, Sticken, Weben, Malen usw. hinaus. Nur vereinzelt finden sich Veranstaltungen, die sich mit der rechtlichen Situation der Frau und mit möglichen politischen Forderungen und Aktivitäten auseinandersetzen. Einzelne Versuche in dieser Richtung – wie Gesundheitsveranstaltungen mit feministischem Anspruch, Redekurse, Gottesdienstgestaltung, Frauenstammtisch – stoßen wohl auf Interesse, werden aber von den meisten Bäuerinnen eher gemieden. Es ist eindeutig, daß die Frauen hier Konflikte mit den Familien befürchten.

In der Begegnung mit den Frauen dieser bäuerlichen Kultur
beeindruckt die Selbstverständlichkeit, mit der Frauen den
Kontakt untereinander suchen, ihr Wunsch, zusammenzusein
und sich zu finden. Die »Nischen«, welche die städtische Frauenbewegung der siebziger Jahre erst schaffen mußte, waren
und sind hier selbstverständlich vorhanden. Ganz klar aber ist
dabei, daß Frauenaktivitäten jeder Art die vorgegebene Aufteilung der Arbeitsbereiche nicht verändern oder in Frage
stellen dürfen.

Viele Bäuerinnen finden es zwar ungerecht, daß ihre Töchter bei der Frage der Übernahme des bäuerlichen Betriebes
nicht die gleichen Rechte haben wie ihre Söhne; sie befürchten
jedoch häusliche Streitereien, sobald sie auf die Rechte der
Frauen pochen. Hier meine ich, daß sich die berufliche Abhängigkeit vieler Bäuerinnen sehr hindernd auf eine mögliche
Gleichberechtigung auswirkt.

Veränderungen

In den letzten Jahren wurden – mitbedingt durch die schweizerische Landwirtschaftspolitik – viele kleinere und mittlere Betriebe aufgegeben. Jüngere Bauern haben neue Ställe gebaut,
deren Größe und Verschuldung sie oft an die Grenzen ihrer
psychischen und physischen Möglichkeiten bringt. War es früher möglich und vereinzelt auch üblich, daß Frauen selber
einen landwirtschaftlichen Betrieb führten, so ist dies, bei der
heute als Norm geltenden Größe der Betriebe, kaum mehr
möglich. Es gibt nur noch wenige ältere Bäuerinnen, die einen
Betrieb alleine oder mit einer Verwandten zusammen führen.
Das bedeutet natürlich auch, daß Töchter noch weniger für die
Erbfolge in Frage kommen. Wollen sie Bäuerinnen werden, so
müssen sie einen Bauern heiraten oder mit einem Verwandten
zusammen den Betrieb führen.

Diese Veränderungen in der Betriebsgröße führten noch zu
einem weiteren Nachteil für die Situation der Bäuerin. Die
Größe dieser Betriebe brachte eine zusätzliche Mechanisie-
rung vieler Arbeiten mit sich. Frauen überlassen deshalb heute
den Umgang mit den großen Maschinen eher den Männern, die

dies auch als ihren Bereich verteidigen. Zudem stoßen die
Frauen in Großbetrieben schneller an die Grenzen ihrer physischen Kräfte. Frauen werden so mit zunehmender Betriebsgröße in den häuslichen Bereich zurückgedrängt; das Rad
dreht sich zurück; die Arbeitsteilung wird starrer, Frauen
haben weniger Auswahlmöglichkeiten. Ganz deutlich ist diese
unerwünschte Entwicklung im Bereich der Kindererziehung
feststellbar: War es früher üblich, daß die Großmutter, ältere
Geschwister oder sonstige Verwandte für die Erziehung und
Betreuung der Kinder zuständig waren, so wird diese heute
mehr und mehr von den Bäuerinnen selber übernommen. Sie
sind dabei, sich auf den Gefühlsbereich zurückzuziehen. Diese
Situation führt gerade bei Bauernfamilien mit kleinen Kindern
oft zu einer Überlastung der Frau.

Psychotherapeutische Arbeit und feministische Ausblicke

In meiner psychotherapeutischen Arbeit mit Bäuerinnen zeigt
sich ganz deutlich, daß Konflikte dann auftreten, wenn die
vorher aufgezeigten Freiräume – wie Arbeitsteilung, gemein-
sames Besprechen der anfallenden Arbeiten, Entlastung in der
Kindererziehung usw. – wegfallen oder die Frauen sich mit
den zugeteilten Arbeitsgebieten nicht identifizieren können.
Zur Einschränkung der Freiräume kommt es durch die bereits
dargestellte Umstrukturierung der landwirtschaftlichen Betriebe und durch Machtansprüche des Mannes oder der Familie, in die die Frau einheiratet. Bäuerinnen werden in ihren
Möglichkeiten um so mehr eingeschränkt, je weniger sie eine
eigene Ausbildung haben und wenn sie nicht aus einer sozial
bedeutsamen Familie im Tal stammen. Von der einzelnen Frau
kann so eine vollkommene Anpassung an die neue Familie und
deren Form der Arbeitsteilung erwartet werden, sie muß dann
ihren eigenen Beruf, eigene Interessen, den eigenen Freundeskreis zugunsten des Funktionierens des landwirtschaftlichen Betriebes aufgeben. Sind der Mann und seine Familie
nicht kooperationswillig, beharren sie auf einer alleinigen Be-
sorgung des Haushaltes und der Kinder durch die Frau, verlangen sie auch noch deren Mitarbeit in der Landwirtschaft und

können oder wollen die Großeltern keine entlastenden Funktionen übernehmen, so führt dies zu einer vollkommenen Überlastung der Frau.

Bäuerinnen haben mehr Möglichkeiten, sich für ihre Freiräume, für Entlastung und Arbeitsteilung zu wehren, wenn sie durch ihre eigene Familie unterstützt werden oder aufgrund einer Ausbildung auch fortgehen könnten. Fehlt aber beides, wird es für die Frauen schwer, sich für ihre Bedürfnisse einzusetzen. Daß diese Situation zu Depressionen und psychosomatischen Beschwerden führen kann, liegt auf der Hand.

Ein weiterer Konfliktpunkt kann darin bestehen, daß Frauen mit einer eigenen Ausbildung zwar gern als Bäuerin arbeiten, hier aber unter den Dominanzansprüchen der Familie oder des Mannes leiden, indem zum Beispiel der Mann oder seine Verwandten über alles bestimmen wollen, ein öffentliches Engagement der Frau nicht dulden oder die Frau mit körperlichen Mißhandlungen oder mit Drohungen an Kritik und Widerstand hindern. Trennung bedeutet in diesem Fall auch Aufgabe des Berufes als Bäuerin, und um dies zu vermeiden, passen sich die Frauen an die unglücklichen häuslichen Verhältnisse an und versuchen »das Beste daraus zu machen«.

Bäuerinnen finden den Weg in die Psychotherapie durch eine Ärztin oder einen Arzt, über Sozialarbeiterinnen, oder weil sie von dieser Möglichkeit gehört haben. Durch die psychotherapeutische Arbeit werden sie sich ihrer eigenen Bedürfnisse und Wünsche bewußt und suchen nach Möglichkeiten, ihre Situation und die familiären Strukturen zu verändern.

Neben der psychotherapeutischen Einzelarbeit ist es wichtig, mit Bildungsangeboten und öffentlicher Arbeit die Selbständigkeit der Bäuerin zu fördern und zu unterstützen:

Ganz wesentlich scheint mir die Ausbildungssituation der Frauen und Mädchen zu sein. Es müssen Möglichkeiten geschaffen werden, daß junge Frauen einen eigenen Beruf erlernen können, der es ihnen ermöglicht, im Tal zu bleiben und Bäuerin zu werden, sofern dies ihr Wunsch ist. Ich denke dabei auch an Mechanikerlehren und -kurse, die den Bäuerinnen den Umgang mit den vielfältigen Maschinen erleichtern würden.

Ein weiteres Arbeitsfeld liegt darin, den Frauen zu helfen, ihren Anliegen öffentlichen Ausdruck zu verleihen. Ich habe mit Frauen Gottesdienste vorbereitet und durchgeführt. Für viele Bäuerinnen war dies das erste Mal, daß sie es wagten, öffentlich zu sprechen. Dieser Schritt war für viele nicht einfach, und vor allem war es schwer, die sich anschließende Kritik zu ertragen. Es gibt aber Bäuerinnen, die ihr öffentliches Schweigen nicht mehr länger hinnehmen und diese Situation verändern wollen. Deshalb sehe ich einen weiteren wichtigen Schritt im Angebot von Redeschulungskursen.

Ganz zentral scheint mir auch die Reflexion der Situation der Bäuerinnen zusammen mit den Betroffenen, die Diskussion, inwieweit ihre Lebenssituation sie befriedigt, was sie verändern möchten und welches ihre Möglichkeiten dazu sind. Es besteht die Hoffnung, diese Diskussion vermehrt in die bereits bestehenden Bildungsorganisationen und Frauenvereine hineinzutragen.

Nach zehn Jahren Leben und Arbeit mit Bergbäuerinnen faszinieren mich immer wieder die Eigenständigkeit und die Kraft dieser Frauen, ihr Wissen, ihr selbständiges Denken, ihre Autonomie. Ich hoffe, daß diesen Frauen ihre Selbständigkeit und ihr Selbstbewußtsein helfen, sich in den veränderten Bedingungen ihres Berufes und gegen patriarchale Machtansprüche zu behaupten.

Lilly Dür-Gademann

Dr. phil., geboren 1948. Lebt und arbeitet seit zehn Jahren im Unterengadin als Psychotherapeutin, Pfarrfrau, Mutter von drei Kindern. Publikationen: *Erziehung zur Liebesfähigkeit*, Quelle und Meyer, 1972 und 1978; »Schwierige Kinder«, in: *Schulstart*, Zürich 1976. Zeitungsartikel zu pädagogischen, psychologischen und theologischen Themen.

Monica Monico

Labyrinth und Psychotherapie

I. Einleitung

Am 27. Dezember 1987 wurde im zweiten Programm des Schweizer Radios eine Matinee[1] ausgestrahlt, die den Titel trug »Labyrinthe – Orte der Unendlichkeit«. Sie begann mit folgenden Sätzen: »Es gibt Orte, wo noch niemand war, trotzdem sind sie metaphorisch erschlossen. Die Hölle gehört dazu und das Paradies. Zwischen beiden vermittelt das Labyrinth als irdischer Ort. Und als zeitlicher, denn das Paradies ist verloren, und vielleicht steht uns die Hölle bevor, aber das Labyrinth ist Gegenwart.«

Das Labyrinth – eine Metapher für die Gegenwart, ein Ort der Unendlichkeit? Weit gespannt sind die Begriffe, unterschiedlich die Erlebnisqualitäten, die mit Labyrinth verbunden werden, und groß ist der Spielraum für persönliche Assoziationen. Es ist, als ob das Labyrinth etwas uns längst Vertrautes und Bekanntes wäre, wovon wir schwer sagen können, wie oder was es eigentlich ist.

Im Werk des blinden Bibliothekars und Erzählers Jorge Luis Borges geht es immer wieder um das Labyrinth, seine Architekten und diejenigen, die freiwillig oder gezwungen darin umgehen:

»Von glaubwürdigen Menschen wird erzählt (doch Allah weiß mehr), daß es in den frühesten Tagen einen König der Inseln von Babylon gab, der seine Baumeister und Magier um sich versammelte und ihnen auftrug, ein so verzwicktes und ausgetüfteltes Labyrinth zu bauen, daß die klügsten Männer

1 Mings, U., Labyrinthe – Orte der Unendlichkeit, Radio DRS 2, Matinee 27. 12. 1987

nicht wagen sollten, hineinzugehen, und die hineingehen würden, sich verirren sollten. Dieses Werk war ein Ärgernis, denn die Verwirrung und das Wunder sind Gott vorbehaltene Handlungen, nicht aber der Menschen.

Als die Zeit verging, kam an seinen Hof ein König der Araber, und der König von Babylon (um der Einfalt des Glaubens zu spotten) ließ ihn in das Labyrinth hineingehen, wo er erschreckt und verwirrt bis zum sinkenden Abend umherschweifte. Da erflehte er Gottes Beistand und fand die Türe. Von seinen Lippen fiel keine Klage, doch sagte er zu dem König von Babylon, in Arabien habe er ein anderes Labyrinth, und wenn Gottes Wille geschehe, wolle er ihn eines Tages damit bekannt machen. Dann kehrte er nach Arabien zurück, sammelte seine Hauptleute und Gemeindeobersten und verwüstete die Ländereien Babylons unter einem derart günstigen Stern, daß er ihre Festungen schleifte, ihre Leute aufrieb und selbigen König gefangennahm. Er schnallte ihn auf ein schnelles Kamel und brachte ihn in die Wüste. Sie ritten drei Tage, da sprach er zu ihm: ›O König der Zeit und der Beständigkeit, du Inbegriff des Jahrhunderts! In Babylon wolltest du mich in einem Labyrinth aus Bronze verderben, mit vielen Treppen, Türen und Mauern; jetzt hat es dem Allmächtigen gefallen, daß ich dir meines zeige, wo keine Treppen zu ersteigen, keine Türen aufzustoßen und keine ermüdenden Gänge zu durchwandern sind und wo keine Mauern dir den Weg verlegen!‹

Darauf band er ihn von seinen Fesseln los und verließ ihn inmitten der Wüste, wo er an Hunger und Durst starb.

Ruhm sei bei Ihm, der nicht stirbt.«[2]

Diese Geschichte soll eine Ahnung vermitteln, in welch vielfältiger Gestalt uns Labyrinthisches begegnet und daß wir, wenn wir uns auf die Suche nach der Bedeutung machen, unweigerlich in ein Spannungsfeld geraten, das von zwei gegensätzlichen Polen gebildet wird. Es geht um Konstruiertes und Natürliches, um Enge und Unendlichkeit, Sieg und Niederlage, Gefangenschaft und Befreiung, Tod und Leben. Und es geht um die Langeweile und Leere des immer Gleichen.

---

2 Borges, J.L., Labyrinth. Gesammelte Werke, München 1987

II. Labyrinth

Es gibt runde und ovale Labyrinthe, dreieckige, quadratische, vieleckige, und der Lauf der Begrenzungslinie hat immer eine Auswirkung auf die Form der Gänge im Innern. Das Prinzip des Labyrinths jedoch ist unabhängig von der Form.

Betrachten wir das älteste uns bekannte, das kretische Labyrinth:

Es hat eine Begrenzungslinie, die den Außen- und den Innenraum voneinander trennt und an einer einzigen Stelle offen ist. Hier ist der Eingang, und hier beginnt der pendelnde Um-Weg. Wer ihn geht, muß den ganzen Innenraum abschreiten, immer wieder die Richtung ändern und wird zweimal nahe an die Mitte heran- und wieder weggeführt. Je fortgeschrittener die/der Labyrinthgänger/in ist, desto mehr verkürzt sich ihr/sein Aktionsradius. Es gibt keine Wahlmöglichkeit: Der einzige Weg führt ins Zentrum und von dort – nach einer Kehrtwendung – wieder zu der Stelle, die Eingang und zugleich Ausgang ist.

Der Weg durchs Labyrinth ist unübersichtlich und undurchschaubar. Es scheint unendlich zu sein, ein langweiliges, gleichförmiges, einengendes Hin und Her. Trotz seiner strengen Form wirkt es chaotisch. Die zeitliche und räumliche

Orientierung scheint verlorenzugehen. Und das Zentrum? Ist es Bedrohung oder Erlösung, Verwirrung oder Klärung, Enge oder Weite, Nichts oder Alles? Die Unsicherheit bleibt und damit die Angst, Lust, Spannung, Langeweile, Verwirrung. Und die Einsamkeit.

Die wohl bekannteste Geschichte über ein Labyrinth erzählt von Asterion, dem Minotauros.

König Minos herrscht auf Kreta. Um seinen Anspruch auf die Herrschaft zu rechtfertigen, bittet er Poseidon, einen Stier aus dem Meer emporsteigen zu lassen, und verspricht, ihn dem Gott zu opfern. Poseidon erfüllt diesen Wunsch des Königs. Als aber Minos den Stier, statt ihn zu opfern, seiner Herde einverleibt, läßt der Gott das Tier wütend werden. In Pasiphae, der Gattin des Königs, läßt er eine unnatürliche Leidenschaft zu dem Stier entstehen. Aus ihrer Verbindung geht das Ungeheuer Minotauros hervor, eine Menschengestalt mit Stierkopf. Um es zu verstecken, baut Daidalos im Auftrag des Königs das Labyrinth. Alle sieben Jahre werden sieben Mädchen und Knaben der tributpflichtigen Stadt Athen dem Minotauros geopfert. Doch die Athener rebellieren gegen die Tributpflicht, und der Königssohn mischt sich unter die Geiseln mit dem Vorhaben, das Ungeheuer zu töten. Ariadne, die Tochter der Pasiphae und des Minos, verliebt sich in Theseus, den Königssohn, und hilft ihm mit einem Faden aus ihrem Garnknäuel, aus dem Labyrinth zu finden. Sie flieht mit Theseus und den Geiseln. Daidalos wurde bestraft für seine Mithilfe beim Mord des Asterion und bei der Flucht der Täter. Zusammen mit seinem Sohn Ikaros läßt Minos ihn ins Labyrinth sperren. Es war so kunstvoll angelegt, daß selbst der Architekt unfähig war, den rettenden Ausweg zu finden. Er mußte sich Flügel konstruieren, um durch die Luft zu entkommen[3].

Das ursprüngliche Labyrinth auf Kreta hat man nie gefunden. Weder die Überreste des Palastes von Knossos mit seinen verzweigten Gängen noch die Höhlen von Gortyna und Skotino können als Urbilder des Labyrinths gelten. Sicher ist einzig, daß es frühe Formen im Mittelmeerraum gab, in England

3 Hunger, H., Lexikon der griechischen und römischen Mythologie, Reinbek 1985, und
   von Ranke-Graves, R., Griechische Mythologie, Reinbek 1985

und Skandinavien, in Indien, Java, Sumatra und im Südwesten
der heutigen Vereinigten Staaten. Man fand sie auf Münzen
und Tontäfelchen und eingeritzt in den Fels am Eingang zu
Gräbern.

Wo aber ist das Urbild des Labyrinths zu finden?

Der heute bekannteste Labyrinthforscher Hermann Kern
wandte sich nach vielen erfolglosen Lokalisationsversuchen
der Frage zu, in welcher Erscheinungsform, auf welcher Exi-
stenzebene das mythische Labyrinth überhaupt gesucht werden darf. Er geht davon aus, daß die Labyrinth-Figur nur als
Grundriß verständlich und lesbar sei und daß die Linien zwischen den einzelnen Bahnen die charakteristische Pendelbe-
wegung festlegen und – als Mauern – nicht überschritten werden dürfen. Er führt weiter aus, daß schließlich dem Daidalos –
der personifizierten »Kunstfertigkeit« – sowohl die Erfindung
des Labyrinth-Gebäudes wie auch des Labyrinth-Tanzes zugeschrieben wurde. Darin sieht er keinen Widerspruch; der gemeinsame Nenner zeigt sich in der Doppeldeutigkeit des Wortes »choros« als Tanz(-form, -bewegung) und Tanzplatz.«[4]

Und da der »choros« des Daidalos kunstvoll gefügt war,
dürfe man weiter vermuten, daß die Mauerlinien dauerhaft in
der Tanzfläche eingelassen waren. Diese Linien bestimmten
die Bewegung der Tänzerkette, und ein später, unverstandener
Reflex dieses Vorgangs scheine sich noch bei Plutarch zu finden, wenn dieser schreibt, daß Theseus bei seinem Tanz mit
den befreiten Geiseln die Windungen des Labyrinths nach-
geahmt habe[5].

Ein Tanz, ausgeführt von einer Tänzerkette, wäre demnach
die Urform des Labyrinths? Dann hätte Labyrinth ursprünglich mit Bewegung zu tun an einem dafür ausgewählten und
vorbereiteten Ort.

Spätestens jetzt scheint durch, daß Labyrinthisches kein
»Fest-Stellen« erlaubt, nur ein »Um-Gehen«, weil es um eine
Geschichte vor unserer Geschichte geht, ein Wissen vor unse-
rem Wissen und ein Bewußtsein vor unserem Bewußtsein.
Jean Gebser macht das deutlich, wenn er den Versuch unter-

4 Kern, H., Labyrinthe, München 1982, Seite 49
5 a.a.O., Seite 49f.

nimmt, die Struktur des magischen und mythischen Bewußtseins zu beschreiben[6].

Über den Tanz früherer Menschen zu schreiben heißt also,
mit gegenwärtigem Wissen und Bewußtsein ein früheres Wissen und Bewußtsein einkreisen zu wollen.

Vermutlich beinhaltete der Tanz in früheren Zeiten, bei alten
Völkern mehr als für uns heute: Im Tanz versuchten die Menschen, ihr Bewußtsein zu erweitern, dem Geheimnis ihrer Gott-
heiten näher zu kommen, um ihren Platz auf der Erde und ihr
Eingebundensein ins Ganze der Schöpfung zu erfahren. Der
Tanz als kultische Handlung bezog den ganzen Menschen mit
Leib und Seele ein: Kein Teil sollte ohne die Erfahrung der
Religion bleiben. Im Tanz auf der labyrinthischen Linie, in
pendelnden Bewegungen, auf die Enge des Zentrums zu und
nach einer Kehrtwendung wieder hinaus, vollzog die/der Tan-
zende mit Körper und Geist den Gang in den Tod und die
Rückkehr ins Leben. Sie/er verläßt das bisherige Leben, begibt
sich ins Unübersichtliche, Undurchschaubare, Ungewisse,
Chaotische, Einsame in Richtung auf ein wie auch immer ge-
artetes Zentrum hin, wo sich die Umkehr vollzieht und der Weg
öffnet zu neuem Leben. Und während die Tanzenden das Labyrinth tanzen, erhalten sie die Verbindung aufrecht zwischen
Leben und Tod und Leben, gestalten sie tanzend den Übergang
von einem Extrem ins andere.

Weit und eng, Tag und Nacht, Sonne und Mond. Ja, es könnte
sein, daß die Sonne mit ihrem Aufgehen und Untergehen, die
Sterne mit ihren Bewegungen – einem Urtanz – Vorbild waren
für die pendelnde Form des Labyrinthtanzes.

Frühe Darstellungen der Labyrinthform befinden sich am
Eingang zu Felsgräbern. Sie sind immer nach Westen ausgerichtet, dorthin, wo jeden Abend die Sonne stirbt. Sie muten an
wie Landkarten für die Unterwelt, Wegweiser für den Gang ins
Innere, den Weg in die Tiefe. Wenn wir bedenken, daß in
matriarchalen Kulturen die Erde als Große Mutter verehrt
wurde, zu der die Toten zurückkehren und die neues Leben
hervorbringt, sind wir wieder beim Thema des Labyrinthtanzes – nämlich bei der Darstellung und Erfahrung einer Verbin-

6 Gebser, J., Ursprung und Gegenwart, München 1988

dungslinie zwischen Leben und Tod. Das Eingehen in den Schoß der Erde, der Großen Mutter, und das Wiedergeborenwerden aus ihr – und zwar nicht nur auf den Menschen bezogen, sondern auf die gesamte Natur – wurde von den Kelten beispielsweise im Lauf des Jahres bei Sonnwende, Tagundnachtgleiche und an vier Tagen je dazwischen rituell und festlich begangen.

Neben den Labyrinthzeichnungen bei Höhlen fand man häufig deutlich sexuelle Konnotationen. Ein Hinweis dafür, daß, was man im Großen an Zusammenhängen erkannte und zu begreifen versuchte, auch im Kleinen wiederzufinden war: in der Zeugung von Leben im Schoß der Frau.

Beim Untergang der archaischen Kulturen verschwanden die rituellen Tänze weitgehend, und mit der kultischen Erfahrung ging auch der Gehalt des Labyrinths scheinbar verloren. Nicht aber die Form. Sie hat eine bewegte Geschichte, die den Titel tragen könnte »Vom Tanz zum Irrgarten«. Wichtig im Lauf dieser Geschichte scheint mir zu sein, was Gustav René Hocke schreibt: »Hochzeiten der Labyrinthmetaphorik sind Krisenzeiten, Zeiten, die nach historischen Kompromissen suchen für einander gewaltsam widersprechende Weltbilder.«[7]

Ich habe die Labyrinthgeschichte in einem Gedicht zu fassen versucht, dessen Grundlage die Entwicklung des Bewußtseins ist, wie sie von Jean Gebser in »Ursprung und Gegenwart« beschrieben ist.

Labyrinth
 umgehen im Labyrinth
 vor der Zeit
 Tanz der Sippenreihe eins mit der Erde
 offen die Ohren für den Rhythmus des Trommelschlags
 ein und aus
 bannend und zaubernd der bittende Tanz
 um Erkenntnis
 Nichts und Alles
 umgehen im Labyrinth
 in der Zeit

7 Hocke, G. R., Die Welt als Labyrinth, Reinbek 1987

Zeichen der Ahnen am Eingang zur Höhle
offen die Herzen für Mond und Sonne
eng und weit
einbildend und aussagend der gezeichnete Wunsch
nach Anschauung
Untergang und Aufgang

umgehen im Labyrinth
bei der Wiedergeburt der Zeit
Liturgie der einzelnen auf den Fliesen der Kirche
offen das Auge für den gerichteten Raum
nah und fern
wissend und wollend das begrenzte Dogma
der Vorstellung
Tod und Leben

umgehen im Labyrinth
im Augenblick der Zeit
Wahren die Menschen die Ganzheit der Welt
offen der Scheitel für den zeitfreien Raum
hier und jetzt
durchsehend und rundend die Gegenwart
zu Ursprung und Zukunft
Leere und All

III. Labyrinth und Therapie

»Im Labyrinth verliert man sich nicht
Im Labyrinth findet man sich
Im Labyrinth begegnet man nicht dem Minotauros
Im Labyrinth begegnet man sich selbst«[8]

Lange bevor ich diesen Satz kannte oder Hockes Gedanken
über den Zusammenhang von Labyrinthmetaphorik und Krisenzeiten, kamen mir in Therapiestunden mit Frauen (und
manchmal mit Kindern) Einfälle, die mich auf eine Verbindung
von Therapie und Labyrinth hinwiesen. Bei Sätzen wie den

8 Kern, H., a. a. O., Seite 13

folgenden – bezogen auf die aktuelle Realität – stellten sich bei mir unvermittelt Bilder vom Labyrinth ein:
– Ich überblicke es nicht mehr.
– Alles wächst mir über den Kopf.
– Ich habe das Gefühl, ich erzähle immer das gleiche.
– Wie lange geht das noch?
– Ich gehe ständig hin und her und komme nicht weiter.
– Wie oft muß ich diese Erfahrung noch machen?
– Ich fühle mich sehr allein.
– Ich weiß nicht mehr, wo ich stehe.
– Ich habe das Gefühl, es liegt noch etwas darunter, an das ich einfach nicht herankomme.

Menschen, die am Anfang einer Psychotherapie sind, stehen gewissermaßen am Eingang zum Labyrinth. Sie suchen einen Halt in Krisenzeiten, in Zeiten schwieriger Übergänge oder neuer Orientierung. Sie wissen nicht, was auf sie wartet, wenn sie sich in den Innenraum begeben. Sie haben einen gewundenen, unüberschaubaren Weg vor sich. Auch wenn sie begleitet werden, sind sie – oder fühlen sie sich – in vielen Momenten allein. Manche scheinen die Mitte von Anfang an zu kennen, um sie später streckenweise aus den Augen zu verlieren oder zu verändern; andere dagegen wissen nicht, wie oder was das Zentrum ist, und wollen sich aufmachen, es zu erkunden. Wie auch immer die Beweggründe sind, der erste Schritt ist ein Risiko, und es braucht Mut, ihn zu tun. Was nach dem Eintreten folgt, im Labyrinth wie in der Therapie, gehorcht dem Prinzip Umweg. Es geht darum, im Innenraum suchend umzugehen, etwas Verlorenes zu finden, etwas Verborgenes zu erkennen, etwas Unbewußtes bewußtzumachen. Es kann sein, daß am Anfang der Therapie der Entschluß steht, sich einem vergangenen angstbesetzten Ereignis (oder einer Zeit, oder einem Ort) schrittweise anzunähern, ohne voraussehen zu können, ob die Konfrontation überwältigend oder erlösend sein wird.

Ein anderer Grund, sich auf den therapeutischen Weg zu machen, ist der Wunsch, umgehen zu lernen mit dem Chaotischen, dem Unüberschaubaren, dem Einsamen, dem Leeren oder zu wagen, sich den bedrohlich in die Tiefe ziehenden Kräften zu überlassen mit der Hoffnung, daß es zuunterst einen Drehpunkt gibt. Ich denke auch an die Krise, die durch den Tod eines nahestehenden Menschen ausgelöst wird. Ist es möglich – so die Frage –, eine Verbindung zu sehen zwischen dem Tod und dem (Weiter-)Leben? Nicht zuletzt sind da die Nöte, in die Frauen geraten, die an ihren Arbeitsplätzen mit rationalen Systemen konfrontiert werden, die ihnen zutiefst fremd sind und Ängste auslösen.

Vielfältig sind die Beweggründe, den Innenraum abzuschreiten, nicht um mit dem Minotauros konfrontiert zu werden, sondern, wie es sich im Lauf der Therapie herausstellt, um sich selbst zu begegnen.

Das Labyrinth ist eine Metapher für die Gegenwart und für das Irdische, haben wir am Anfang gehört. Für das Menschlich-Allzumenschliche möchte ich sagen. Damit haben wir in der Therapie zu tun, in vielfältiger Form.

Diskussion

Die Frauen hatten anläßlich des hier abgedruckten Vortrags Gelegenheit, in einem am Boden ausgelegten Labyrinth umzugehen. Diese Erfahrung und die folgenden Thesen bildeten die Grundlage der Diskussion.

Thesen

1. Wenn es mir als Therapeutin gelingt, mir das verdrängte Wissen um das Labyrinth wieder bewußtzumachen, werden in mir Energien frei, die ich dann bei der Begleitung therapeutischer Prozesse zur Verfügung habe.

2. Wenn ich als Therapeutin den Zugang zu einem Wissen wiederfinde, das vor unserem Wissen liegt, hilft es mir, Menschen zu begleiten, die unterwegs sind zu einer umfassenderen Ganzheit.

3. Wenn ich als Therapeutin menschheitsgeschichtliche Anfänge zu verstehen versuche, hilft es mir, lebensgeschichtliche Anfänge besser zu verstehen.

4. Die Erfahrung, die ich als Therapeutin mit dem Labyrinth habe, verändert die Atmosphäre, in der der therapeutische Prozeß abläuft.

5. Deutungen, mit denen ich aktuelle persönliche Krisen in einen größeren Zusammenhang stelle, entlasten.

6. Das Erspüren und Bewußtmachen von Urweiblichem am Symbol des Labyrinths begünstigt das Finden fraulicher Identität und Solidarität.

Für die Diskussion saßen wir im Kreis um das Labyrinth herum, das für mich – diese Erfahrung mache ich immer wieder – eine große Ruhe ausstrahlt. Bereits während meiner Ausführungen herrschte eine »dichte Stille« im Raum. Die Frauen, die sich zum Atmosphärischen äußerten, sprachen von Aufgehobensein, von der Ruhe des Verweilens, von Zeit, die im Flug vergeht, von Konzentration.

»Wenn ich mir vorstelle, wie viele Frauen vor mir das Labyrinth getanzt haben: eine lange, lange Kette von Tänzerinnen im Lauf einer langen Zeit! Sind denn da meine Probleme noch so wichtig?«

Ich stellte fest, daß der geschichtliche Bogen, vergegenwärtigt durch das alte Symbol, bei den anwesenden Frauen keine Angst auslöste. Sie sprachen von Gefühlen des Getragen-Seins, des Verbunden-Seins.

Das ausgelegte Labyrinth hatte Rundungen und Ecken. Einige Frauen fanden, die Ecken müßten verschwinden, sonst könnten sie das Labyrinth nicht als weibliches Symbol akzeptieren. Andere betrachteten das Labyrinth, in welcher äußeren Form auch immer, als ein für sie sehr bedeutungsvolles Symbol.

Es tauchte die Frage auf, wer denn eigentlich im Labyrinth sei, die Klientin oder die Therapeutin. »Ich sehe mich als Therapeutin vor dem Eingang sitzen mit einem Faden in der Hand. Das andere Ende ist bei meiner Klientin, die im Labyrinth umgeht.« »Ich habe mir überlegt, ob ich merke, wann meine Klientin am Hinein- und wann sie am Hinausgehen ist.« »Ist das Labyrinth Symbol für eine einzelne Therapiestunde oder für die ganze Therapie oder für das Leben oder . . . Ich weiß es nicht.« »Davon bin ich als Therapeutin überzeugt: Der Weg, den meine Klientin geht, ist der richtige.«

Die meisten Äußerungen betrafen das eigene Erleben beim Umgehen im Labyrinth. Bezogen auf das Eintreten:

»Ich brauchte enormen Mut, da hineinzugehen.« »Wenn ich allein gewesen wäre, hätte ich mich nicht getraut.« »Als ich es merkte, war ich schon drin.«

Oder bezogen auf das Hinein – Hinaus:

»Das Hineingehen war klarer, einfacher als das Hinausgehen.« »Es macht mir Mühe, daß ich nach der Kehrtwendung den gleichen alten Weg gehen muß.« »Es ist schön, beim Hinausgehen einen bekannten Weg gehen zu können.« »Plötzlich, eine Sekunde lang, wußte ich nicht mehr, ob ich am Hineingehen oder am Hinausgehen war. Ich hatte Panik.« »Beides ist gleich wichtig, das Hinein und das Hinaus. Die Bewertung fällt weg.«

Wenige Äußerungen betrafen die Erfahrung mit der Mitte: »Das Umkehren war für mich ein Problem.« »Ich hatte die größte Schwierigkeit, mich aus dem Zentrum zu lösen.«

Und ein letzter Diskussionsbeitrag: »Ich wünsche mir, daß meine Therapeutin Erfahrung hat mit dem Labyrinth.«

Schlußbemerkung

Daß das Labyrinth für mich Ruhe und Kraft ausstrahlt, habe ich bereits erwähnt. Daß es viele Frauen unmittelbar anspricht, Assoziationen persönlichster Art hervorruft und tiefe Gefühle auslöst, darüber staune ich immer wieder. Ich danke den Teilnehmerinnen dieses Labyrinth-Umkreises für ihre Offenheit.

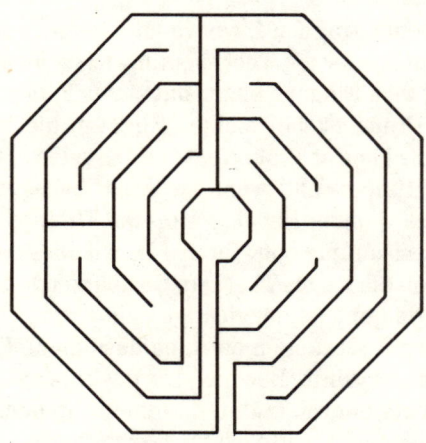

Literatur

Dürenmatt, F., Die Welt als Labyrinth, Zürich 1986
Green, M., The path through the Labyrinth, Shaftesbury
Lewis, P. and E., Peoples of the Golden Triangle, New York 1984
Maclagan, D., Creation myths, New York 1979
Mora, J., The Year of the Hopi, Smithsonian Institution Traveling 1981
Rottensteiner, F., Seltsame Labyrinthe, München 1986
Schmidt, S., Zenhäusern, R., Wege aus der Einsamkeit, München 1984
Wosien, M.-G., Sacred Dance, New York 1974
Wosien, M.-G., Sakraler Tanz, München 1988

Monica Monico
Studium der Heilpädagogik an der
Universität Fribourg.
Ausbildung zur Tiefenpsychologin
am Szondi-Institut in Zürich.
Zusatzqualifizierung in Medien- und
Ausdruckstherapie des Lesley
College Graduate School in
Cambridge, USA.
Seit 1981 Tanz bei Katja Wyder und
Hedda-Maria Hofmann.
Eigene Praxis für Psychotherapie in
Spreitenbach und ab 1989 in Lenz-
burg. Lehrbeauftragte für Supervi-
sion an der Hochschule für Musik
und Darstellende Kunst, Hamburg.
Lehrtätigkeit.

Sarka Wotruba

Frau und Technik

Die Beziehung der Frau zur Technik ist vitaler und ursprünglicher als für gewöhnlich angenommen. Zumeist wird zu wenig bedacht, daß die sich in der Technik ereignende Beziehung von Welt und Sein auch mit dem Wesen des Menschen als Mann und Frau zu tun haben könnte.

Die uns geläufige Vorstellung von Technik als Herstellen von Geräten und als Mittel zum Zweck vermag allenfalls das letzte und für den heutigen Menschen augenfälligste Ergebnis des technischen Eingriffs – das Be-Griffene, Erkannte, Hergestellte – zu erfassen, läßt jedoch das Ereignis und somit das Wesen der Technik praktisch unbedacht. Diese Bestimmung der Technik bezeichnet Heidegger einerseits als anthropologisch, nämlich als ein ausschließlich menschliches Verhalten des »homo rationale«, und andererseits als instrumental, insofern hier die Technik nur hinsichtlich des Ganzen ihrer Einrichtungen – lat. instrumentum – begriffen wird[1].

Das Wesen der Technik

In der Auseinandersetzung mit den Quellen abendländischer Philosophie stößt Heidegger auf ein Verständnis der Technik, das geeignet ist, eine tiefere Besinnung auf das Wesen der Technik einzuleiten, insofern es ja auch den Grund für das allmählich in der Naturwissenschaft sich durchsetzende, später alles Denken beherrschende Kausalitätsprinzip abgibt.

---

1 »Denn Zwecke setzen, die Mittel dafür beschaffen und benützen, ist ein menschliches Tun. Zu dem, was die Technik ist, gehört das Verfertigen und Benützen von Zeug, Gerät und Maschinen, gehört dieses Verfertigte und Benützte selbst, gehören die Bedürfnisse und Zwecke, denen sie dienen« (1962, S. 6).

Das griechische Wort »techne« bezeichnete ursprünglich nicht nur das handwerkliche Können, sondern auch die Kunst als solche. Somit verweist es auf das Erkennen im weitesten Sinne, auf das Sich-Verstehen auf etwas und meint letztlich ein Entbergen. Dieses aus der Verborgenheit ins Unverborgene Hervorbringende nannten die alten Griechen »alethea«, was die Römer später in entscheidend engerem, statischen Sinne als »veritas« übernommen haben[2].

Von Anfang an war das Entbergen oder Hervorbringen den Göttern vorbehalten. So ging auch jeder Handwerker nicht bloß einer gottgefälligen, sondern geradezu einer göttlichen Tätigkeit nach, wie wir auch heute noch einem Kunstschaffenden zuweilen nachsagen, er sei von den Musen geküßt, nämlich von der göttlichen Inspiration ergriffen.

Die Erschaffung der Welt und des Menschen und ihr Fortbestand im Sinne des Sich-aus-sich-selbst-heraus-Hervorbringens (»natura naturans« bei Spinoza) als auch das Herstellen im Sinne der neuzeitlichen Technik entsprechen somit nur verschiedenen Weisen des Entbergens aus dem Verborgenen der »alethea«.

Im folgenden wird daher die Technik als die Entsprechung des Menschen dem Sich-Entbergen des Seins gegenüber verstanden. Nicht nur das Handwerk des Steinzeitmenschen, die Schmiedekunst der »Metall«-Zeitalter, sondern auch die Poesie der griechischen Antike bis zu der unsere Epoche prägenden Kernspaltung erweisen sich als die jeweilige Antwort auf das Sich-Entbergen der Welt im Sinne der Technik.

Das Rollenverständnis der Frau vor der metaphysischen Wende

Halten wir uns an diese gängige Definition der Technik, so stellen wir fest, daß dabei das Geschlecht keine wesentliche Rolle spielt, obwohl gerne unterstellt wird, der Mann sei dank seiner Kraft und seines Verstandes eher befähigt, mit den komplizierten Maschinen umzugehen, als sein erdbezogener Ge-

---

2 »Das Entscheidende der ›techne‹ liegt somit keineswegs im Machen und Hantieren, nicht im Verwenden von Mitteln, sondern in dem genannten Entbergen. Als dieses, nicht aber als Verfertigen, ist ›techne‹ ein Her-vor-bringen« (1962, S. 13).

genpart. Die Betonung der Kraft mochte bei der Daseinsbewältigung im vorindustriellen Zeitalter angebracht sein, entbehrt jedoch in unserer postindustriellen Zeit jeglicher Berechtigung.

In bezug auf die anthropologische Auffassung der Technik werden heute gerne sogenannt spezifisch weibliche und spezifisch männliche Techniken unterschieden. Dabei wurden wir schon vor Jahrzehnten von der Sozialanthropologie (z.B. M. Mead) darauf aufmerksam gemacht, daß eine derartige Aufteilung zwar unseren zeitbedingten soziokulturellen Erwartungen entspricht, durch die Erkenntnisse der ethnologischen Forschung allerdings keineswegs bestätigt wird.

Wohl gibt es keine Kultur, die hinsichtlich der sozialen Rolle des Mannes und der Frau nicht mehr oder weniger deutlich unterscheidet. Nur läßt die uns heute bekannte Vielzahl der geschlechtsspezifischen Rollen keine auch nur annähernde biologistische Merkmalszuweisung zu.

Wie gestaltete sich die Beziehung der Frau zur Technik, als die Technik noch eine Kunst war und als solche den Göttern näherstand? Der Anteil der Frau am göttlichen Vorgang der Hervorbringung ließ sie in der älteren Geschichte als eine dem Manne gegenüber Mächtigere erscheinen, was ihre Privilegierung zur Zeit des Matriarchats begründet haben mag. Die den Samen empfangende, das Kind bergende und es im Geburtsschmerz aus der Geborgenheit in die Entbergung entbindende und somit schenkende Mutter schien zu jener Zeit eine bevorzugte, verantwortungsvolle Stellung innezuhaben. So oblag ihr nicht nur die Sorge um die Nachkommenschaft, sie wurde für den Fortbestand des Seins überhaupt verantwortlich gemacht. Sie hatte die Kinder in Schmerzen zu gebären, für die zu jener Zeit bereits problematisch gewordene Fertilität, letztlich für die Fruchtbarkeit auf den Äckern zu sorgen, alles in allem für all die gefährdeten Kreisläufe, für die sie die Pflege und Verantwortung übernahm.

Wir befinden uns hier auf einem Kreuzweg der Kulturentwicklung. Es ist nicht von der Hand zu weisen, daß der uns in der biblischen Vertreibung aus dem Paradies[3] überlieferte Ge-

3 nämlich der in einem unvergleichlich höheren Ausmaß partnerschaftlichen Jäger/Sammler/Hortikultur.

burtsschmerz (wie auch das Problem der Sterilität) auf die Überforderung der Frau als der für den Fortbestand der Schöpfung Alleinverantwortlichen zurückgeht.

Die Allmacht der Mutter stürzte die Männerwelt in eine Minderwertigkeit, die der Mann mit Heldentaten (»Heiliger Krieg«, monumentaler Städtebau) zu kompensieren suchte. Der in Männerbünden ausgetragene Haß wie auch die Sehnsucht nach der allmächtigen Mutter legen den Grundstein zu einer das Patriarchat einleitenden Religiosität. Der Mann als Herr der Schöpfung stellt daher eine kulturgeschichtlich jüngere – und ohne die ihm seitens der übermächtigen Frau zuvor zugefügte Kränkung letztlich undenkbare – Erscheinung dar.

Zu einer Zeit, als die Technik als göttliche Kunst des Hervorbringens galt – nicht nur in den ältesten Jäger/Sammler/Hortikulturen, sondern noch in den frühen Stadtstaaten der Antike –, wurde der Frau eine hervorragende Rolle bei der Ausübung der Künste zuteil. Somit gehören die ältesten Techniken – Jagd- und Kriegskunst, Verwaltung und Menschenführung, Heilkunde und Magie – immer schon zu der eigentlichen Domäne der Frau.

In den keltischen Sagen tritt die Frau als waffenkundige Kriegerin, nicht bloß als eine (die Männer) befremdende Amazone, sondern als die eigentliche Lehrmeisterin der hohen Schule der Kriegskunst auf. Bei Ausgrabungen in der Ukraine wurden Skelette in Kampfausrüstung freigelegt, die den Schluß nahelegen, daß diese Frauen, nebst der uns vertrauten Rolle der Geliebten, Haushälterin und Mutter, auch die Aufgabe der Kriegerin wahrgenommen haben. Mit dem Aufkommen der Stadtstaaten avanciert die Frau zur Hohenpriesterin und Herrscherin aus Gottes Gnaden, wie etwa aus dem ägyptischen und sumerischen Kulturkreis, aber auch aus dem alten China und Indien zur Genüge belegt ist.

Hatte also die Frau bei der Ausübung der Künste/Technik eine dem Manne übergeordnete Stellung inne, so verlor sie diese im Zuge tiefgreifender Umwälzungen zur Zeit des Aufkommens der Stadtstaaten. Mit dem sich anbahnenden Siegeszug der neuzeitlichen Technik gerät die Frau endgültig ins gesellschaftliche Abseits, weshalb die Hexenverbrennung keineswegs als mittelalterlicher Exzeß, vielmehr als obligate Be-

gleiterscheinung, Morgendämmerung der männlich dominierten Epoche der Rationalität, der alles berechnenden[4] Neuzeit,
zu werten ist.

Die Macht der Technik in der Hand des Mannes

Das Leben in der Stadt, deren Gründung und Verteidigung ruft
einen Typus Mensch auf den Plan, der gegenüber dem traditionellen Jäger, Sammler und Ackerbauer neue Züge aufweist. In
Mythen und Sagen werden die folgenschweren Umwälzungen
der Menschheitsgeschichte am Übergang vom Ackerbau zur
Stadt- und Staatsgründung besungen, die mit dem intensivier-
ten Ackerbau in Zusammenhang standen, während sich der
Mensch von den Naturkreisläufen abzukoppeln beginnt und
die bisherige Ordnung ins Wanken gerät. Als Beispiel kann das
Gilgamesch-Epos oder die Sage von der böhmischen Fürstin
Libuse dienen.

Das Entscheidende am Patriarchat ist nicht die Umkehrung
der Rollen, sondern die metaphysische Wende. Der von der
Frau bedrängte Mann sucht das Weite, der Fluchtpunkt aller
Sehnsüchte ist die Überwindung der Physis. Die Frau geht
nicht nur ihrer Kompetenzen, sondern zum größten Teil auch
ihres Wesens verlustig. Die Erde, die Kreatur, der menschliche
Körper, nicht zuletzt das Universum schrumpfen zur geistlosen
Materie zusammen, die es zu beherrschen gilt. Als die unmittelbare Folge dieser Naturbeherrschung stellen sich unter anderem die ersten ökologischen Desaster[5] ein, wie das Abhol-
zen der Zedernwälder Libanons, das im Gilgamesch-Epos beschrieben wird.

Metaphysik bedeutet zugleich Distanz, die der Mann etwa in
der Überwindung der eigenen Natur sucht. Geographisch distanziert er sich auf seinen Entdeckungsreisen, er sucht und
findet die Ferne in der Religion, nicht zuletzt in der wissenschaftlichen Objektivität, in der die Distanzierung zum beobachteten Objekt heute so weit gediehen ist, daß ihm das
Beobachtete aus den Fugen gerät und das Verhältnis des Be-

4 lat. »ratio«: das Berechnende.
5 »desaster« – aus lat. dis-astrum (»Un-stern«), letztlich auf babyl. Ischtar zu-
rückführbar. Also Außerkraftsetzung Ischtars.

obachters zum Beobachteten als die einzig relevante Frage der Wissenschaft übrigläßt.

Somit kann das Patriarchat niemals durch einen bloßen Rollentausch zu Fall gebracht werden. Einzig die Überwindung der Metaphysik könnte uns helfen, den Bezug des Menschen zum Sein neu zu erfahren, womit auch die Geschlechtsrollen einen neuen Inhalt bekämen.

Schicksal der Frau am Beispiel Marias

Die allmähliche Entwertung der Frau im Patriarchat läßt sich etwa an der Gestalt der Mutter Gottes, Maria, ablesen, die zwar noch die göttlichen Züge der ehemals babylonischen Mondtochter in sich trägt, jedoch zur gewöhnlichen Magd degradiert wurde, um schließlich wieder die Götterwürde aus Männerhand zu erlangen.

Die Profanisierung der Frau, die zugleich Gottesmutter sein sollte, wurde nämlich so unerträglich und eigentlich undenkbar, daß sich die katholische Kirche veranlaßt sah, diesen Widerspruch aufzuheben. So darf Maria beim Fest der Himmelfahrt zum Himmel emporsteigen, von wo aus sie nun, ihren Vorgängerinnen gleich, mit denen sie ihr besonderes Interesse am Erdenmenschen teilt, als regina mundi regiert.

Die göttlichen Züge, die sie von ihren Vorgängerinnen, von der babylonischen Innana/Ischtar bis zur römischen Venus, von der griechischen Artemis bis zur ursprünglich altitalischen, später ebenfalls römischen Diana geerbt hatte, übertrug sie auf ihren eingeborenen Sohn. Ihre Menschenfreundlichkeit, Hilfsbereitschaft wie auch ihre ursprüngliche Vermittlerrolle zwischen den Menschen und der Götterwelt wurde auf ihn übertragen. Seitdem ist er der Überwinder des Todes, Gott am liebsten, den Menschen am nächsten.

Das gängige Bild Marias vereint in sich also die Züge ihrer weiblichen Vorboten aus prähistorischer und historischer Zeit ebenso wie das neuere christliche Erbe. Aus dieser Ganzheit werden immer wieder diejenigen Züge entnommen, derer die Menschen bedürfen, wenn sie bei der Bewältigung ihres Schicksals selber nicht weiterkommen.

Stellung der Frau in der Industriegesellschaft

Wie ist es um die Befindlichkeit der Frau im naturwissenschaftlich geprägten zwanzigsten Jahrhundert bestellt, für das ja nicht nur der technische Zugriff und die Beherrschung der Natur, sondern auch der folgenreiche Verlust der dem sogenannten Matriarchat immanenten Pflege und Sorge, die Verwüstung nicht zuletzt der menschlichen Natur charakteristisch sind? Die jüngste Zeit hat uns dazu ein Paradigma geliefert – den Kernkraftwerkunfall von Tschernobyl.

Was geht dieses Ereignis die Frauen an? In der Person von Marie Curie-Sklodowska tritt uns ein Prototyp der emanzipierten Frau entgegen, die unser Atomzeitalter mitbegründet hat. Schon 1903, also nur zwei Jahre nach Einführung des Nobelpreises, wurde ihr, der ersten Frau überhaupt, zusammen mit ihrem Mann und dem Physiker A. H. Becquerel diese Auszeichnung für die von ihr begonnenen Untersuchungen über die Strahlung des Urans zugesprochen. Das zweite Mal erhielt sie im Jahre 1911 den Nobelpreis für Chemie, nachdem es ihr gelungen war, aus der Pechblende das reine radioaktive Metall zu isolieren. Zum Sinnbild der erfolgreichsten Wissenschaftlerin ihrer Zeit geworden, starb sie 1934 an Krebs, wohl infolge der Bestrahlung, der sie sich jahrzehntelang bei ihrer wissenschaftlichen Forschung nichtsahnend ausgesetzt hatte.

Am anderen Ende der atomaren Entwicklung begegnen wir wiederum einer Frau, die später als Heldin in der UdSSR deswegen gefeiert wurde, weil sie den Mut gefunden hatte, die Strahlenmeßwerte von Tschernobyl an die Verantwortlichen in Moskau weiterzuleiten, während die örtlichen Behörden zunächst, wie es hieß, gegenüber der Aufsichtsbehörde verharmlosende Angaben gemacht hatten.

In dem Theaterstück »Der Sarkophag«, das nach der sowjetischen Uraufführung auch auf den Bühnen des Westens und in Japan gespielt wurde, legt Wladimir Gubarew, selber ein Sachverständiger, Zeugnis über die Reaktorkatastrophe von Tschernobyl ab.

Die Geschichte spielt in einer Spezialklinik für Strahlengeschädigte, der eine Spezialistin für Radiobiologie vorsteht (sie ist einer realen Person, nämlich der Chefin der hämatologischen Abteilung eines für Strahlenschäden zuständigen Moskauer Krankenhauses nachempfunden). Neben ihr treten drei Praktikantinnen auf, denen die Pflege der schwerkranken, dem Tode geweihten radioaktiv verseuchten Patienten obliegt. Ihre Namen sind symbolträchtig: Vera – Glaube, Lubov – Liebe, Nadezda – Hoffnung. In Wirklichkeit dürften diese drei für all diejenigen Frauen stehen, die sich der Opfer technischer Unfälle und ökologischer Desaster annehmen, sie pflegen und mit Krankheit und Tod versöhnen.

Die Leidtragenden der planetaren Verwüstung werden zum größten Teil Mütter und Kinder sein. Im Falle von Tschernobyl möglicherweise deshalb, weil der weibliche und kindliche Organismus weniger robust und der letztere infolge seines schnellen Wachstums ohnehin krebsanfälliger ist. Die Hauptlast der Pflege erkrankter und kränkelnder Angehöriger und Kinder wird ohnehin den Frauen aufgebürdet. Die Frauen haben auch die Folgen der Zwangsumsiedlungen zu tragen, vom Austrag jener Störungen abgesehen, die als Folgen existentieller Verunsicherung und zunehmender Un-Heimlichkeit der Umwelt im Zeitalter der Technik gewertet werden müssen.

Reaktionen von Mann und Frau bei Bedrohung des Lebens infolge unbeherrschbar gewordener Technik

Zu Unrecht mußten sich die verunsicherten Frauen in Ost und West nach dem GAU all jene Verunglimpfungen von den Männern gefallen lassen, die sie der Ängstlichkeit, Übersensibilität, ja gar Hysterie bezichtigten. Dabei war gerade für viele Schwangere und Mütter von Kleinkindern die Grenze erreicht worden, jenseits derer das Leben untragbar und unerträglich wird.

Wenn wieder einmal das Schweigen, das Cool-Sein als Zeichen männlicher Überlegenheit gepriesen wurden, so fiel auf, daß etwa die Mediendiskussionen erst dann konkreter wurden, wenn auch Frauen teilgenommen haben. Während die Frauen dank ihrem ursprünglichen Bezug zur Fürsorge eine tiefere Einsicht in die Welt- und Lebenszusammenhänge an den Tag legten und, auf die Erhaltung der Lebensqualität bedacht, zumeist intelligenter reagierten, wiesen die Männer ausgerechnet jene Merkmale auf, die sie dem »schwachen Geschlecht« vorzuwerfen pflegen: eine hysterisch anmutende Angst ... vor der Angst.

Vergegenwärtigen wir uns doch die Verharmlosungen, die notorisch abwartende Haltung, die auffallende Unfähigkeit zum Handeln, mit der uns die Technokraten mit aller wünschenswerten Deutlichkeit vorgeführt haben, wie sie die geweckten Geister loszuwerden vermögen. Kann nicht eher eine solche Haltung als hysterisch, also als eine in der Geste stekkengebliebene, durch neurotische Angst am vollen Vollzug gehemmte Reaktion bezeichnet werden?

Auch wenn die Frau in den Diskussionen zumeist einen offeneren Umgang mit ihren eigenen Gefühlen bezeugte, so wird letzten Endes nicht in Diskussionen, bei denen die Männer traditionell ohnehin besser abschneiden, entschieden werden können, ob die Frau beim Austrag von Angst und Emotionalität weniger gestört sei als der Mann.

Wer ist schuld?

In dem Theaterstück »Der Sarkophag« setzt sich Gubarew mit der zentralen Frage auseinander, ob auch alles, was der menschliche Geist in die Welt gesetzt hat, moralisch verantwortbar sei. Wo beginnt die Schuld?

Die Antwort des Philosophen Heidegger würde möglicherweise folgendermaßen ausfallen: Schuldig sei nicht der Mensch, sondern die Geschichte, die ihn auf den Weg der Technik schickt. Keiner der Zeitgenossen kann dafür verantwortlich gemacht werden, ins Zeitalter der Technik hineingeboren, geworfen zu sein. Somit bleibe den Menschen keine andere Wahl, als sich mit dem Geschick zu versöhnen. Wir haben dieses Schicksal anzunehmen. Ein neuer Fatalismus oder eine neue Frömmigkeit?

Nach Heidegger hat das Geschick etwas mit der Geschichte zu tun, die zugleich auch die Entwicklungsgeschichte der Technik und in eins damit diejenige des Denkens sei. Wie jedoch die Geschichte geschieht, wie das Geschick uns auf den Weg des Denkens schickt, darüber wird nur selten streng genug nachgedacht.

Nun könne man den Menschen und sein Denken und somit auch das technische Denken nur aus seiner Geschichte heraus verstehen, allerdings nicht im Sinne der Historie als einer Abfolge von kausal verknüpften Ereignissen. Was in der Geschichte schicksalhaft geschieht, ist die Entbergung des Seins, die wohl nicht immer mit der fortschreitenden Ausbeutung der Erde einhergehen muß.

Der ontologische Unterschied

Ist nun die Geschichte des Mannes nicht eine andere als die der Frau? Die bereits kurz skizzierte Geschichte des sogenannten Matriarchats und Patriarchats legt einen solchen Schluß nahe. Damit wäre dann das Denken und das Sein der einzelnen Geschlechter je anders! Der sogenannte biologische Unterschied ließe sich dann als Austrag des anderen Seinsbezugs, des anderen Denkens, also als der ontologische Unterschied besser begreifen. Eine solche ontologische Bestimmung der Geschlechter könnte die Grundlage für ein besseres Verständnis in der Biologie, der Medizin, nicht zuletzt in der Frauenheilkunde abgeben.

Während der Mann spätestens seit den Zeiten des Gilgamesch-Epos und der metaphysischen Wende auf dem Weg des technischen Fortschritts unaufhaltsam daherschreitet, blieb die Frau mit ihrem Wesen auf der Strecke. Dieses Auf-der-Strecke-Bleiben meint nichts anderes als eine geschichtlich bedingte Rückschrittlichkeit der Frau.

Mit der Bürde der Mutterschaft und der Sorge um die Familie jahrhundertelang im Stich gelassen, blieben ihre Aussichten auf die dem Mann vorbehaltene Bildung arg beschnitten. Während der Mann die Familie nach außen vertrat, hatte sie ihr Dasein auf die engeren Interessen des Haushalts einzuschränken. So blieb sie, insbesondere was die Technik betrifft, zurück. Dies heißt keineswegs, daß sie deswegen im Umgang mit der Technik weniger geschickt wäre.

In einem wesentlichen Sinne ist die Frau weniger als der

Mann dem Verfallen-Sein ausgeliefert. Ein solches Zurückge-
bliebensein kann allerdings nur von einem Fortschrittsfetischi-
sten als etwas Minderwertiges abgestempelt werden.

Die Zuweisung der neuen Geschlechterrolle hängt mit der
Geschichte der Technik zusammen. Es ist die Geschichte der
Metaphysik. Sie stellt gegenüber dem älteren archaischen
Denken, das sie verdrängt, das jüngere Ge-Schöpf dar. So ver-
deckt das technische Denken seinen Ursprung, denjenigen
nämlich, woraus es im Verborgenen schöpft.

Ist nun das ältere, archaische Geschöpf vollends vergessen
und überholt? Oder hat vielleicht die rückschrittliche Frau
einen Rest archaischer Geborgenheit retten können, in unser
Dasein herübergeholt?

Der Sog des Technischen und der Entzug der Sorge

Von der Fürsorge um Familie und Kinder eingekreist, konnte
die Frau nie vollends in einem unilinearen metaphysischen
Denken aufgehen. Hatte die Mutterschaft und die Sorge um die
Gemeinschaft die Frau vor dem Geist der Technik zum Teil
bewahrt, wurde der sich der Sorge immer mehr entziehende
Herr der Schöpfung von der Technik zunehmend angezogen.

Kein Wunder, daß die Frauen sich schon vor Jahrtausenden
darüber geärgert und den unverzüglichen Rückzug verlangt
haben. Doch jene von der Technik bereits verzogenen Zöglin-
ge zog es eher in die Ferne. Eine besonders faszinierende
Form der Distanzierung stellte dabei die der Metaphysik ent-
stammende Wissenschaft dar. Bereits das viel gelobte altgrie-
chische Staunen, der Wissensdurst, die heimliche Freude am
Un-heimlichen entspringen dem Geist der Metaphysik, letztlich der Technik als solcher. *Der Sog des Technischen geht mit
dem Entzug der Sorge einher.*

Die Sorge um das Sein, um das Sein-Können – im Unterschied zum Nicht-Sein – war die vornehmste Aufgabe der
weiblichen Urbilder (Ischtar, Artemis, Diana, Maria) seit der
Urzeit. Damit ist nicht bloß die Sorge um dieses oder jenes
Seiende, sondern um das Sein als solches gemeint. Es geht um
die Fülle des Seins, die wir heute etwas profan als Lebensqua-

lität bezeichnen würden, und um die Schönheit, die mit einem
billigen Ästhetizismus nicht zu verwechseln ist.

Nicht einmal die beste Technik wird uns vor der Technik
retten können. Es gilt vielmehr, zwischen der Sorge und der
Technik zu vermitteln, also auch den Kampf der Geschlechter
um die Kompetenzen in bezug auf die Fürsorge erneut aufzunehmen und somit die Bewältigung der gegenwärtigen Welt-
probleme neu anzugehen. Die Entlassung der Frau aus der
allzu engen Bindung an die Sorge ist unumgänglich. Die Zu-
rückholung des Mannes aus seiner ver-rückten Entrückung
ebenso.

Wurde im alten Griechenland die Technik der Sorge unterstellt, indem jegliches Vergehen gegen die (Kunst-)Regel
durch Artemis geahndet wurde, läßt sich heute eine radikale
Wandlung der Prioritäten feststellen. Die Sorge wird geradezu
als ein Störfaktor des Fortschritts empfunden.

Der Begriff eines einkalkulierten Restrisikos legt ein bered-
tes Zeugnis davon ab. Einzig die Unversicherbarkeit von Auswirkungen des sorglos betriebenen technischen Fortschritts
scheint Anlaß zur Sorge zu geben. In bezug auf mögliche
Strahlenschäden wurden die Bürger in der Schweiz bereits aus
der Versicherung ausgesteuert. Unsere ausschließliche Sorge
gilt der Entsorgung.

Wer ist zuständig, wenn es um die Sorge um die Natur, um
die unschuldigen Geschöpfe geht, nachdem ihre Gebieterin
Artemis, deren ursprüngliche Heimat die Gegend um das
Schwarze Meer ist, wo die Flüsse Dnjepr und Pripjat münden,
im Zuge des strammen Fortschritts entmachtet wurde? Einzig
die ihr geweihte Pflanze, die den Toten in den Sarg gelegt
wurde und die noch in der christlichen Mythologie eine wichtige Rolle spielt (Stern-Wermut der Apokalypsis), gedeiht weiterhin auf dem Gelände des Unglücksreaktors. Auf ukrainisch
heißt dieses Kraut »Tschernobyl«.

Schlußfolgerung

Viele Frauen spüren heute die alles Leben bedrohende Gefahr,
doch in der Nähe der Gefahr wird auch die Sorge wach. Die
größte Sorge der Frau aber ist der verlorengegangene Mann,

der mittlerweile zur größten Gefahr für das Seiende geworden ist. Daher neuerdings der Ruf nach dem »weiblichen Mann«. Im Unterschied zum distanzierten Mann bedroht aber der männliche Mann die Schöpfung nicht.

Die von der Sorge nach und nach überforderte Frau sucht den flüchtenden Mann schließlich nicht mehr. Sie scheidet. Der Mann, seiner einzigen Stütze beraubt, ist im Begriffe, sich auf die Suche nach der Frau zu begeben. Ganz läßt sich die Begegnung der beiden nicht ausschließen.

Literatur

Heidegger, M., Sein und Zeit, Tübingen 1967   Was heißt Denken? Tübingen 1961   Vorträge und Aufsätze, Pfullingen 1964   Die Technik und die Kehre, Pfullingen 1962
van der Leeuw, G., Phänomenologie der Religion, Tübingen 1970
Simon, E., Die Götter der Griechen, München 1985
von Soden, W., Sumer, Babylon und Hethiter, in: Mann, G., Heuss, A. (Hrsg.), Weltgeschichte, Frankfurt/M. 1961
Soldan-Heppe, W.G., Hexenprozesse (2 Bde.), Berlin-Friedenau 1911
Süterlin, S., Literaturkritik, Der Sarkophag, Weltwoche Nr. 15, 9. 4. 1987
Zamarovska, G., Gilgames, Prag 1976

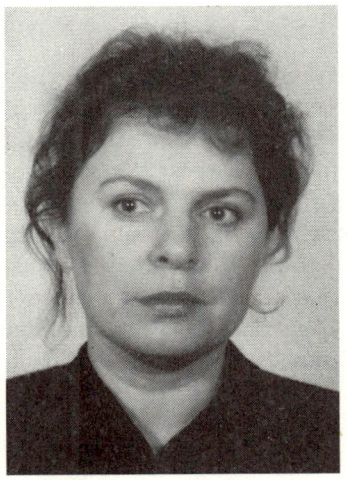

Sarka Wotruba

geboren 1948 in Prag. Studium der Psychologie an den Universitäten Prag, Bern und Zürich, der Ethnologie und Religionsgeschichte in Zürich. Analytische Ausbildung am Daseinsanalytischen Institut Zürich. Fachmitglied des Schweizerischen Fachverbandes für Daseinsanalytische Psychotherapie und Psychosomatik und des Schweizerischen Psychotherapeuten-Verbandes. Seit zehn Jahren als Psychotherapeutin in selbständiger Praxis sowie als Dozentin für Psychosomatik und Psychologie u. a. am Frauenspital in Chur (Schweiz) tätig.

Publikationen:»Existentialpsychologisch-Meditative Therapie«, in: Petzold Hilarion (Hrsg.), *Wege zum Menschen*, Junfermann, Paderborn 1984.

Catherine Keller · Der Ich-Wahn
Abkehr von einem lebensfeindlichen Ideal
Aus dem Amerikanischen übertragen von Erika Wisselinck
380 Seiten, kartoniert · ISBN 3 268 00084 3

Seit Odysseus Penelope verließ, gilt Abgrenzung als erstes
Gebot der Persönlichkeitsentwicklung und die Aufgabe der
Symbiose als Grundstein des reifen Ich. Zwei Jahrtausende
dieser Theorie in Philosophie, Theologie und Psychologie
haben den ich-einsamen Menschen hervorgebracht, der sich
und seine Welt mit Zerstörung bedroht. Gegen dieses ausgren-
zende, Trennung setzende, Symbiose (und Frau) wie die Pest
fürchtende, monolithische Krieger- und Helden-Ich setzt
Catherine Keller die Vision eines beziehungsfähigen, sich aus-
weitenden Selbst. In der Differenzierung und Neubetrachtung
des Symbiotischen entwickelt sie eine neue Vorstellung des
Selbst, das der Autonomie, nach der viele Frauen gerade erst
streben, nicht mehr bedarf. Eine umwälzende, umfassende
Herausforderung der im Westen herrschenden Vorstellung
vom ICH.

Ursula Wirtz · Seelenmord
Inzest und Therapie
ca. 240 Seiten, einige Schwarzweiß- und Farbabb., kart. · ISBN 3 268 00080 0

Die Autorin setzt sich mit den verschiedenen Möglichkeiten
der Therapie mit Inzestbetroffenen auseinander und stellt
dabei auch die brisante Frage, warum Inzestopfer so häufig
von ihren Therapeuten erneut mißbraucht werden. In der Therapie, so Ursula Wirtz, geht es um die Suche nach der gemorde-
ten Seele, nach dem wahren Selbst. Sie zeigt, wie sexuell miß-
brauchte Frauen aus ihrer seelischen »Totenstarre« heraus-
finden und ihren Gefühlen und ihrem Körper wieder
näherkommen können. Mit der Frage nach dem Sinn und der
Möglichkeit des Heilwerdens wird auch die spirituelle Dimen-
sion des Inzestthemas berührt.

Kreuz Verlag